岩 波 文 庫

33-811-1

聖 な る も の

オ ッ ト ー 著
久 松 英 二 訳

岩 波 書 店

Otto

DAS HEILIGE

1936

目次

凡　例

一、本書は、Rudolf Otto, Das Heilige: Über das Irrationale in der Idee des Göttlichen und sein Verhältnis zum Rationalen, 23. bis 25. Auflage, C. H. Beck'sche Verlagsbuchhandlung, München 1936（一九一七年に初版として出版されたものの著者オットーによる最終改訂版）の二〇〇四年版（ベック・シリーズ三二八）の邦訳である。

二、原文中の斜字体は訳文においては傍点をふった。

三、原文中の „ “ および ‚ ‘ は「　」で示した。また、原文中に上記引用符が付されていない場合でも、訳者の判断により適当と思われる箇所には「　」を付した。訳文中の（　）内は原著者の、〔　〕内は訳者の補足である。なお、〔　〕内に表記した略号はつぎのとおり。ド＝ドイツ語、英＝英語、イ＝イタリア語、ラ＝ラテン語、ギ＝ギリシア語、ヘ＝ヘブライ語、サ＝サンスクリット、ア＝アラビア語

四、原文中における引用については、当該箇所の既刊邦訳がある場合は、その邦訳テキストをできるだけ訳文に反映させたが、原著者と既刊邦訳者が使用した定本が異なる

ため、訳が著しく異なる場合もあり、さらに本書訳者の判断により字句を変更したところもある。とくに、旧仮名づかいは現代仮名づかいに改めた。なお、引用部分の邦訳に利用したテキストについては、本文中ないし注にその典拠を示した。
五、原文の一つの段落があまりに長い場合、訳者の判断で段落を細分化した。その際、各段落の末尾に＊を付した。
六、注番号について、アラビア数字は原注番号であり、漢数字は訳注番号である。
七、聖書引用は、原則として、『聖書　新共同訳』(日本聖書協会)に従った。
八、人物名の日本語表記は、『キリスト教人名辞典』(日本基督教団出版局、一九八六年)にあげられているものについては、原則として同書の表記法に従った。また、訳注等での人物紹介は、同書および『キリスト教大事典』(教文館、一九六八年)を参照した。
九、翻訳に際しては、J. W. Harvey の英訳 The Idea of the Holy, Oxford 1923, 2nd edition, 1950 と山谷省吾訳『聖なるもの』(岩波文庫、一九六八年)並びに華園聰麿訳『聖なるもの』(創元社、二〇〇五年)を参照した。

聖なるもの

神的なものの観念における非合理的なもの、
およびそれの合理的なものとの関係について

第一章　合理と非合理

㈠　人格神を信仰対象とする宗教全般、とくにその典型であるキリスト教の神観念の本質的な特徴とは、神的な存在が、精神、理性、意思、決意、善意、権能、統合的本性、意識などといった人格的な特性を表わす用語で明確に把握され、表現されるということである。つまり、人間が自分自身のなかで、限られた不十分なかたちで自覚しているような人格的・理性的な要素を神に当てはめて考えるということである(同時に神の場合、前出の人格的な特性を表わす用語はみな、「絶対的な」、つまり「完全な」ものだと考えられている)[一]。＊

ところで、このような人格的な特性を表わす用語はみな、間違いなくれっきとした概念である。だから思惟《しい》の対象にすることも、分析的に考えることも、また定義することもできる。概念として明瞭に思考の対象にすることができるそのようなものを、かりに合理的と呼ぶならば、そういう用語で言い表わされる神の本質も、やはり合理的なものと呼ぶべきである。そして、そうした特性を表わす用語を認め主張する宗教は、その限

りで合理的宗教と言える。＊

信仰が、たんなる感情とは違って、明確な概念に基づいた確信になりうるのも、こういう用語のおかげである。この場合、すくなくとも、ファウストのつぎの言葉は、キリスト教には当てはまらない。

「感情こそすべて。名前は響きか煙にすぎない[二]」。

ここでファウストが言っている「名前」とは、ほぼ概念と同じ意味である。しかし、ある宗教の程度の高さを物語る指標、それが卓越した宗教であるということを示す指標は、まさしくその宗教が感覚を越えたものに関する「概念」と、そのような概念に裏打ちされた認識(すなわち信仰認識)をもっているということである。ここで「概念」と言っているのは、冒頭に列挙したもの、あるいはその延長線上にあるその他もろもろのものを指す。そして、実際に、キリスト教は概念をもっており、しかもその概念はきわめて明確、明瞭であり、かつ豊富である。この事実は、この宗教がほかの諸宗教のレベルやその形態を凌駕《りょうが》しているということを示す、唯一かつ中心的な指標というわけではないが、すくなくとも非常に重要な指標である。

以上が、まずさきに、そしてしっかり強調しておかねばならない点である。ところが、同時に警戒しておくべきことがある。それは、ある誤った一面的な捉え方に導いてしまうような一つの誤解に対してである。この誤解とは、さきに列挙した特性を表わす用語、あるいはそのほかの似かよった合理的な諸表現で、神性の本質がすべて言い尽くされてしまっている、と思いこんでしまうことだ。こういう誤解を招きやすいのは、教訓的な話に含まれる言いまわしや考え方、それに説教や宗教の授業でのいかにもものわかったような教え方である。さらにまた聖書でさえもその一因となる。そのいずれにおいても幅をきかせているのが、合理的なものの捉え方である。いやそれどころか、しばしばそれがすべてであるかのように思えることさえある。＊

ただ、もとより予想されることだが、このような場合に合理的なものが幅をきかせないはずはない。言葉というものはみな、それが単語から成り立っている以上、概念の伝達を優先するからである。意味がより明瞭であればあるほど、一義的であればあるほどよいのが言葉なのだ。＊

ところが、こうした合理的な特性を表わす用語が幅をきかせるということが、いかにふつうのことだとしても、そのようなものが神についての考え方をあますところなく網羅するとは、とても言えない。なぜなら、それらが相手にしている対象は、まぎれもなく非合理的なものにほかならず、それ以上でもそれ以下でもないからである。こうした用語は、確かに本質に関わる特性を表現してはいるが、厳密に言うと、〈特性という衣を着せるように〕総合するという仕方で〔ド synthetisch〕本質を表わしているのである。つまり、ここで問題となっている用語が相手にしている核となる対象それ自体は、そのような用語ではまだなになのかわからないし、わかることもできないもの、したがって、なにか別の固有な仕方で認識されていなければならないものなのである。そういうふうに理解していないと、神の特性を表わす用語の役割を正しく理解しているとは言えない。＊

とにかく、〔特性用語という衣を着ている本体である〕神はなんらかの仕方で把握できるものでなければならない。そうでないと、神についてはなにも言うことができなくなるからだ。神秘主義でさえ、たとえ神を「語りえぬもの」〔ギ arrēton〕と呼んではいても、実際にはそのように考えてはいない。もしそうならば、神秘主義はただ沈黙しつづけるしかなかっただろう。ところが、当の神秘主義こそ、たいていの場合、すこぶる多弁である。

㈡　ここでわれわれは、合理主義と宗教の深みとの対立に出会う。この対立とその特徴は、今後たびたびわれわれの関心をひくことになるが、合理主義の第一にしてもっとも顕著な指標は、じつはこのような対立構造のなかに見出され、ほかの一切の指標もこれと関わっている。＊

合理主義は「奇跡」を否定し、その反対派は肯定するということがよく言われるが、このような区別の仕方はあきらかにまちがいであるか、すくなくとも表面的すぎる。というのは、自然的な因果関係が、それを創《つく》りだした存在者、したがってそれを支配する存在者によって随時うちやぶられることを奇跡だと唱える周知の奇跡論は、それ自体どこまでも「合理的」だからである。合理主義者たちは、このような意味での「奇跡の可能性」を一再ならず認めてきたし、かれら自身その可能性を独自に根拠づけようとしてきた。その一方で、徹底した反合理主義者たちは、こうした「奇跡の問題」に対して、これまた一再ならず、きわめて無頓着であった。＊

合理主義と反合理主義との違いとは、むしろ敬虔《けいけん》なあり方の気分や感情内容そのものに存する特殊固有の質の違いを言う。この質の違いは、根本的には、神についての考え方、すなわち神観念にかかっている。その神観念のなかで、合理的なものが非合理的なものを圧倒しているのか、もしくはまったく排除しているのか、あるいはその逆の事態なのかどうかで決まるということである。＊

合理主義を生んだのは、正統主義[三]自身である、という主張をよく耳にするが、これは一部もっともなことである。ただし、これも正統主義が主として教義や教義形成に熱心であったから、というような単純な理由からではない。そんなことは、もっとも極端な神秘家についてさえ言えることだ。もっともだというのは、むしろ、正統主義が教義を形成していくなかで、扱っている対象の非合理的側面を正当に評価して、宗教体験のなかでそれを生かしつづけるような方法を見出さなかったばかりか、むしろ非合理的なものの真価を見落として、神観念を一方的に合理化してしまったからである。

㈢　この合理化への傾向は、今日でもなお支配的であり、しかもたんに神学だけに限らず、宗教研究一般において末端に至るまでそうなのである。昨今の神話研究や「原始人」の宗教の調査研究、宗教の起源やその基礎に関する理論構築の試みなどもみなこの傾向に支配されている。なるほど、こうした分野では、本書冒頭であげたあの高度な合理的諸概念は最初から用いられることはないにしても、そういう諸概念やそれが徐々に「発展」していくプロセスといったものに問題の中心がすえられ、その発展の前段階にあるものほど、より価値の低い表象ないし概念だとみなされている。いずれにせよ、つねに着目されるのは概念や表象、それも「自然的な」概念、つまり人間がふつうに思い描くことのできる範囲内でも理解できる概念である。＊

ところが、宗教体験にしかないまったく固有なもの、そのもっとも原始的なかたちの体験にも見出されるその固有なものに対しては、目を閉じているのである。そのために費されるエネルギーと技は大したものだが、やはり奇妙である。なぜなら、そもそも人間が体験する領域のなかで、人間の体験だけに固有のもの、人間の体験だけにしか現われない独特なものが見出される領域があるとすれば、それはまさに宗教体験だからである。事実、この点に関しては、宗教の擁護者や中立論者よりも、その反対者の方がことがらを鋭く見抜いていることが多い。つまり、すべての「神秘主義的ナンセンス」は「理性」とはなんの関係もない、ということをほんとうによく知っているのは、多くの場合、こうした反対者の側に立っている者たちである。ともあれ、宗教が合理的な言明に終始するものではないということに注目し、宗教のもつ諸要因同士の関係を整理することで、その真の姿を解明することは有益な刺激となる。[1]

第二章　ヌミノーゼ

この最後に指摘した点について、われわれはここで、聖なるもの〔ド das Heilige〕という独特な範疇《はんちゅう》を取り上げて検討してみたい。なにかあるものを「聖なる」と認知するということは、第一に、もっぱら宗教の領域だけに固有の評価である。この評価は、ただちに倫理といったほかの領域にも波及するが、それ自身はほかの領域から生ずるものではない。この評価は、それ自体としてまったく特殊な要因をうちに含んでいる。この要因は、前章で述べたような意味での合理的なものとは無縁であり、かつ「語りえぬもの」〔ギ arrēton ラ ineffabile〕である。概念的把握をまったく寄せつけないからだ。

㈠　以上の主張は、もし聖なるものが、一般的な言語用法ばかりでなく、哲学やさらに日常的には神学上の言語用法においてすら通用しているような意味にとられるならば、はじめからまちがっていることになる。事実、われわれは「聖なる」という言葉をもっぱら派生的な意味で使っているのがふつうであり、決してそのもともとの意味では用いていない。というのも、われわれはこの言葉を、通常は、無条件に倫理的な意味で、つまり完璧に善いという特性を表わす用語として理解しているからである。たとえば、カントは、ためらうことなく道徳律に従おうとする義務感に発する意志を、聖なる意志と呼んでいる。これはしかし、簡単に言えば、完璧な道徳的意志である。同じように、われわれは義務や掟についても、それらを聖なるものとして扱っている。が、そこでの「聖なる」は、せいぜい実践の必然性あるいは普遍妥当の拘束性といった意味でしか考えられていない。＊

　しかしながら、「聖なる」という言葉のそのような使い方は不正確である。「聖なる」という言葉は、確かにそういう倫理的要因も含んではいるが、そこには、感覚としても察することができるように、あるはっきりとした余剰部分〔ド Überschuss〕も含まれている。この余剰部分を抽出することが、さしあたってここでの重要な課題となる。実を言えば、セム語、ラテン語、ギリシア語その他の古代諸言語において、「聖なる」という言葉やその類似語は、なによりもまずこの余剰部分のみを示していたのであって、倫理的な要因はまったく含んでいなかったか、含んでいたとしても、もとからそうだったわけではなく、ましてそれだけが意味を独占することは決してなかったのである。＊

　ところが、今日のわれわれの語感からすると、「聖なる」という語に倫理的な意味合いが込められているのは、確かな事実である。そこで、〔聖なるものから〕抽出しようとするあの特殊固有の余剰部分を探求するにあたって、すくなくともわれわれの検討のなかでかりに使用できるような、ある特別な呼び方を考案することが有益であろう。それは、聖なるものから倫理的要因を差し引いたもの、さらにつけくわえるならば、聖なるものから合理的要因をすべて差し引いたものを言い表わすような呼び方である。

　われわれが語っていることがら、読者に多少とも伝えようとしていることがら、つまり感じとってもらいたいことがらとは、すべての宗教のうちに、本来その中核をなすものとして生きているものであり、それなしでは宗教とはまったく言えないようなものである。＊

　じつは、そのようなものがきわめて力強く生きているのがセム系の諸宗教であり、そのなかでもとくに顕著なのが聖書の宗教である。聖書の宗教においては、それに固有の呼称もつけられている。〔「聖なる」を意味する〕カドシュ〔ヘ qādosch〕がそれである。これは〔ギリシア語の〕ハギオス、〔ラテン語の〕サンクトゥス、より正確にはサチェルに相当する。これらの呼称は、三つの言語いずれにおいても、確かに「善なるもの」、端的に善い、という意味を合わせ持っており、言うなれば、その語に込められた意味内容が、最高に成熟した段階に達している。われわれがこの語を「聖なる」と翻訳するのも、このような状況が前提となっている。ところが、ここでの「聖なる」は、もともとあったある特殊固有の要因、それも倫理的なこととは無関係に、ただそれだけで独自に吟味できるような要因が、しだいに倫理という型枠にはめ込まれるようになり、倫理的内容に満たされてしまったものである。＊

　ともあれ、この要因の発展の初期段階では、さきにあげた三言語のそれぞれの表現が、もともと善なるものとはまったく異なるものを意味していたのは疑う余地がない。このことは、現代の聖書解釈者たちによって一般に認められている。だから、カドシュをたんに善いことと解するならば、合理主義的曲解と言われてもしかたがない。

㈡　そこで、〔さきほども言ったように〕抽出されるべきあの余剰部分にふさわしい名称を考案することが肝要である。それは、第一に、その要因の特殊固有性をしっかりつかんでいる名称であり、第二に、もしその要因に従属する下位段階あるいは逆に発展段階というものがあれば、それらを共に把握でき、共に表現できるような名称にしたい。＊

　そのために、わたしはさしあたって、ヌミノーゼ〔ド das Numinöse〕という言葉を作り（〔「前兆」を意味するラテン語の〕omen から〔「不吉な」を意味するドイツ語の〕ominös という形容詞を作りうるなら、〔「神霊」を意味するラテン語の〕numen から〔「神霊的」ないし「ヌーメン的」を意味するドイツ語の〕numinös という形容詞を作っても差し支えないだろう）[二]、その上で、特殊固有のヌーメン的解釈と評価の範疇について論じ、さらにこの範疇が適用される場合に、つまりある対象がヌーメン的対象であると見受けられる場合にかならず生じてくる、あるヌーメン的な心的状況について論ずることにする。[1]

＊

　このヌーメン的解釈と評価の範疇はまったく特殊固有なものであり、したがって、根源的な基礎事実がみなそうであるように、厳密な意味で定義することは不可能である。できるのは、ただそれについて論ずることのみ。聞き手がそれを理解するのに助けとなる方法はただ一つ、論ずることをとおして、聞き手を自分自身の心的境地に達するよう導くことである。そうすれば聞き手の内部でその範疇がおのずから胎動し、発現し、意識されるに違いない。この方法を効果的に遂行するには、すでによく知られ慣れ親しまれているほかの心情領域で経験される、これと類似したもの、あるいは逆に特徴的に対をなすものを提示した上で、つぎのように言い添えればよい。「われわれのXはこれではないが、これに似ている。しかし、あれとは正反対である。さて、それがなにであるか、君にはおのずとわかるのではないか」。言いかえるならば、われわれのXは、厳密に言うと、教示することができず、ただ刺激され、目覚めさせられるものでしかないということだ。「霊から」来るものは、みなそうなのである。

第三章　ヌーメン的対象に引き起こされる感情の自己感情における反射としての「被造者感情」（ヌミノーゼの諸要因 その一）

(一)　われわれはここで、ある強い情動体験、しかもできる限り純粋に宗教的な情動体験の要因を記憶によみがえらせてみる必要がある。
　それができない者、あるいはそのような機会をまったくもたない者は、本書をこれ以上読まないようお勧めしたい。というのは、思春期のときめく気持ちや消化不良の不快感、あるいは社会意識に由来する感情等々はともかく、特殊固有の宗教的感情を思い起こすことができない者には、宗教研究は困難だからである。自分の知っている説明原理をできるだけ駆使して、たとえば「美」を感覚的な快、「宗教」を群れようとする衝動や社会的な評価の一機能、あるいはなにかもっと単純なものとして解釈しようとする者がいれば、それはそれでかまわない。だが、そのような理論は、美の体験がなにか並々ならぬできごとであることを経験として知り尽くしている審美家ならば、礼を言いつつお断りするだろう。宗教者であれば、なおさらである。

そのつぎになすべきことは、いま述べたような宗教的情動体験の要因や荘厳な礼拝における心の状態、それに感動しているときの心の状態を吟味し分析するにあたって、それらがたとえばなんらかの善い行ないを見たときに生ずるたんなる道徳的な精神の高揚とは共通でないもの、つまり感情内容としてはそういうものに先行しており、それだけで成り立っていることがらに、できる限り細心の注意を向けることである。＊

ここでさしあたり、われわれがキリスト者として経験する諸感情は、そう強烈ではないが、疑いもなくわれわれが宗教以外の領域でも知っているものである。すなわち、感謝、信頼、愛、確信、謙虚な服従、献身といった諸感情がそれだ。だが、これらが敬虔《けいけん》の要因のすべてを網羅しているということは決してない。このような諸感情は、「厳かなもの」のまったくユニークな性格、その場でしか生じない不思議な感動の「荘厳さ」〔ラ Sollemne〕[一]をまだあきらかにしてはいない。

(二) この種の体験のきわめて顕著な一要因をうまく捉えたのが、シュライエルマッハー[二]である。かれはその要因を「依存」の感情と名づけている。だが、かれのこのような意義深い発見には、批判されるべき点が二つある。

第一の批判点。かれが本来指し示そうとしていた感情は、その特殊なあり方からすると、言葉の「自然的な」意味における依存の感情、つまり、おのれの不足感や無力感、おのれを取り囲む諸状況に拘束されている感じといった、宗教以外の生活や体験の領域においても生じうるような依存の感情でないことは確かである。ただ、かれの言う依存の感情は、そのような諸感情に類似しており、だから、それらとの類比で示されうるし、それらを用いて「論ずる」こともできる。さらに、そのような類似の諸感情は、かれの言う依存の感情の真相を示す指標ともなりえ、そのおかげで、当の依存の感情それ自体が自発的に感得されるかもしれない。だが、いかに類似の感情があっても、いかに類比が可能であっても、当の依存の感情は、そのような類似の諸感情とは質的に異なる。シュライエルマッハー自身も、なるほど敬虔な依存の感情とそれ以外の依存の諸感情との区別をはっきり打ち出してはいる。＊

　ところが、かれがなしたのは「絶対的な」〔ド schlecht-hinnige〕依存の感情とたんなる依存の感情との区別にすぎない。言いかえると、かれは、敬虔なる依存の感情を絶対的なものとして相対的なものから区別し、完全なものとして不完全なものから区別しているにすぎず、その特殊固有の質による区別ではない。われわれがこれを依存の感情と呼ぶとき、じつはそれは依存の感情そのものではなく、それの類似物にすぎないということを、シュライエルマッハーは見抜いていないのである。

このあたりで、読者はこのような比較対照をすることによって、わたしの言わんとしていることがわかってくるのではないだろうか。もっとも、わたしはそのような比較対照による以外、どのような言い方をすればいいかわからない。まさしく、それはわれわれの精神内部における一つの根源的な基礎事実、つまり、それ自身からしか規定されえない事実だからである。＊

われわれが論じている宗教感情の要因が非常に先鋭化されたかたちで現われている有名な記述がある。おそらく、これが読者の理解の手助けになろう。「創世記」一八章二七節で、アブラハムはソドム人の運命について神とやりとりをしているが、そこでかれはつぎのように言っている。

塵《ちり》あくたにすぎないわたしですが、あえて、わが主に申し上げます。

これは、おのれ自身について告白する「依存の感情」である。それも、自然的なすべてのレベルでの依存の諸感情を上まわり、同時に質的に異なるものである。このような事態を表現する名称を模索した結果、わたしはこれを被造者感情〔ド Kreaturgefühl〕と呼ぶことにする。それは、全被造物の上に立つ方に対して、おのれ自身の虚無性にうち沈み、そこに消え去ってしまう被造者の感情である。

容易にわかるとおり、この「被造者感情」という表現もまた、ことがらを概念的に説明するものではまったくない。なぜなら、ここでは、この新しい名称がたんにそれだけで表現しうることがらではなくて、つまり端的に強大なものに対してではなく、それほどに強大なものに対する自己の卑小さや自己の虚無性という要因が問題となっているからである。この「それほどに」ということ、すなわち念頭に置かれている対象自身のそのありようは、とにかく合理的概念では把握できないし、「語りえぬもの」である。＊

その対象は、それを体験するときに気持ちのなかで誘発される感情反応、自分自身が体験しなければわからない感情反応の独特な響きや内容を、自分自身のなかで思いだしてそれを手がかりにするという間接的手続きを通じてでしか知らしめることができないものである。

㈢　シュライエルマッハーの結論における第二の誤りとは、[1] 依存の感情ないしわれわれの言う被造者感情を、宗教感情自体の本来の内容として規定しようとしたところにある。そうだとすれば、宗教感情とは、直接的にかつ第一義的には自己感情、つまりわたし自身の特殊固有の方向性をもつ感情、すなわちわたしが依存しているという感情そのものだということになる。ということは、シュライエルマッハーによれば、わたしがそのような感情の原因をわたしの外部に帰して考えるという推論を経て、はじめて人は神的存在そのものに出会うことになる。＊

これはしかし、人間の心的状況にまっ向から反するものである。「被造者感情」とは、むしろそれ自身まず主観内の付随要因・作用にすぎず、ある別の感情要因(すなわち、「おそれ」)のいわば投影にすぎない。この感情要因こそ、疑いもなく、わたしの外部にある対象に第一義的かつ直接的に関わるものである。この対象こそ、まさにヌミノーゼにほかならない。たとえばアブラハムの場合のように、ヌーメンが現存するものとして体験されるところでのみ、あるいはヌーメン的な性格を帯びたなんらかのものが感得されるところでのみ、つまり、ヌミノーゼの範疇がある実際上の対象もしくは架空の対象に適用されるときに、はじめてその反射として被造者感情が心情内に生起するのである。

このことは、誰にもあきらかな経験的事実であるから、心理学者でも宗教的体験を分析する際、その最初の経験的事実として、いやがおうでも認めざるをえない。たとえばウィリアム・ジェイムズ[三]は、著書『宗教的経験の諸相』のなかで、ギリシアの神々の観念の成立に触れて、かなり素朴な調子で、つぎのように述べている。

> ギリシアの神々の起源について、私たちはいま意見を求めるにはおよばない。以上のような例を列挙してみると、おのずから、次のような結論にたどりつくのである。すなわち、人間の意識のなかには、実在についての感覚、客観的な現前についての感じ、「なにかがそこにある」と言えるようなものの知覚があり、それは、現代の

心理学によれば、さまざまな現実の事実の起源を明らかにする。〔W・ジェイムズ『宗教的経験の諸相』(上) 桝田啓三郎訳(岩波文庫、一九六九年) 九一頁〕

ジェイムズは、経験論とプラグマティズムの立場から、認識の素地や観念の基礎が精神そのものに存するということを[四]承認するわけにはいかなかったので、前述のように、事実説明のために、いささか奇妙で謎めいた仮説をとらざるをえなくなっている。だが、事実それ自体については、かれははっきりとこれを把握しており、また相当に実在論者であったから、この事実をただ解釈するだけで事足れりとするわけにはいかなかった。＊

最初の直接的な事実であるそのような「実在感」、つまり、客体として与えられたヌミノーゼが引き起こす感情に対して、「依存の感情」、より的確には、被造者感情というものは、そののちはじめて引き起こされる、体験の主体が自分自身の無価値を意識するという作用なのである。[2] 別の言い方をすれば、わたしの側の「絶対依存」の感情は、かれの「絶対卓越性(および接近不可能性)」を感じるということが前提になっている、ということである。

第四章　戦慄すべき神秘（ヌミノーゼの諸要因その二）

それでは、このわたしの外部に客体として感得されるヌミノーゼとはなにであり、またどのような状態を言うのか。

ヌミノーゼとは、それ自体が非合理的なもの、つまり概念としては説明できないものである。だから、それを言葉で表明しようとするならば、ヌミノーゼを体験している心情内に誘発される特別な感情反応を手がかりにするしかない。「それは、ある種の特定感情によって人間の心情を捉え、動かすようなものである」。われわれは、この「ある種の」特定感情について、なにがしかを語る必要がある。そのために、この感情と類似した諸感情を取り上げてそれらと比較対照したり、象徴的な表現を用いたりして、その特定感情のいわば音調が響き出るようにしてみたい。その際、われわれはシュライエルマッハーと違って、かの対象に関わる最初の特定感情そのものを探求したい。さきほども見たように、この特定感情がさきにあって、その影として、自己に関わる感情がはじめて現われ出るからだ。

われわれは、敬虔な感情が強く掻《か》き立てられているときのもっとも深い底の部分にあるもの、救いへの信仰や信頼感や愛といったものよりも深いところにあるものについて考えてみたい。それは、そういう付随的なものとは無関係に、ときとしてわれわれの内部でほとんど困惑させるほど激しく心情を揺り動かし、支配するようなものである。われわれが探求しようとしているのはこれである。それを探求するために、われわれの周りにいる人々への共感力や追感力を使って、信仰心の強烈なほとばしりとそれが生み出す気分、荘厳かつ厳粛な儀式や典礼、宗教的な記念碑や建造物、また寺院や教会などが醸《かも》しだす雰囲気といったものに感情移入してみよう。＊

　そうすると、探求しているものにふさわしい表現が一つだけ浮かびあがってくる。戦慄すべき神秘〔ラ mysterium tremendum〕という感情がそれである。この感情は、ある場合は、穏やかな満ち潮のようにゆっくりと心情を満たし、静かで深い敬虔の念を抱かせることができる。その場合、この感情は、一定不変に持続する魂の状態を呈するようになる。この状態において、魂は長時間感動にうち震《ふる》えつづけるが、やがてそれもしだいにおさまっていき、再び日常世界にもどる。一方、この感情は突然強い衝撃と震撼《しんかん》を伴って魂から噴出することもある。また、ときとしては、異常な興奮、陶酔、法悦、エクスタシーへと導くことがある。この感情は、荒々しい魔神《デモーニッシュ》的な形をとるし、ほとんど幽霊的な恐怖、戦慄《せんりつ》へと沈みこみうる。その初期段階は粗野で野蛮な現われ方をするが、洗練されたもの、純化されたもの、光明に満ちたものへと発展する。この感情は、被造物であるがゆえのへりくだりから来る静かな慄《おのの》きと沈黙へと化することもある。では、いったい誰に対してか。全被造物を超越した名状しがたい神秘のなかにある者に対して、である。

われわれの追い求めているものについてとにかくなにがしかを語ろうとして、「戦慄すべき神秘」などという名称を当てたが、そこでまたもただちにあきらかなように、この表現は、実際にはなにかを語ろうとするものではない。すくなくとも、概念を用いたこの表現形式は、ここでも消極的なものでしかない。神秘とは、確かに概念的には、隠されたもの、つまり公には知らされないもの、把握されないもの、理解されていないもの、日常的でないもの、慣れ親しまれていないもの以上のものではない。神秘は、それ自体の「どのように」ということについて、より積極的なことはなにも語らない。ところが、その言葉によって意図されていることは、まったく積極的なものである。その積極的なにかは、もっぱら感情として体験されうる。われわれは以下の議論において、この感情をあきらかにできよう。それは同時に、そういう感情を心に呼び起こすことにもなる。[1]

㈠「戦慄すべき」という要因

この感情の積極面である「どのように」を示しているものは、さしあたって「戦慄すべき」〔ラ tremendum〕という形容詞である。トゥレモルというラテン語自体は、たんなる「恐れること」、つまりありふれた「自然的な」感情を意味する。この語は、かのまったく特殊な感情反応を表現するには、とりあえずもっとも適した語であるが、それでもやはりたんなる類比的表現にすぎない。かの感情反応は、確かに恐れることと近似性をもっており、それゆえそれとの類比で示唆《しさ》されうるが、それ自体は恐れることとはまったくの別物である。

ある言語には、このたんなる恐れ以上の「恐れ」を、完全にもしくは大部分意味する表現がある。たとえば、聖とする、を意味するヘブライ語のヒクディシュがそうである。ある事物を「心において聖とする」とは、通常の意味での恐れと混同されえない特殊固有のおそれ[二]の感情をもって、その事物を他と区別して扱うこと、つまり、それをヌミノーゼの範疇で評価することを意味する。＊

旧約聖書には、この種の感情を言い表わす類似の表現が豊富にある。とくにここで注目すべきは、エマート・ヤハウェ、すなわち「神の恐れ」というヘブライ語表現である。

これは、ヤハウェが注ぎ、送りだすことのできる恐怖で、人間の肢体を麻痺させる魔神《デーモン》のようなもの、ちょうどギリシア人の言う「突然の激しい恐怖」〔ギ deîma panikón〕と同類のものである。「出エジプト記」二三章二七節「わたしは、あなたの前にわたしの恐れを送り、あなたが入って行く土地の民をすべて混乱に陥れる」、あるいは「ヨブ記」九章三四節、[三]同一三章二一節[四]を参照されたい。この「恐れ」とは、内心を戦慄で満たす恐れであり、いかなる被造物も、たとえそれがもっとも脅威的なものであろうが、もっとも力あるものであろうが、もたらすことのできない種類のものである。それはそもそもなにか「幽霊的なもの」〔ド das Gespenstische〕をもっているのである。

ギリシア語では、これに相当する語としてセバストスがある。セバストスという呼称は、初代キリスト教徒がはっきり感じとっていたように、たとえ皇帝であろうと、被造物には帰されない。つまりそれはヌーメンに属する呼称であり、人間をセバストスと呼び、ヌーメンのみにあてはめられる範疇をもって評価することは、偶像崇拝にほかならなかった。英語の awe という語は、そのより深いもっとも固有の意味においては、われわれが扱っていることがらにおおよそあてはまる。「かれはあっけにとられた」〔英 He stood aghast〕という表現も参考とされよう。＊

ドイツ語の「聖とする」〔Heiligen〕という語は、〔ヒクディシュという〕聖書の用語の模倣にすぎないが、しかしこの感情の粗野で低級な前段階もしくは低段階を表現する言葉として、いわば自然に生まれ育った固有の表現がある。すなわち「恐怖」〔ド Grauen〕と「怖がる」〔ド Sich Grauen〕がそれである。さらに、それの洗練された高次の段階を表現するものとしては「慄然《りつぜん》とする」〔ド Erschauern〕があり、その意味内容を大部分含んでいる。「戦慄すべき」〔ド Schauervoll〕および「戦慄」〔ド Schauer〕は、通常、形容詞をつけなくとも、聖なるおそれを意味する。[2] ＊

わたしは以前ヴント[五]のアニミズムについて検討した際、このことがらについて「おそれ」〔ド Scheu〕という語を提案した。ただし、あの独特なヌーメン的性格についてはただ引用符つきでしか触れていなかった。あるいは「宗教的おそれ」〔ド religiöse Scheu〕という言い方でもよい。このおそれの前段階は「魔神的」おそれ〔ド dämonische Scheu〕(突然の激しい恐怖)であり、その低級な分枝である「幽霊的おそれ」〔ド gespenstische Scheu〕を伴う。この魔神的おそれの最初の兆しは「不気味さ」〔ド das Unheimliche〕(〔英語の〕uncanny)の感覚である。＊

この「おそれ」やその「粗野な」かたちから、つまりいつかあるとき出現し動き始めた「不気味さ」の感覚、原始人の心情に未知のものとして新しく現われたこの「不気味さ」の感覚から、じつは宗教の発展史全体が出発した。この感覚の出現が、人類の新しい時代を開始させたのである。「悪霊」や「神々」はこの感覚に根ざしており、「神話的統覚」〔ド mythologische Apperzeption〕とか「空想」〔ド Fantasie〕もこの感覚の具象化として生まれたものである。＊

そして、もしこの感覚を、宗教史の全過程における最初の、質的に特殊固有の、ほかに起源をもたない根本的契機、根本衝動として認めなければ、宗教の成立に関するアニミズム的、魔術的、民族心理学的説明は、すべて出発点からまちがった方向に進み、本来の問題を素通りしてしまうことになる。[3]

宗教は、自然的な恐怖からも、漠としたいわゆる「世界不安」からも生まれない。〔宗教の起源としての〕「恐怖」とは、自然的なふつうのおそれではない。それは、さしあたり「不気味さ」という粗野なかたちではあるが、それでも、すでに神秘的なものが心に触れ始めたことをほのめかす恐怖である。言いかえれば、それは、日常の自然的なレベルでの体験領域に属さない、自然的なものと無縁の〔ヌミノーゼの〕範疇の最初の評価適用である。[4] この種の恐怖は、いかなる「自然的な」能力とも決定的に異なる特殊固有の心的素養が目覚めている者にしかありえない。その心的素養は、はじめこそ、いわばうごめく程度の粗野な現われ方ではあるが、人間精神のまったく固有の新しい体験の働き、評価の働きを物語るものである。

いましばらく、このヌーメン的おそれの最初の原始的で粗野な現われ方について検討してみよう。このおそれは、いわゆる「原始人の宗教」の本来の固有の指標であり、それは素朴で粗野な原始的情動である「魔神的おそれ」という姿で現われる。このおそれとその空想的産物は、のちにヌーメン的感情のより高度に発展したかたちによって克服され放逐されるようになる。このヌーメン的感情は、原始人のなかではじめて粗野な姿で動きだした神秘に満ちた衝動である。だが、この感情がより高次の洗練されたかたちにとうに達していたとしても、その原始的脈動はごく素朴な姿でなんども繰り返し魂からあふれ出ることがある。こうして人はこの原始的脈動をそのつど新たに体験することができる。このことは、たとえば一般的な心の素養を高度に身につけた者にとっても、「妖怪話」や「幽霊話」が醸しだす「ぞっとするような怖さ」〔ド Grausen〕が、相変わらず迫力があって、刺激に満ちたものであるという事実に窺《うかが》われる。＊

注目すべきことに、この「不気味さ」に対する特殊固有のおそれは、自然なおそれがもたらすことができない、これまた完全に特殊固有の身体的反応を引き起こす。「体全体、寒気がした」とか「鳥肌が立った[5]」という言い方がその例である。鳥肌というのは、ある意味「超自然的なもの」である。＊

より鋭い眼差しで心理分析ができるならば、こういう「おそれ」が、自然的なおそれとたんに程度や強さの違いによって区別されるのではないということ、たんに自然的なおそれが特別大きくなった状態を言うのではないということがわかるはずである。そのあり方は、強さの程度とはまったく無関係である。このおそれは、骨の髄《ずい》までしみとおり、髪の毛が逆立ち、全身ががたがた震えるほど激しくなることもありうる。しかし、それはまたきわめてわずかな動きしか見せず、ほとんど気づかれないうちに、ほんの束の間、気持ちに触れる程度にしか現われない場合もある。それは自ら増大することができるが、なにか別のものが増大した結果生ずる、というものではない。どんな自然的なおそれも、ただ増大してこのおそれに変化するわけではない。わたしは、「不気味さ」の感情をひとかけらももっていなくとも、とほうもなく恐れや心配、驚愕《きょうがく》に満たされることがありうる。もし心理学一般が「感情」を質的差異の観点から吟味し、分類する努力をもっとよくすれば、ことがらはより明瞭《めいりょう》に見えてくるだろう。＊

ここで再三われわれの妨げになってしまうのが、感情を「快感」と「不快感」に二分するというあまりに大雑把な区分の仕方である。じつのところ、「快感」一つとってもいろいろあるが、それらは決してたんに強さの程度で区別されるのではない。快感の明確な区別は、その種類の違いによる。たんなる快感にしろ、楽しみにしろ、喜びにしろ、美的な喜悦にしろ、倫理的な高揚にしろ、礼拝中に体験する宗教的至福にしろ、いずれの心の状態も種類として、たがいに異なっている。確かに、それらはたがいに呼応し合うものや似かよっているものもあって、だから、ある共通の類概念の下にそれに該当するものを束ねることが可能である。つまり、類概念は、心の諸経験の一部類をほかの部類から切り離すのには役立つ。だが、それは、そのもとに束ねられたさまざまに異なる種を、たんなる程度の差で区分することはおろか、その個々の状態の「本質」をあきらかにするにはまったく役立たない。

　ヌーメン的感情は、確かに、その高次の段階では、たんなる魔神的おそれの感情とは大きく異なる。しかし、この段階においてさえも、それが魔神的おそれに由来しており、それと類縁関係にあるという素性を隠していない。悪霊信仰が神々への信仰へと昇階してから久しいところでも、この「神々」はヌーメンとして信仰者の感情につねに「幽霊的なもの」、すなわち「不気味で恐ろしい」という独特な性格の印象を与えつづけている。この場合「幽霊的なもの」は「崇高さ」〔ド Erhabenheit〕という特質と一体となって存続しているか、もしくは崇高なものに鋳直《いなお》されて存続している。しかも、この「幽霊的なもの」という要因は、最高に発展した段階、純粋な神信仰の段階においてすら消失することはないし、その本性上消失をゆるさない。ただ軽減され洗練されるだけである。この〔幽霊的なものの〕「恐怖」は人間のもっとも奥深いところにある魂の沈黙と震えがはてしなく高尚化された姿として、ふたたび現われる。この高尚化された恐怖は、キリスト教の儀礼において「聖なるかな、聖なるかな、聖なるかな」という言葉で人心を力強く捕える。それはまたテルシュテーゲン[六]の賛美歌にもあふれ出てくる。

神、ここにおわします。
わが内なるもの、みな黙せよ。
みまえにかしこみ、ひれ伏せ。

ここでの恐怖は、感覚を混乱させるほどの激烈さはなくしているが、人の心をつかむ名状しがたい力は保っている。それは神秘的な慄きとなっている。それは自己感情における随伴的な反射として、前述の被造者感情、すなわち「おそれ」において客観的に体験される戦慄、偉大なもの自身をまえにしてのおのれの虚無性と卑小さの感情を誘発する。[6]

このヌーメン的恐怖の感情を引き起こす原因であるヌーメンそのものを言葉で示そうとすると、そのヌーメンに属する一つの「特質」、聖書のなかで重要な役割を演じている特質が見えてくる。しかもこれがまた不思議で不可解なだけに、聖書解釈者や教義学者たちを大いに困らせているものである。オルゲーすなわちヤハウェの怒りがそれである。新約聖書では神の怒り〔ギ orgē theoy〕としてふたたび登場する。われわれは、旧約聖書のなかで、この「怒り」が前述した魔神的、妖怪的なものと類縁関係にあることをまだはっきりと読み取れる箇所をいずれ検討しなければならない。[七] この怒りは、また多くの宗教のなかに見られる謎に満ちた「神々の怒り」〔ラ ira deorum〕という表象とあきらかに対応するものをもっている。[7] ＊

「ヤハウェの怒り」をめぐる謎は、以前から注目されていた。まず、旧約聖書の多くの箇所ですぐわかるように、この「怒り」はもとより倫理的な性格とは無関係である。それは「燃えあがる」ものであり、現われ方も不可解で、ちょうど「隠れた自然の力」、たとえば人がよく使う言い方をすれば、近づく者に放電する充電された電気のようである。それは「予測がつかないもの」「気ままなもの」である。それは、神的なものを合理的な特性を表わす用語で考えることにしか慣れていない者には、気まぐれで勝手な激情のように見えるに違いない。＊

だが、このような合理的な捉え方は、旧約時代の敬虔な人々なら、きっと断固拒否したであろう。なぜなら、かれらには、神の怒りは決して「聖性」の減少ではなく、その自然な表現であり要因であり、決して取り去ることのできないものと思われていたからである。そして、それはもっともなことである。というのも、この怒りは「戦慄すべきもの」そのものにほかならないからなのだ。この「戦慄すべきもの」は、それ自体はまったく非合理的なものであるが、自然的な経験領域、この場合は、人間の通常の感情生活との素朴な類比をとおして把握され表現される。これは、たとえどんなに素朴ではあっても、これ以上ないほどぴったり当てはまる類比である。あまりにぴったりなので、類比としての価値はいつまでも失われることがなく、またわれわれにとっても宗教感情を表現する際に決して避けて通ることができないほどである。キリスト教もまた、シュライエルマッハーやリッチュル（八）がいかに反対しようと、「神の怒り」について教える必要があるのは疑いようがない。

　ここで改めてすぐわかるように、この「神の怒り」という言葉は、本来の合理的な「概念」としてではなく、たんに概念に類似しているものとして使われている。この言葉は、宗教体験における特殊固有の感情要因を示すための表意文字的表現（九）〔ド Ideogramm〕ないし純然たる指示記号（一〇）〔ド Deute-Zeichen〕として機能しているのである。この特殊固有の感情要因とは、奇妙に撥ねつけるような〔ド abdrängend〕おそれに満ちた性格をもっており、それゆえ、神的存在のうちにただ善意、柔和、愛、信頼性しか認めたくない者、また一般的に世間向きの要因しか認めたくない者を、ひどく困惑させるようなものである。＊

　よくまちがって「自然な」と言われているが、そのじつまったく自然ではないこのヌーメン的怒りを合理化するということは、それを倫理的な過ちに報い罰する神の義という合理的、倫理的な要素で充塡することにほかならない。だが、神の義という聖書的表象によって充塡《じゅうてん》された神の怒りは、それでももともとあった要因をつねに含んでいるという点に留意されたい。「神の怒り」のなかにこうした非合理的な要素がいつも胎動し瞬いていることは、はっきり感じとることができる事実であり、それが「自然的な人間」には感じることができない恐怖をもたらすのである。

ヤハウェの「怒り」ないし「憤《いきどお》り」と並ぶ類似の表現に「ヤハウェの熱情」というものがある。また、「ヤハウェに対する熱情」という状態も、一つのヌーメン的な心の状態であり、この状態は、それを体験している者に「戦慄すべきもの」のさまざまな特徴を譲り渡す。「詩篇」六九篇一〇節にあるつぎのような劇的な表現を参考されたい。「あなたの神殿に対する熱情がわたしを食い尽くしている」。

(二)「強大なもの」(威厳)という要因

これまで「戦慄すべきもの」について展開してきた議論は、「絶対的接近不可能性」〔ド schlechthinnige Unnahbarkeit〕という表意文字的表現で要約することができる。そこで人はただちに、その意を十分汲みとるには、もう一つの要因がつけくわえられねばならないという思いを抱くだろう。すなわち、「力」〔ド Macht〕、「威力」〔ド Gewalt〕、「圧倒的力」〔ド Übergewalt〕、「絶対的な圧倒的力」〔ド schlechthinnige Übergewalt〕といった要因である。この要因に対して、われわれは象徴的な名称として「威厳」〔ラ majestas〕という言葉を選びたい。〔majestas に由来するドイツ語の〕マイェステートという言葉も、そこに付着しているヌミノーゼの最後のわずかな痕跡が、われわれの言語感覚でもまだ察知できるからなお都合がよい。[8] こうして、「戦慄すべき」という要因は、「戦慄すべき威厳」〔ラ tremenda majestas〕という言い方で、よりふさわしく言い換えることができよう。＊

「威厳」という要因は、接近不可能性という第一の要因が後退し、消失したところでいきいきと存続する。これはたとえば神秘主義で起こりうることだ。とくにこの絶対的に強大なものの要因、つまり「威厳」という要因と関わっているのが、その陰影であり、主体への反射であるあの「被造者感情」である。これは、客観的に感得される強大なものとは対照的に、おのれ自身が卑小で無意味な存在、塵あくたであり無であるという意識として鮮明に顕《あら》われる。そして、この感情は、宗教的な「恭順」[9]の感情のためのいわばヌーメン的素材ともなるものである。

ここで、もう一度、シュライエルマッハーの依存の感情という表現にもどろう。われわれがさきに批判しておいたのは、かれが依存の感情について議論するにあたり、それ自身〔ヌーメン的対象に引き起こされる感情の自己感情における〕反射であり副次的作用にすぎないものを理論の出発点にすえた点、および自己の感情のなかに投げかけられた影から推論を開始して〔神という〕対象に到達しようと考えた点である。ここでは、さらに第三の点について異議を唱えなければならない。＊

シュライエルマッハーは「依存していると感ずる」ということを、じつは「制約されていると感ずる」という意味で言っており、それゆえ、『宗教論』の「創造と維持」の一節では、この意味での「依存」という要因について一貫して論を展開している。そうすると「依存」の反対側にあるものは、神の側での原因性すなわち神が万物の原因であること、より正確に言えば万物を制約する者〔としての神〕ということになろう。しかし、こうした要因は最初にして直接的な要因、礼拝している瞬間の「敬虔な感情」を思い起こすときにまず見出すようなものとはまったく違う。この要因はヌミノーゼの要因そのものではなく、その「図式」〔ド Schema〕にすぎない。つまり、それは非合理的な要因ではなく、徹頭徹尾、神観念の合理的側面に属しており、概念として高度に発展しうるもので、その起源はまったく別のところにある。＊

アブラハムの言葉に表われているあの「依存」は、被造性という事実[10]〔ド Geschaffenheit〕の依存ではなく、被造者という立場〔ド Geschöpflichkeit〕の依存であり、強大なものをまえにしての無力であり、自己の虚無性である。ここで論じられている「威厳」と「塵あくたであること」が思弁の対象になったとたん、われわれは「創造と維持」の一節における考え方とはまったく異なった系列の考え方へと導かれる。それは、一方では、自己の「滅却」〔ラ annihilatio〕、他方は、ただ一人完全に実在するものとしての超越者という考え方であって、それらはある形の神秘主義に特有のものである。＊

神秘主義のもっとも主要な特徴の一つは、ある特有の自己の無価値化である。それはアブラハムの自己の無価値化とあきらかに類似している。これは、自己を、自我を、そして「被造者」全般を、完全なものでも、真実のものでも、本質的なものでもないもの、それこそまったくの無とみなすことである。この無価値化は、さらに、これを実践に移し、我執の迷妄を断ち切って、自己を滅却するよう要求する。他方、この自己の無価値化に対応するものが、超越的対象への評価である。つまり、この超越的対象をその満ちあふれる存在性においてまったく卓越した者とみなすことである。そういう対象をまえにするからこそ、人はおのれの虚無性を感じとるのである。「わたしは無、あなたはすべて」。ここで問題となっているのは、因果関係ではない。(作用を受けている者としてのわたしが)絶対的に依存していると感ずることではなくて[11]、(強大な者としてのかれが）絶対的に卓越していると感ずることこそが、ここでの思弁の出発点なのである。しかも、この思弁は存在論的な用語に依拠しているから、もともと「力」の充満として捉えられている「戦慄すべき」という要因は、「存在」の充満へと変化させられる。たとえば、あるキリスト教神秘家のつぎの言葉がその参考例である。

　人はおのれの虚無性、おのれの卑小さにうち沈み、溶け去る。神の偉大さがより明瞭に、より端的にわかるようになると、人はおのれの卑小さをそれだけますます知るようになる。[12]

あるいは、イスラーム教神秘家ビスタームのバーヤズィード[二]のつぎの言葉もそうだ。

　そのとき、いと高き主は、わたしにその秘密を現わし、そのすべての栄光をわたしに示された。そこで、わたしがかれを（もはやわたしの目ではなく）かれの目をとおして眺めたとき、わたしの光はかれのそれに比して闇と暗黒以外のなにものでもないことがわかった。同じように、わたしの輝きは、かれの偉大さと輝きのまえでは無であった。そして、かれに奉仕するなかで実践した敬虔と従順の業《わざ》を真実の目で吟味したとき、それらの業はすべてかれから出たものであって、わたし自身から出たものではないということを悟った。[13]

あるいはまた、マイスター・エックハルト[三]の清貧と謙虚さに関する記述も参照されたい。

人間が貧しく謙虚になることで、神はすべてにおいてすべてとなり、存在となり、存在者そのものとなる。威厳と謙虚さから、つまりアブラハムの体験から「神秘主義的な」神観念が生まれ育つのであって、プロティノス主義[一三]や汎神論《はんしんろん》からではない。

この威厳と被造者感情が高まってそこからあふれ出る神秘主義を「威厳神秘主義」〔ド Majestas-mystik〕と呼ぶことができよう。これは、「一体観」〔ド Einheitsschau〕の神秘主義[一四]といかに密接な関係があろうと、その起源の点からすれば、それとはまったく別物である。威厳神秘主義はそのようなものからは生じない。そうではなく、それはあきらかにいま論じているヌーメン的感覚〔ラ sensus numinis〕に存する非合理的な要因が極限にまで緊張した状態を指す。威厳神秘主義とはそのように理解されて、はじめて納得できるものとなる。＊

威厳神秘主義は、マイスター・エックハルトの思想において、はっきりと感じ取れるある特質を形成している。この特質はただちにかれの存在の思弁および「一体観」と密接に結びつき、それらに深く影響を与えているが、たとえばプロティノスにはまったく見あたらないような独自のモチーフをもっている。このモチーフについて、エックハルト自身は、つぎのような言い方をする。

神があなたがたにとり、大いなるものとなるよう励みなさい。[一五]

あるいは、次の引用はアブラハムの場合と同じであることが、よくわかる。

おまえがおまえ自身をそのように示したとしても、あるのは〔主である〕わたしであって、おまえではない。[14]

あるいは、

事実、わたしと一切の被造物は無であります。あなただけが存在し、あなただけがすべてであります。[15]

神秘主義とはこういうものである。（ただ、この神秘主義はあきらかに、存在に関するエックハルトの形而上学的考察から育まれたものではないが、その考察を役立てることはできる。）それとまったく同様なものが、神秘家テルシュテーゲンのつぎの言葉にも表われている。

主なる神、必然で無限の存在、最高存在、唯一の存在、存在以上の存在よ、あなただけが「わたしはある」と確言できます。そして、この「わたしはある」は、制限されることも疑われることもない真実なのですから、あなたの口から「わたしはある、わたしは生きている」という言葉が発せられること以上の確かな真理をうち立てる誓いの言葉は見出しえません。

然《しか》り、あなたは在り給う。わたしの魂は身をかがめ、心のもっとも深いところから、わたしはあなたが在り給うと告白いたします。

しかし、わたしはなにものでしょうか。一切はなになのでしょうか。はたしてわたしはいるのでしょうか。はたして一切はあるのでしょうか。このわたしはなにものでしょうか。これら一切はなになのでしょうか。わたしたちがあるのは、ただあなたがおられ、わたしたちが存在することを望まれるからです。あなたに比して、あなたの本質をまえにして、幻と影にすぎず、本質と呼ぶにふさわしくない哀れなちっぽけな存在よ。わたしの本質と万物の本質は、あなたの本質のまえでいわば太陽の明るい光に晒《さら》された蠟燭《ろうそく》のごとく消え失せます。この蠟燭は目に見えず、あまりに大きな光の本性に圧倒されているので、あたかももうそこには存在していないかのようです。

ところで、アブラハムやエックハルトやテルシュテーゲンに生じたことは、今日においてもなお、しかもあきらかに神秘的な体験と言えるようなものを伴って起こりうる。南アフリカに関するある書物についての広告[16]に、わたしはつぎのような記事を見つけたことがある。

著者は、長身で力が強く、強固な意志をもった寡黙《かもく》な——自分が専門とする羊や牛について、また虎や豹の習性についてよりも深遠な話題を口にしたことのないほど

――ひとりのボーア人が語ったある注目すべき言葉を繰り返し伝えている。二時間かけて炎天下のアフリカ大平原を車で横断したのち、かれはタール語でゆっくりと語った。「わたしはずっとまえからあなたに訊こうと思っていたことがあります。あなたは教養がおありです。このような草原にあなたがひとりぼっちになり、太陽がこんなにも茂みを照らすとき、なにかが語りかけているような感じがしませんか。それは耳に聞こえるようなものではありません。それはなにか、自分がどんどん小さくなって、相手がどんどん大きくなっていくような感じです。そのとき、世のなかのささいなことはすべて無に思えるのです。[17]」

(三)「活力あるもの」という要因

最後の点であるが、「戦慄すべき」という要因および「威厳」という要因は、わたしがヌミノーゼの活力〔ド Energie〕と呼んでおきたい第三の要因を包含している。この要因は、とくに「怒り」において活発に感得され、活気、熱情、情意、意志、力、運動[18]、興奮、活動、衝動といった表意文字的表現で表わされる。こういう特徴的な諸要素は、本質的に魔神的なものの段階から「生ける」神というイメージに至るまでなんども繰り返し現われてくる。こういうものはすべてヌーメンを土台とする諸要因である。人がこれら諸要因を経験すると、心情は活発に活動するようになり、「熱意」へと駆り立てられ、異常な緊張と活力で満たされるようになる。それは、たとえば修徳的生活、世と肉に対抗する熱意、外に向かって躍動する英雄的行為などに見られる。＊

それらは神観念におけるあの非合理的な要因にほかならない。この種の非合理的要因は、たんなる思弁と定義の対象となる「哲学的」神が主張されるたびに、もっとも強い反発を呼び起こした。こういう非合理的な要因が「哲学者たち」との論戦に持ち出されると、かれらはいつもそれを「擬人論」と断じた。というのは、こうした非合理的要因を擁護する者たち自身が、たいていの場合、人間の心情領域から借用されたこれら表意文字的表現がたんに類比的な性格しかもっていないことをよく理解していなかったからで、その限りでは、この批判は当たっている。しかし、そのような誤りが擁護者側にあったとしても、「神的なもの」、すなわちヌーメンの真の非合理的な要因が正しく感得されていたという点、そして、そのような表意文字的表現をとおして、宗教がその合理化を免れていたという点からすれば、この批判はやはり不当である。＊

「生ける」神という考え方、さらにまた「主意主義」[二六]を擁護するための論争はいつもかならず、ルターがエラスムス[二七]に対してそうであったように、合理主義者に対する非合理主義者の論争という構図をとった。ルターの『奴隷的意志について』のなかの「神の全能」〔ラ omnipotentia dei〕というのは、絶対的優越としての威厳が、やむことなくまた際限なく、駆り立てる者、活動する者、征服する者、生ける者のうちにあるこの「活力」と結びついたものにほかならない。ある形式の神秘主義、すなわち「主意主義的」神秘主義にも、この活力あるものがきわめて力強く生きている。この点についてはわたしの近著『西と東の神秘主義』の二三七頁「エックハルトにおける力動的な神秘主義」の章を参照されたい。[一八] ＊

　この「活力あるもの」は、フィヒテ[一九]の主意主義的神秘主義ややむことのない猛烈な行動衝動としての絶対者に関する思弁[19]においても、またショーペンハウアー[二〇]の魔神的「意志」においても現われてくる。＊

　だが、両者ともすでに神話が陥ったのと同じまちがいを犯している。すなわち、〔さきほど言ったように〕なんらかの「自然的」な特性を表わす用語というものは、なにか名状しがたいものを表現するための表意文字的表現としてのみ使用が許されるのに、かれらはこれをそのまま文字通りに非合理的なものにあてはめ、かつ感情を表現するための純然たる象徴にすぎないものを、概念として妥当なもの、「学問的」認識の基礎となるものとみなしたのである。＊

　いずれにせよ、こういうヌーメン的な活力あるものという要因は、のちに見るように、きわめて独特な仕方でゲーテも体験しており、「魔神的なもの」とかれが呼んでいるものについての奇妙な記述のなかで、この要因が力説されている。

(四)「神秘」という要因――「まったく他なるもの」

理解される神は、神ではない　テルシュテーゲン

われわれはヌーメン的対象を「戦慄すべき神秘」と呼び、そこでまず「戦慄すべき」〔ラ tremendum〕という形容詞に関わる議論から始めた。その方が、「神秘」〔ラ mysterium〕という名詞について論じるよりも容易だからである。だが、いまやこちらの解釈の検討にも入らなければならない。＊

「戦慄すべき」という要因は、「神秘」という名詞のたんなる修飾語ではなく、「神秘」という要因につけくわえられた一つの特性を表わす用語である。確かに、両要因のどちらか一方に対応する感情反応は、いともたやすくもう一方に対応する感情反応へと流れこむことはある。実際、われわれの言語感覚からすると「神秘」という要因と、それにつけくわえられた特性を表わす用語である「戦慄すべき」という要因とはきわめて緊密に結びついているため、一方の要因の名を挙げると、かならずもう一方の要因の響きもともに聞こえてくるほどである。「神秘」はなんら問題なくそのままで「戦慄すべき神

秘」なのだ。＊

しかし、いつもそうだとはかぎらない。「戦慄すべき」と「神秘的なもの」〔ラ mysterio-sum〕という二つの要因は、内容としてやはり明白に異なる種類のものである。そして、ヌミノーゼにおける「神秘的」という要因は、感情体験において「戦慄すべき」という要因よりも顕著に現われることがある。あまりにも強く前面に出てくるため、「戦慄すべき」という要因が、ほとんどその影に隠れて消え去ってしまうこともある。一方、場合によっては、「神秘的」という要因は現われないで、「戦慄すべき」という要因だけが心情を支配することも起こりうる。

(a)「戦慄すべき」という要因を差し引いた「神秘」だけに、より的確な呼び名を与えるとすれば、それは〔「驚くべき」を意味するラテン語の〕ミルムあるいはミラビレとなろう。このミルムは、まだ〔「感嘆すべき」を意味するラテン語の〕アドミランドゥムには至っていない（そうなるためには、後述するように「魅する」〔ラ fascinans〕と「高貴な」〔ラ augustum〕がさきになければならない）。ミルムは「感嘆する」までには至らず、まだ「いぶかしく思う」〔ド Sich wundern〕の段階に留まっている。＊

「いぶかしく思う」という言葉は、しかし、不思議さ〔ド Wunder〕から来ており――われわれはこの事実を忘れかけているが――第一義的には、心情内で不思議なもの、尋常ならざるもの、つまりミルムに遭遇している状態を意味する。本当の意味での「いぶかしく思う」とは、純粋にヌーメン的感情の領域に存する心の状態を指す。そして、この意味が希薄化、一般化して、はじめて一般に言う「びっくりする」〔ド Erstaunen〕となる。[20]

　このミルムに相当する心情的反応を表現する言葉が求められるとすれば、ここでも一つの名称だけがさしあたって見出される。この名称は、それ自体まったく「自然的な」心情の状態を指し示しており、したがって、やはり類比的な意味合いしかもっていないものである。すなわち、〔「茫然自失」を意味する〕ストゥポルがそれである。ストゥポルはあきらかに〔たんなる「おそれ」を意味する〕トゥレモルとは異なる。それは自失した驚き、「開いた口が塞がらない」こと、絶対的な意外性〔ド Befremden〕を意味する。〔「茫然とさせる」を意味する〕オブストゥペファチェレも参考とされたい。＊

　ストゥポルよりももっと的確な言葉は〔「驚き」を意味する〕タンボスおよび〔「驚かす」を意味する〕タンベイスタイというギリシア語表現である。タンブという語音は、この自失した驚きの心情をみごとに描きだしている。「マルコによる福音書」一〇章三二節における kaì ethamboỹnto, hoi dè akoloythoỹntes efoboỹnto〔弟子たちは驚き、従う者たちは恐れた〕というギリシア語の一文は、「茫然とさせる」〔ラ stupendum〕および「戦慄すべき」という要因の意味の違いを非常にうまく表わしている。一方、本書五四頁で

「神秘」と「戦慄すべき」という両概念がいともたやすく混ざり合うと述べたが、そのことがちょうどこのタンボスにもあてはまる。この語はまさしくヌミノーゼの高貴なおそれ慄《おのの》き一般を表わす典型的な用語である。たとえば「マルコによる福音書」一六章五節がその例である。ルターはまったく正しくこれを「そこで、かれらはひどく驚いた」と訳している。＊

　タンブという語幹が描き出しているものは、ヘブライ語のターマーフにも現われている。この言葉は「肝をつぶす」ないし「ひどく驚く」という意味で使われるが、意味が希薄化してたんなる「いぶかしく思う」ともなる[21]。

「神秘」〔ラ mystrerium〕も「神秘家」〔ギ mystēs〕も「神秘主義」〔ド Mystik〕も、サンスクリットのムシュ〔muš〕という語にいまだ込められている語幹に由来していると思われる。ムシュは「隠れたこと、人目につかないこと。こっそり行なうこと」という意味である(だから、「欺く」とか「盗む」という意味ももちうる)。＊

　神秘とは、一般的な意味からすると、さしあたりたんなる秘密、つまり見知らぬもの、理解できないもの、説明しがたいものを言うが、その限りにおいて神秘はそれ自体、われわれが指し示そうとしていることがらのための、たんなる自然的なものの領域からの類比概念にすぎない。この類比概念は、ことがら自体を実際に述べ尽くしているわけで

はなく、まさに類比性ゆえに記号としての役割しか果たさない。＊

しかし、当のことがら自体、すなわち宗教的な意味で神秘的なもの、純然たるミルムとは、最適と思われる言葉を使えば、「まったく他なるもの」〔ド das Ganz andere〕、〔ギリシア語の〕ターテロン、〔サンスクリット語の〕アニャド〔サ anyad〕、〔ラテン語の〕アリエヌムあるいはアリウドゥ・ヴァルデと言われるものである。それは見知らぬもの、不審なものであり、見慣れたもの、理解できるもの、親しいもの、したがって「内輪」の領域から超脱して、それに対立しており、それゆえに心情を自失した驚きで満たすものである。[22]

このことは、ヌーメン的感情がはじめて粗野なかたちで発動した原始人の宗教のもっとも低い発達段階ですでに観察されうる。この段階に固有なことは、アニミズムが考えているように、「魂」というたまたま人間には見ることのできない奇妙な存在物が人と関わっている、ということではない。魂という表象およびそれに類する概念はすべて、のちに起こった「合理化」の産物である。この合理化が試みようとするのは、件《くだん》のミルムの謎をなんとかして解き明かすことである。しかし、それは同時に、体験そのものを薄め弱めてしまうような作用をもっている。この魂という表象から生まれてくるのは宗教ではなく、宗教の合理化である。それはしばしば堅固な理論と、もっともらしい解釈に行き着くが、そのためにまさに神秘そのものが放逐されてしまう。[23] しっかり体系化された神話は、組織だったスコラ学に負けず劣らず、宗教の基本事実をきれいにならして薄っぺらなものにし、ついには排除してしまう。＊

　宗教の基本事実に固有なものとは、そのもっとも低い段階においても、やはり特殊固有の感情要因それ自体、すなわちあの「まったく他なるもの」をまえにしての茫然自失にほかならない。この「他なるもの」は霊あるいは天[三]〔サ deva〕と呼ばれる場合もあれば、まったく名をつけられない場合もあろう。あるいは、人はこの「他なるもの」を解釈し、記憶にとどめておくために、新たになにか空想的なものを自分なりにこしらえたり、魔神的おそれが発動するまえに、おとぎ話に見られるような架空存在に関する空想の所産を下敷きにしたりする場合もあろう。

　のちに述べることになっている法則[三]によれば、この「まったく他なるもの」だという感じは、すでに「自然的に」とほうにくれさせるような、意外性と驚きに満ちた性格をもっているものと結びついているか、もしくは、そういうものに影響されて惹起《じゃっき》されることもある。そういうものとは、つまり自然界や動物界、また人間界に見られる意外性に富む特異なできごとやことがらなどである。ところが、ここでまた留意すべきは、質的に特殊なヌーメン的感情の要因が、いかに「自然的な」感情要因と関わりがあるとしても、前者は後者の度合いが高まったものではない、ということである。自然的な意外感から「超自然的な」対象に対する意外感へと上昇するなどということはありえない。＊

この「超自然的な」対象に対する意外感というものを十全な意味で表現しているのが、あの「神秘」という言葉なのである。[24]おそらく、〔ラテン語で「神秘」を意味する〕「ミステリウム」という名詞よりも、〔「神秘に包まれた」を意味する〕ミステリエーズ〔ド mysteriös〕という形容詞の方が、実感としてよく伝わるかもしれない。仕組みのわからない時計仕掛けや、理解しかねる学問について、「これは、わたしにはミステリエーズだ」などと真顔で言う者はいない。＊

われわれには絶対的かついかなる場合でも理解しえないものは確かにミステリエーズであるが、さしあたってまだ理解できないだけで、原則的には理解可能なものであれば、ただ「不確かなもの」と呼ぶべきであるという反論もあろう。[25]だが、これはことがらを十分に穿《うが》った言い分ではない。実際に「神秘に包まれた」ものが把握不可能なのは、ただそれに関するわたしの認識が、取り去ることのできない限界をもっているからということだけではなく、そもそもわたしがなんらかの本性上「まったく他なるもの」、その本性がわたしのそれとは比較を絶し、よってあまりの驚きにすくんでしまい、ついあとずさりしてしまうようなものに出会っているからである。アウグスティヌスは、『告白』一一巻九章一で、このヌーメンのすくんでしまうほどの「まったく他なるもの」の要因を「似ていないもの」〔ラ dissimile〕として、またその要因と対をなすヌーメンの合理的側面を「似ているもの」〔ラ simile〕と呼んで、次のようにうまく表現している。

わたしの目を射るように輝き、わたしの心を貫きながら、しかもそれを傷つけないものはなにであるか。わたしはおそれおののき、燃え立つのであるが、わたしはそのものに似ていない〔ラ dissimilis〕かぎりおそれおののき、そのものに似ている〔ラ similis〕かぎり燃え立つのである。〔聖アウグスティヌス『告白』(下) 服部英次郎訳(岩波文庫、一九七六年) 一〇六頁〕

以上のことがらは、ヌーメン的感情の低級な分枝であり戯画化である幽霊の恐さについて考えると、よくわかる。幽霊の分析を一つ試みてみよう。幽霊に対する「おそれ」の特殊固有な感情要因を、われわれはさきに「ぞっとする」という要因だと言っておいた。この「ぞっとする」は、あきらかに幽霊話が人心をひきつける要因となっている。それも、そのぞっとしたのちに来るほっとした感じや幽霊からの解放感が、心地よい気分をもたらすからである。そういう意味では、人心をひきつける当のものは、そもそも幽霊それ自体ではなく、幽霊から逃げることができた状況だということになる。だが、

これは幽霊話がなぜあのような魅惑的な力をもっているかの説明としては不十分である。＊

幽霊の本来の魅力とは、むしろ、幽霊がミルムであり、そのようなものとして空想に多大な刺激を与え、興味と強い好奇心を惹起するような作用をもっているところにある。空想を誘うのは、まさにこの奇妙きてれつな存在それ自身なのだ。ただし、それは幽霊が「なにか長くて白いもの」(かつて誰かが幽霊をそう定義したように)であるからではなく、また「人魂」であるからでもなく、あるいは幽霊についての空想が創りあげた積極的、概念的な特性を表わす用語によるものでもない。そうではなく、幽霊が不思議なもの、「架空のもの」、「そもそもまったくありえないもの」、「まったく他なるもの」だからである。それは、われわれの現実世界に属さず、絶対的に別の世界でありながら抑えがたい興味を心に呼び起こす世界に属しているのである。

じつは、このような戯画のなかにもまだ見て取れることがらは、魔神的なものの次元では、よりはっきりと看取される。そもそも、幽霊というのは、魔神的なもののたんなる一末節にすぎない。その魔神的なものが発展していく路線にしたがって、ヌーメン的感情のこの一要因、つまり「まったく他なるもの」だという感覚がしだいに強くなり、ますます鮮明になってくると、その感覚のより高度な様態が現われる。この感覚の状態にある人間にとって、ヌーメン的対象はあらゆる慣れ親しまれたもの、つきつめれば「自然」一般に対立して「超自然的なもの」〔ド das Übernatürliche〕になるばかりでなく、ついには「世界」それ自体とも対立して、「超世界的なもの」〔ド das Überweltliche〕へと高まっていく。

「超自然的なもの」も「超世界的なもの」も、積極的な特性を表わす用語のような感じを受ける言い方であるが、神秘に包まれたものを、こういう言い方で呼び直せば、「神秘」という語は、その当初の消極的な意味を脱ぎ捨て、積極的な言明になっているように見える。だが、その概念の意味からすれば、これはたんなる見せかけにすぎない。というのは、「超自然的なもの」も「超世界的なもの」も、それ自体はあきらかに自然と世界に対してただ否定的、排除的な特性しか表わさない用語だからである。そうはいっても、実際にきわめて積極的な感情内容からすれば、これらの表現が積極的な意味を帯びているというのは正しい。もっとも、この感情内容がどういうものかは、ここでも説明することはできない。この積極的な感情内容ゆえに、「超自然的」および「超世界的」という形容は、われわれにとっては、なんら問題なくあの特殊固有の「まったく他なる」現実や状況を表現するものになっている。しかし、このような現実・状況の独自なありかたがどのようなものかは、感じとしてはどうにかわかるが、これを概念として明確に表現することはできない。

神秘主義の「彼岸」〔ギ epékeina〕もまた、すべての宗教のなかにはじめから内在している非合理的要因をこれ以上ないほどの強さで強調する表現である。神秘主義はヌーメン的対象を「まったく他なるもの」として、通常の体験と対比させて強調し、極端にまでそれを押し進める。というのも、神秘主義はヌーメン的対象をたんに自然的なものや現世的なものと対立させることで満足せず、ついには、「存在」や「存在者」そのものとも対立させるからである。このようなヌーメン的対象を、神秘主義は最終的に「無」〔ド das Nichts〕と名づける。これを無と呼ぶとき、神秘主義は、なにか名状しがたいものだけではなく、存在し思惟しうるすべてのものと絶対的かつ本質的に他なるもの、対立するものを言おうとしている。一方、概念がなしうる「神秘」理解の唯一の手段、すなわち否定ないし対立を逆説〔ド Paradox〕にまで押し進めることで、神秘主義は「まったく他なるもの」のもっている積極的な「どのように」を、感情、それもあふれんばかりの感情の高まりにおいて、きわめていきいきと体験させる。＊

西欧神秘家らのこの不思議な「無」〔ラ nihil〕について言えることは、仏教神秘家が言うところの śūnyam と śūnyatā すなわち「空《くう》とすること」と「空」にも当てはまる。神秘主義の秘教的な言語、神秘主義の表意文字的表現あるいはその指示記号に内的に通じていない者にとって、「空とすること」や「空となること」を追求する仏教徒の努力は、無や無化を追求する西欧神秘家の努力とまったく同様に、一種の狂気と映るに違いないだろうし、そうであれば、仏教自体も心を病んだ「ニヒリズム」と捉えられるに相違ない。＊

ところが、「無」がそうであるように、「空」も実際には「まったく他なるもの」のヌーメン的な表意文字的表現なのである。空とすることは、ミルムそのものにほかならない(それは同時に「逆説的なもの」と「二律背反的なもの」にまで高められているが、これについては後述する)。この認識を携えていない者には、空とすることを称揚する般若波羅蜜〔サ prajñā pāramitā〕についての経典群は、もっぱら狂気じみたものと映るだろう。そして、それら経典群が無数の人々を魅了しつづけてきたこともまったく理解できないに違いない。

(b)　われわれが神秘と名づけているこのヌミノーゼの要因は、ほぼすべての宗教が歴史的に発展していくなかで、それ自身の発展を遂げる。つまり、そのミルムとしての性格がますます高まり、ますます強まっていく。厳密には、この発展は、三つの段階に分けることができる。第一は、たんなる意外なものの段階、第二は、逆説的なものの段階、第三は、二律背反的なものの段階である。

(c) 「まったく他なるもの」としてのミルムとは、さしあたり把握困難なもの、把握不可能なもの、クリュソストモスの言う[33]〔「認識できないこと」を意味するギリシア語の〕アカタレープトンであり、われわれの「範疇を超越している」、つまりわれわれの「理解」から隔絶しているものである。いや[34]それはわれわれの範疇を越え出ているばかりではなく、ときとしてその範疇と対立したり、それを打ち消したり混乱させたりするようにも見える。そんなとき、ミルムは理解できないばかりか、まさに逆説的となる。あらゆる理性を越えているばかりか、「理性に反して」いるようにも見える。＊

そして、[35]ここからさらに進んでもっとも先鋭化されたかたちが現われる。われわれが二律背反的なものと呼ぶところのものである。これはたんなる逆説以上のものである。なぜなら、ここには理性とその尺度およびその法則化に反する言述のみならず、それ自身が内部で二つに分裂し、一つのことがらについて、正反対であって両立しえず、解決不能な矛盾対立を表明する言述が現われているように映るからである。ミルムは、ここでは合理的に理解したいという意志に反発して、きわめて手厳しい非合理的なかたちで現われる。ただたんにわれわれの範疇では把握困難だからとか、その不同性〔ラ dissimilitas〕ゆえに把握不可能だからとか、さらには理性を混乱させ眩惑させ不安にせしめて窮地に陥《おとしい》れるからということだけではなく、それ自身が対立と矛盾というかたちで合理

に背馳《はいち》しているからである。＊

このような要因は、われわれの見解によれば、とくに「神秘神学」に見出されねばならないものである。「神観念における非合理的なものの高揚」が神秘神学の性格だとするならば、である。実際にそうだということは、一般に認められているとおりである。神秘主義とは、その本質からして、また第一義的に、ミルムの神学、「まったく他なるもの」の神学にほかならない。だからこそ、それは、マイスター・エックハルトの場合のように、しばしばいまだ聞いたことのないものの神学、かれの言葉によれば、新奇でまれなもの〔ラ nova et rara〕の神学となるか、もしくは大乗仏教の神秘主義におけるように、逆説と二律背反の学問、通常の論理一般への攻撃となる。それは、対立の一致〔ラ coincidentia oppositorum〕の論理へとつき進む(神秘主義が変型を被ると、シレージウス[二六]の場合のように、この論理をもって、びっくりするような才知豊かな遊びを創造するものとなる)。＊

しかし、だからと言って、「神秘主義」がふつう一般の宗教とはまったく相容れないものだというわけではない。実際そうであることは、ただちにあきらかになる。すなわち、ここにあげた諸要因およびそれらがあきらかにヌーメン的な「まったく他なるもの」(それなしでは、真の宗教感情は存在しない)という一般的・宗教的諸要因に由来するものであるという点を、ヨブおよびルターという、ふつうは神秘主義と対極に置かれている人物において確認すればよい。逆説と二律背反としての「まったく他なるもの」の要因は、われわれがのちに「ヨブ的」思想系列と呼ぶことになるものを形成しており、それはほかのだれよりもルターの特徴でもある。この点については、後述する。[26]

第五章　ヌーメン的賛歌（ヌミノーゼの諸要因 その三）

たんなる「合理的な」神の賛美と、「戦慄すべき神秘」の諸要因によって引き起こされる非合理的・ヌーメン的感情をも交えた賛美との違いは、以下にあげる二つの詩歌の比較であきらかになる。

ゲラートは「神の栄光を大自然によって」力強く華やかに歌いあげる術を十分心得ている。

大空は永遠なる方の栄光をほめたたえ、その響きはみ名を伝える。

この賛歌はすべてが明るく合理的であり、そして親しみをこめた内容となっており、それは結びの節まで続く。

わたしはおまえの創造主、知恵と慈しみ、
秩序の神、おまえの救い。
わたしはそのような者。心を尽くしてわたしを愛し、
わたしの恵みにあずかりなさい。

この賛歌は確かに美しいが、しかし、「神の栄光」が完璧な仕方で表現されているわけではない。一つの要因が欠けているのだ。それは、ゲラートより一世代まえのランゲが「神の威厳」について詠んだ賛歌と比較すれば、すぐにわかる。

御身のみまえで、み使いたちの歌声は震えだす。
かれらは目と顔を伏せる。
御身はかくも恐ろしくかれらのまえに現われる。
そこからかれらの歌は鳴り響く。
被造物は身をすくませる、
御身の在りたもうみまえに、
全世界はおそれに満たされる。
世のこのようなありかたは、
変わることなきみ霊よ、
御身の身を覆い隠す一つの姿。
御身への賛美はとこしえに、
ケルビムとセラフィムの口から。
御身のみまえで、白髪の長老たちの群れが、恭しくひざまずいて仕える。
力と誉れ、み国と聖所は御身のもの。
それゆえ、我は驚きのあまり自失する。
御身のもとにはすべてを越える威厳があり、
聖なるかな、聖なるかな、聖なるかなとたたえられる。[1]

これは、ゲラート以上である。ところが、ここにもまだ欠けているものがある。それは、「イザヤ書」六章にあるセラフィムの歌のなかに見出されるものである。「身がすくんでいる」のに、ランゲは、十節もある長い賛歌を詠《うた》っているが、「イザヤ書」に登場する天使たちは二行しか詠わない。[二] また、ランゲは神につねにDu〔御身〕と呼びかけているが、天使たちはヤハウェのみまえで三人称をもって語っている。[2]

ヌーメン的賛歌や祈りが並外れて豊富に見出されるのは、ヨーム・キップール、すなわちユダヤ人の大贖罪日《だいしょくざいび》の祭儀においてである。この祭儀では、「イザヤ書」六章にあるセラフィムの三聖唱が全体を通じてたびたび繰り返され、またウベケーン・テーン・パクデカー〔「そして、あなたの掟のことで嘆き悲しむ」〕のようなみごとな祈りが唱えられる。

われらの神ヤハウェよ、御身のすべての被造物の上に御身の恐れを、御身の造り給えるすべてのものの上に御身への恭しさに満ちた震えを来たらせよ。かくして、御身の造り給うたすべてのものは御身をおそれ、存在するすべてのものはみまえにひれ伏す。そのすべてのものが一つになって、心を尽くして御身のみ旨《むね》を行なわんことを。かくして、われらの神ヤハウェよ、われらは知る。支配は御身のもとに、権力は御身の手に、力は御身の右手に、そして御身のみ名は、御身の造り給うたすべてのものの上にあることを。

あるいはカドシュ・アッター〔「御身は聖なる方」〕もその例である。

御身は聖にして、御身のみ名はおそるべきかな。御身のほかに神はない。「万軍の主ヤハウェは、裁きの座に高く座し、聖なる神は正義のうちに聖とされる」と、記されているとおりである。

さらに、イグダル・エロヒム・ハイ〔「生ける神を賛美せよ」〕やアドン・オラーム〔「永遠の主」〕と呼ばれる素晴らしい歌は、この趣を響かせており、またソロモン・イブン・ガビーロール[三]の「王冠」のなかの多くの箇所もそうである。つぎに引用するニフライーム〔「素晴らしきみ業」〕という箇所はその例である。

御身のみ業《わざ》は素晴らしい。
わが魂はそれを知り認める。
神よ、権威と偉大さ、

威光と誉れと賛美は御身のもの。
すべてのものの支配、
み国と栄光は御身のもの。
高みと深みにある被造物は、
おのれが無に帰するとしても、御身が永らえることを証《あかし》する。
力は御身のもの。その秘密に
思いをめぐらせても疲れ果てるばかり。
なぜなら、御身は
思いの限界を越えて力強き御者《おんもの》であるから。
全能の衣、
神秘と深淵は御身のもの。
その名は御身のもの、光の子らには隠されている。
力は御身のもの、無の上にこの世を保ち、
隠れていたものを、裁きの日に顕わにする……
王座は御身のもの、あらゆる権威にまさる。
天空の秘密の衣に蔽《おお》われた住《す》み処《か》は御身のもの。

命あるすべてのものを照らす光の源なる存在は御身のもの。
われらは言う。われらはその影のなかを漂う者にすぎないと。

アッター・ニムツァー〔「御身はおられる」〕という箇所もその一例である。

御身はおられる。
耳が聴いても目が見ても
御身に到達することはできない。
「いかに」「なにゆえ」「どこに」という
いずれの疑問符をも御身に付すことはできない。
御身はおられる。
御身の秘密は隠されている。
誰がそれを究めえようか。
それほど深い、まことに深い。
誰がそれを見出しえようか。[3]

第六章　魅するもの（ヌミノーゼの諸要因 その四）

かくも深く、かくも純粋に悦楽せしむるは、
ただ御身のみ

㈠　ヌミノーゼの質的内容（この内容の形式が神秘にほかならない）とは、一方では、すでに論じておいた「威厳」〔ラ majestas〕を伴う「戦慄すべき」という撥《は》ねつけるような要因であるが、他方では同時にあきらかにある特殊固有の惹きつけるような魅惑的なもの、つまり魅了するようなものといった要因が存在する。これは「戦慄すべき」という撥ねつけるような要因と、ある奇妙な対照的なもの同士の調和〔ド Kontrast-harmonie〕をなしている。ルターは言う。「それはちょうど私たちが、聖遺物を恐れの念をもって敬いながら、しかも決して、……それから逃げ出すのではなく、むしろそれに向かって押しよせるのと同じである[1]」。また、ある現代詩人は書いている。

　その方のみまえにあって、われはおそれを抱きつつも、その方に引き寄せられる。

この対照的なもの同士の調和、ヌミノーゼのこの二重の性格は、宗教史全体が証《あかし》するものである。すくなくとも、「魔神的おそれ」〔ド dämonische Scheu〕以後の段階からそう

である。それは宗教史全体にわたってもっとも不可思議な注目すべき現象である。魔的・神的なもの〔ド das Dämonisch-Göttliche〕は心に恐怖を呼び起こすが、同時に心を惹きつけ、魅する。この魔的・神的なもののまえにへりくだって震え慄《おのの》く被造物は、同時にいつもそれに近づこうとする、いやそれどころか、それをなんとか自分のものにしようとする衝動をもっている。神秘とは、驚き怪しむべきものであるばかりでなく、素晴らしいものでもある。感覚を混乱させるばかりでなく、感覚を魅了するような、心を奪うような、不思議な法悦に導くような、しばしば忘我・恍惚《こうこつ》へと高めるような、つまりヌーメンのディオニュソス的作用をももっているのである。われわれは、この要因をヌーメンの「魅するもの」〔ラ fascinans〕と呼ぶことにしたい。

(二) この「魅する」という非合理的要因と並行しつつ、この要因を図式化する合理的観念ないし概念が、愛とか憐れみ、思いやり、そして親切心といった類のものである。いずれも一般的な心的経験の「自然的な」要因であるが、とくにこれらはそのような要因の完成した姿と考えられる。ところが、これらの要因が宗教的な至福体験にとっていかに重要なものではあっても、至福体験を言い尽くすものでは決してない。「怒り」の体験としての宗教的不遇が、深いところで非合理的要因を内包しているように、それと対をなす宗教的至福もそのような非合理的要因を内包しているのである。至福を味わうということは、たんなる自然的な慰安、確信、愛の喜びがどれほど深かろうと、それらを凌《しの》ぐものである。「怒り」は、もしそれが合理的、倫理的な意味でしか理解されないならば、神の秘密のなかに潜むあの心底戦慄すべきものをまだ言い尽くしてはいない。同様に「慈しみの心」は、神の至福の体験をもたらす秘密のなかに存するあのとほうもなく素晴らしいものを十分には説明しえない。それを「恵み」という名前で呼ぶことはできよう。しかし、そう呼べるのは、この名前のうちにヌーメン的な意味内容が十分にこめられている限りにおいてである。つまり、真の慈しみの心が、「より以上のもの」をも同時に含意している限りにおいてである。

㈢　この「より以上のもの」には、宗教史の非常に古い時代にさかのぼる先行的な段階がある。宗教感情は、その発展の最初の段階では、片方の極のみ、つまり撥ねつけるようなイメージの極から始まった、つまり、まずは魔神的おそれのかたちをとっていた可能性がある。のちの発展段階においても、「宗教的に崇《あが》める」という言葉が、実際には「宥《なだ》める」「怒りを鎮める」という意味であったという事実がその証左である。たとえば、サンスクリットのアーラードゥという言葉がそれにあたる。[2]　＊

ところが、もしそのような魔神的おそれがそれ以上のなにものでもなかったならば、もしそのおそれがそれを超える、より完全ななにものかのたんなる一要因、しだいに意識化されてくる途上にある一要因にすぎないということがなかったならば、この種のおそれの感情から、ヌーメンに積極的に近づこうとする感情に移り変わるということは不可能である。[3] このおそれからなんらかの儀礼が生じうるとすれば、それはせいぜい〔ギリシア語の〕「アパイテイタイ」と「アポトゥレペイン」というかたち、つまり償いや和解のため、またヌーメンの怒りを鎮め、それを取り払うための儀礼以上のものではないだろう。なぜヌミノーゼが求められ、願われ、望まれるのか、それも人が自然的にヌーメンに期待するような助けや支えのためばかりでなく、ヌミノーゼ自体の所有を目的として、それを追い求めるのかという疑問、しかも「合理的な」儀礼形式のみならず、あの不可思議に満ちた「秘蹟的な」ふるまいや祭儀また聖体拝領という手段を使ってまでもヌミノーゼを所有しようとするのかという疑問は、魔神的おそれだけからは解くことができない。

和解、祈願、奉献、感謝など宗教史の表舞台に出てくる通常のわかりやすい宗教行為の表現や形式と並んで、人々の関心を引いてやまない一連の不思議な行為がある。それらの行為に、人はたんなる宗教性ばかりでなく、「神秘主義」の根幹すら見出しうると考えている。古今の宗教者は数多くの奇妙なふるまいや空想に満ちた媒介をとおして、神秘的なものをわがものにしようとしたり、あるいはそれでおのれを満たそうとしたり、それと一体化しようとする。この種のふるまいには二つの種類がある。一つは、魔術的・儀式的行為、式文、「祝別」、誓願、聖別、呪詛等によって魔術的にヌーメンと一体化しようとするふるまい、もう一つは高揚感と忘我状態においてヌーメンを「占有」し、それを内に住まわせ、それによって自己が満たされるといったシャーマン的手続きである。その際の出発点はたんなる魔術的なものにすぎなかったし、その目指すところも、ただヌーメンの奇跡力を「自然的な」目的のために所有するということであった。＊

だが、状況はそこに留まっているわけではない。ヌーメンを捕らえ、ヌーメンに捕らえられるということ自体が目的となっていくのである。ヌーメンは、それ自身のゆえに求められ始める。そして、禁欲というきわめて手のこんだ、そして荒々しい手段がそのために駆使される。これが「修道生活」〔ラ vita religiosa〕の始まりである。ヌーメンに捕らえられるということこの奇妙で、しばしば異常な状態に留まりつづけるということ自体が一つの宝となり、一つの救いとさえなる。これは魔術で得られる世俗的な宝とはまったく異なるものである。そして、ここでもまた、体験の浄化と成熟の進展が開始する。その行き着く先は、もっとも崇高な状態、すなわち浄化を経た「霊における存在」とももっとも高貴な神秘主義である。＊

このような状態にはさまざまなかたちがあるが、そのいずれにおいても神秘というものが否定しがたい実在として、また内的な働きとして体験されるということ、しかも無上の至福を与えるものとして体験される、という共通の特徴がある。しかし、この至福がいったいどういうものなのかは語ることも概念化することもできず、ただ体験することによってしかわからない。いわゆる「救済論」において明確なかたちで提示される救いの宝をすべて包摂し、それらを生きたものとさせるのがこの至福であるが、当の至福自体は、そうした救いの宝に尽きるわけではない。この至福は救いの宝に浸透し、それらを燃え立たせて、理性が把《とら》え語る以上のものにする。至福は、すべての知性を超越した平和を与える。それについて語ろうとしても、舌はただもつれるばかり。至福がどういうものかを、われわれは、象徴と類比というかたちで遠回しにしか理解できない。たとえ理解できても、そこで得られる概念はただ不十分で混乱を与えるだけである。

(四)「目が見もせず、耳が聞きもせず、人の心に思い浮かびもしなかったこと」(「コリントの信徒への手紙一」二章九節)。このパウロの言葉に鳴り響いているもの、どよめいているもの、ディオニュソス的なものを感じない者はいないだろう。この言葉が示唆しているもの、それは、感情がそのもっとも高揚した状態を言葉にしようと望むとき、そのような言葉においては、すべての「表象」が退いてしまい、心はそこでは「表象を去って」、純然たる否定表現に訴えるということである。＊

だが、このパウロの言葉はもっとだいじなことをわからせてくれる。すなわち、そのような言葉が読まれたり聞かれたりすると、それ自身はあくまで否定的表現であるにもかかわらず、否定としての感じをまったく与えず、かえって、われわれはそのような否定表現の連続にうっとり酔いしれることができるということである。そして、次の例のように、実際に肯定的なことはなにも語られていないのに、きわめて深い印象を与えるような賛歌が作られた、ということである。

おお神よ、御身のたぐいなきその深さよ。
われ、いかにして御身を知り尽くしえよう。
いと高き方よ、わが口は御身のみ名を、
御身のそのありさまにふさわしきみ名をいかに見出さん。
御身は量り知れない大海。
われ、御身の憐れみに身を沈めん。
わが心に正しき知恵は欠けたり。
御身のみ腕でわれを抱き給え。
われは進みて御身に思いをはせ、
他の者らにも御身を示し伝えた。

しかるに、われはおのれの弱きことを悟った。

　御身の御身たるゆえんの一切が
　始まりもなく終わりもないがゆえに、
　われ、自失して立ち尽くすばかり。[4]

この賛歌は聞く者に次のことをわからせてくれる。すなわち、この種の積極的な内容は、概念として明確な表現といかに無縁であるかということ、そのかわり、感性自身がそれをどれほどしっかり捉えることができるか、どれほど根本的に「理解し」、どれほど深く堪能《たんのう》しているかということである。

㈤　たんなる「愛」、たんなる「信頼」は、それがいかに大きな喜びをもたらすものであろうと、われわれのもっとも心こもる切なる救いの歌、とくに終末の救いへの憧れを詠った歌に息づいている、あの法悦の要因を説明することはできない。たとえば、次に引用する一連の歌はその好例であろう。

　エルサレムよ、汝、高く築かれたる都よ。

あるいは、

　主よ、われ、かなたより御身の玉座を眺めたり。

あるいは、クリューニーのベルナルドゥス作のほとんど踊らんばかりの調べの歌。

唯一の都シオンよ、天に築かれた不思議なる住まいよ。
われ、汝を喜び、汝に向かいて嘆き、悲しみ、かつ憧れる。
われ、いくたびか汝のなかを通り過ぎぬ、体をもってはかなわぬことゆえ、心において。
しかるに、われは地の肉、肉の土なるがゆえに、やがてそこへと舞い戻る。
汝の城壁、汝の城の輝きに満ちたさまのいかなるかを、
告げ知らせうる者、口で表明しうる者はなし。
われ自らこれをなしえぬは、指で空に触れること能《あた》わず、水の上を駆け巡ること能わず、矢を空中にて止むること能わざるが如し。
汝のその輝きは人心を圧す。おおシオンよ、おお平和よ。
無窮の都よ、いかなる賞賛も汝を偽ることはできぬ。
おお、新しき住まいよ。敬虔なる者の集まり、敬虔なる民が汝を建て、汝を強め、
築き、拡大し、かれらのものとし、完成し、そして統一する。
あるいは
至福のきわみ、無限の歓喜よ、
とほうもなく完璧なる愉悦よ、

永遠に輝かしきもの、絢爛《けんらん》たる太陽よ、
変化も変動も知らぬ者よ。

あるいは、

ああ、誰が神性の深海に
沈み入ることができようか。
それができれば、すべての苦労や不安や痛みより
救い上げられるであろうに。

㈥　以上の賛歌には、魅するものの「より以上のもの」が生きている。それはまたあらゆる救済宗教にたびたび登場する、緊張感あふれる救いの賛美のなかにも同様に生きている。この種の賛美では、概念あるいは象徴でそこに表明されていることがらは実際じつに陳腐で、しばしば子供じみているが、内容そのものはそれとはまったく異なる。たとえばダンテとともに地獄、煉獄《れんごく》、天堂界、そして天国の薔薇[二]を遍歴した者なら誰でもこのことを実感するであろう。かれは幕が降りるのをいまかいまかと待ち構えている。幕は降りる。とたんにかれは啞然とするであろう。そこにあるのは、なんともちっぽけなものなのだ。

高き光の奥深くして燦《あざや》かなるがなかに、

現われし三《みつ》の円あり、
その色三にして大いさ同じ。[三]（ダンテ『神曲』(下)　山川丙三郎訳（岩波文庫、一九五八年）
二一一頁）

「自然的人間」（ド der natürliche Mensch）なら尋ねるだろう。このような三色の円ごときを見るために、わざわざそんな長旅に出たのかと。ところが、実際に見てきた者は、自分が見たもののすさまじく積極的なその内容を思いだすと、高揚のあまり、舌がもつれてしまうのだ。その内容は、いかなる想《おもい》（イ concetto）も遠くおよばない。しかし、まさにそれゆえに感覚的には体験しうるものである。

ああ、わが想に比ぶれば言《ことば》の足らず弱きことといかばかりぞや、
而《しか》してこの想すらわが見しものに比ぶれば
これを些《すこし》というにも当らじ。（同書二一一頁）

とかく「救い」というものは、「自然的人間」にとっては、ほとんど、あるいはまったく理解できないものである。それは、かれにとっては自分で理解している限りでは、かえってすこぶる退屈でおもしろみがなく、場合によってはひどく嫌気と反感を誘うものである。＊

たとえばわれわれ固有の（キリスト教の）救済論における見神体験すなわち「至福直

観」〔ラ visio beatifica〕とか神秘家の言う「すべてにおけるすべてである神」との合一〔ギ henosis〕などがそれにあたる。「自分で理解している限りでは」と言ったが、じつは、かれはなにも理解していない。この人の内部を導く教師がいないばかりに、救いの体験の表現としてかれに差し出されているもの、つまり感情を暗示的にしか示さない類比概念、感情のたんなる表意文字的表現を、必然的にそのまま文字どおりの概念として捉えてしまい、したがって救いの体験を「自然的に」理解せざるをえなくなる。こうしてかれはさらに目標から遠ざかってしまう羽目になる。

㈦　魅するものが活躍する舞台は、なにも宗教的憧れの気持ちだけに限られているわけではない。それは「荘厳さ」という要因のなかにもいきいきと現存している。個人が聖なるものに向かって心を集中し沈潜して行なう黙想や礼拝の荘厳さや、共同体として真剣にかつ熱心に執り行なわれる儀礼の荘厳さのなかにも現存している。[6]「荘厳なもの」において、魂をえもいわれぬほど満たし安らぎを与えることのできるもの、それがまさに魅するものである。＊

　シュライエルマッハーが『信仰論』第五項で主張していることは、おそらくわれわれの言うこの魅するもの、そしてヌーメン的感情一般にあてはまるであろう。かれの主張は、礼拝や儀礼の荘厳さはそれだけでは決してその場を満たすことはできない、つまり、なんらかの合理的要素が結びついたり浸透したりすることがなければ、現実に生じえないというものである。だが、もしこの主張が正しいとしても、それはシュライエルマッハーがそのために引き合いに出しているのとは異なった理由によるもので、ともかく魅するものは多少の差はあれ、支配的であり、ときに「静寂」〔ギ hēsychia〕の状態にも法悦の状態にも導くことがある。こういう状態にあるとき、魅するものはほとんどそれだけで完全に魂を満たす。＊

だが、魅するものが呼び覚まされるかたちはさまざまである。来たるべき神の国や楽園などの彼岸の至福というかたちもあれば、至福に満ちた超越世界そのものにまさに入っていくというかたちもある。期待と予感というかたちもあれば、すでに現在進行中の体験というかたちもある（あなたさえいれば、天地のことなど気にもかけない）。そのかたちや現われ方は多様であるが、内面では互いに類似している。魅するものは、そのようなかたちで宗教にしか知られていないまったく非合理的な宝に向かおうとする、不思議で強烈な推進力として現われる。心はこの宝のことを憧れと予感のうちに知っている。不明瞭かつ不十分な象徴表現の背後に、この宝を認識しているのである。＊

同時に、このような状況からわかることは、われわれの合理的本性を越えて、またはその背後に、われわれの本性の究極的かつ最高の部分が隠れ潜んでいる、ということである。それは、感覚的・心理的・精神的な衝動や欲求が満たされてもなお満足を見出しえない部分である。神秘家らは、それを「魂の根底」〔ド Seelengrund〕と呼んだ。

㈧　神秘に包まれたものという要因について検討した際、われわれは「まったく他なるもの」から、神秘家の言う「彼岸」〔ギ epékeina〕において、この世のいかなる合理的なものとも対立する「超自然的なもの」と「超世界的なもの」が生じると述べたが、魅するものにも同じような神秘主義的現象が生じる。すなわち、魅するものは、その力が最高度に達すると、「横溢せるもの」〔ド das Überschwengliche〕となる。この「横溢《おういつ》せるもの」は、「魅するもの」という線上での神秘的要因であるが、それは先にあげた神秘に包まれたものという線上における「彼岸」とぴったり対応している。「横溢せるもの」は、そのような対応関係にあるものとして理解されるべきである。

㈨　この「横溢せるもの」の痕跡は、しかし、真の宗教的至福感のいずれにおいても生きている。その際、その至福感がどれほど抑制されて現われようと関係ない。このことは、「恵み」や「回心」や「再生」といったいくつかの重要な体験を吟味してみればわかる。そこでは、宗教体験はその本来の純粋なかたちで、かつ高揚した活動として現われ、安閑《あんかん》と教育されて身につけた、あまり手本にはならない敬虔よりもずっとわかりやすく明瞭なかたちで現われる。キリスト教の枠組みでそうした体験の中核に位置するのが、罪責と罪の奴隷状態からの救済という体験である。あとで見るように、この救済からして非合理的な要素が入っていなければ成立しえない。＊

その点についてはいまは置いておくとして、ここで指摘しておかねばならないことは、人がそもそもそのような体験で味わったことは言葉にすることができず、至福に満ちた興奮や、自分を抑えきれない状態を呈したり、さらには、気分が高揚するあまり、ときに病的な異常と紙一重の状態に移行することもある、ということである。パウロから始まる「改宗者」の自己証言や伝記などがその証左である。ジェイムズはそのような例を多く収集した。もっともかれ自身はそのなかにうごめく「非合理的なもの」に注意を払ってはいないが。かれが紹介するある証言者の言葉を引用しよう。

その瞬間、そこには、いいしれぬ歓喜と高揚のほかなにものもなかった。この経験を十分に描写することは不可能である。交響楽においては、独立したそれぞれの音がことごとく溶け合って一つの調和をなしてもりあがり、聴く者をして、おのが魂がふんわりと高くもちあげられ、自分自身の感動のためほとんどはり裂けんばかりになるのを意識せしめる。〔桝田啓三郎訳、前掲書一〇三―一〇四頁〕

別の者はこう言っている。

しかし、この内密な交わりを表現しようとして、言葉を探せば探すほど、わたしした

ちの普通のイメージではその事柄を描くことができないのを、わたしはますます強く感じるのである。〔同書一〇七頁〕

つづいて、三番目の証言者。かれは、至福がその他の「合理的な」歓びとは質的に「他なるもの」であることを、ほとんど教義的な厳格さで述べている。

聖者たちが神の愛についてもっている観念や、彼らが神の愛において経験する種類の歓びは、まったく独特のものであって、自然的な人間の所有しうるもの、あるいは自然的な人間がいだきうるいかなる特殊な観念ともまったく異なるものである。〔同書三四五頁〕

ほかに『宗教的経験の諸相』五七頁、一五四頁、一六二頁を参照されたい。同書三二八頁[四]には、ヤーコプ・ベーメ[五]の証言が紹介されている。

霊における勝利がいかなるものであったかについて、わたしは書くことも語ることもできない。それは死のただなかに生命が生まれるようなもの、死者の復活に比するものである。

こうした体験は、神秘家の場合、いっそう高揚していき、ついに「横溢せるもの」となる。

ああ、わたしの心がなにを感じ、心の内部の燃えるさま、焼き尽くされるさまをあなたがたに語ることができたら！　それを表現する言葉の一つさえ見出せない。わたしに言えることは一つだけ。わたしが感じていることの一滴だけでも地獄に落ちれば、地獄は天国に変わるだろう、ということ。

これはジェノヴァのカタリーナ[六]の言葉であるが、同様のことは、彼女と似た精神の持ち主の多くが語り、証言している。教会の賛美歌にも同じ内容を語ったものがあるが、より穏やかな調子となっている。

　天の王の与えしものは、
受くる人のみぞ、これを知る。
なにびとも感知せず、
なにびとも触れることなきものが、
かれらの照らされし五感を飾り、
神の尊厳に導いた。

(一〇)　われわれがキリスト教において恵みの体験や再生として知っている体験に類似するものは、キリスト教以外の高度な霊性をもつ諸宗教にもある。救済をもたらす菩薩の顕現、「天眼通」[七]、無明の暗黒に打ち勝ち、計り知れない体験のうちに瞬時に閃《ひらめ》く「認識」〔サ jñāna〕あるいは「神霊」〔サ īśvara〕の「恩寵」〔サ prasāda〕などがそれにあたる。そして、そのいずれの場合でも、至福のまったき非合理性とまったき特殊性にすぐ気づかされる。それらは様態としては非常に多様であり、またキリスト教で体験されるものとはまったく異なるが、体験の強さという点ではどれでもだいたい同様であり、どれにあってももっぱら魅するものであり、「救い」である。その救いは「自然的な」レベルで語ったり、比較したりすることのできるものとは対照的な「横溢せるもの」そのものであるか、あるいはその痕跡をはっきり留めている。＊

それは、仏陀の涅槃《ねはん》〔サ nirvāna〕とその一見冷やかな、あるいは否定的な喜悦についても完全に当てはまる。涅槃は、概念だけからすれば、否定的なものだが、感情からすればもっとも強いかたちの肯定であり、そして魅するものである。この魅するものは、それを思慕する者を熱狂に導くことさえできる。＊

わたしはあるひとりの仏教の僧侶との対話をありありと思い起こす。かれはわたしに自分の否定神学〔ラ theologia negativa〕と無我〔サ anātmaka〕、および一切皆空《いっさいかいくう》の教えの論拠を一生懸命並べ立てた。ところが、話が終わるころに、では涅槃とはそもそもなんぞや、とわたしに質問されたとき、かれはしばらくためらったのち、静かな声で控えめに答えた。「至福です。……言葉にできません」。この言葉にこめられているものを悟らせたのは、言葉そのものより、むしろその静かで控えめな答え方、その声、顔つき、身振りの厳粛さであった。それは魅するものの神秘〔ラ mysterium fascinans〕への告白であり、ドゥシェラール・エディン[八]が語ったつぎの言葉を、かれ流に語ったものである。

　信仰の本体はただ驚きのみ。
　神から目をそらすためではない。
　酔いしれて、〔神なる〕友に傾倒し、かれにまったく沈潜するためである。[7]

そして『ヘブライ人福音書』[九]にも、不思議に深みのある言葉がある。

　〔求めるものを〕見出した者は驚くであろう。
　だが驚いた者は支配するだろう。[一〇]

(二)　そこで、われわれは照明と因果の道〔ラ via eminentiae et causalitatis〕にしたがって主張する。神的なものとは、人間が思うであろうもっとも高きもの、もっとも強きもの、もっとも善きもの、もっとも美しきもの、もっとも愛すべきものである。一方、否定の道〔ラ via negationis〕にしたがって言う。神的なものとは、人間が思いつくことのできるすべてのものの土台でありその最高のものであるが、それに留まらない。神とは、神自身において完結した一つの事柄である。

第七章　ウンゲホイアー（ヌミノーゼの諸要因 その五）

(一)　もともと翻訳困難な言葉で理解し難く、しかも妙にいろいろな側面をもっている概念が、ギリシア語のデイノス〔deinós〕という語である。この難しさ、わかりづらさはどこに由来するのであろうか。それは、このデイノスがヌミノーゼにほかならないからである。ただし、それはほとんどの場合、より低次元の領域で、修辞的ないし詩的に薄められ、「抑えられた」かたちとなっている。その根底をなす意味とは、ヌミノーゼの不気味さ〔ド das Unheimliche〕である。この不気味さの要因が発達すると、おそろしくて戦慄すべきもの、たちが悪く威圧的なもの、猛威を振う奇妙なもの、不思議で感嘆すべきもの、恐怖を与え魅了するもの、神的なもの、魔神的《デモーニッシュ》なもの、「活力あるもの」となる。ソフォクレスはその合唱舞踏劇の歌のなかで、人間という「不思議なる存在」をまえにしての、そのすべての要因を包摂した真にヌーメン的なおそれの感情を呼び覚ましている。

Πολλὰ τὰ δεινά,

Κοὐδὲν ἀνθρώπου δεινότερον πέλει

この一節が翻訳できないのは、あるもののヌーメン的な印象を的確に、ほかと区別させつつ、しかもまとめて一言で言いあらわす言葉がドイツ語にないからである。[1]

たぶん、ドイツ語でこのデイノスにもっとも近い言葉は「ウンゲホイアーなるもの」[二]〔das Ungeheure〕であろう。そこで、この一節は、つぎのように訳せば、原文のもつ雰囲気をかなり正確に再現できよう。

　ウンゲホイアーなるものは多く存在する。
　しかし、人間以上にウンゲホイアーなるものは存在しない。

この訳に際して、われわれはウンゲホイアーというドイツ語の、ほとんどわれわれの意識から離れてしまった第一義的な原意に目を向けなければならない。ウンゲホイアーは、今日ではふつう、たんに規模や状態が非常に大きいことを意味している。しかしながら、これはいわば合理主義的な解釈であり、いずれにせよ合理化を経た追加的な解釈である。というのも、もともとウンゲホイアーは、第一義的にはわれわれにとって「ニヒト・ゲホイアー」、すなわち不気味なもの、という意味であり、これはヌミノーゼの一つにほかならない。まさにこのまったく不気味なものが人間のうちに存していることを、ソフォクレスは、前出箇所で言おうとしているのである。このようなもともとの語意の感じが伝わるならば、この語は神秘、戦慄すべきもの、威厳、高貴なもの、活力あるものという要因すべてを包含するヌミノーゼをかなり正確に表現しうるものとなろう（そればかりか、この語は魅するものという要因の響きさえ感じとらせてくれる）。

㈡　ゲーテの作品を読むと、ウンゲホイアーという言葉の意味とその変遷の様子がよくわかる。かれにおいてもこの語は、まずは、規模がとてつもなく大きいもの、われわれの把握能力の限界を越えるほど大きいものを指す。たとえば『ヴィルヘルム・マイスターの遍歴時代』において、ヴィルヘルムがマカーリエ家に滞在しているとき、天文学者に天文台へと案内される場面に出てくる計り知れない夜の天空を指す。これについてゲーテはつぎのようにうまく的確に述べている。

　この巨大なもの〔ド das Ungeheure〕は、崇高という域を越えている。われわれの思考力も及ばない。[2]〔『ヴィルヘルム・マイスターの遍歴時代』(上) 山崎章甫訳(岩波文庫、二〇〇二年)二〇一頁〕

ところが、ほかの箇所で、かれは同じ語をまったくその原意どおりに使っている。この場合ウンゲホイアーは、むしろすさまじく無気味なもの、ぞっとするものを意味する。

　ですから、恐ろしい〔ド ungeheure〕事件が起った家なり町なりは、そこへ足を踏み入れるすべての人びとにとって恐ろしいのです。そこでは、昼の光もそれほど明るくはなく、星もその輝きを失うかに見えます。[3]〔『親和力』濱川祥枝訳、『ゲーテ全集』第六巻(潮出版社、一九七九年)三一〇頁〕

さらに意味が緩和され、不可知なものという意味でも使われるが、そこでは静かな戦慄の残響がまだ聞こえてくる。

そして彼はしだいに、恐ろしいもの、つまり不可知なもの〔ド dem Ungeheuren Unfaßlichen〕についての思考は避けたほうがよい、ということを悟ったように思った。[4]〔『詩と真実』河原忠彦・山崎章甫訳、『ゲーテ全集』第一〇巻(潮出版社、一九八〇年)三一二頁〕

こうしてかれにとってウンゲホイアーは、まったく予期せぬもの、意外性に富んだ他なるものとしての「茫然とさせるもの」、あるいは「ミルム」となる。

やれやれ、私はまだ驚きがおさまらぬくらいだ。
思いもかけぬことにぶつかって
目が驚きあわててしまうと〔ド Wenn unser Blick was Ungeheures sieht〕
精神までもしばらくは立ちすくんでしまう。
これは何とも想像もつかぬ出来事だ。〔『トルクヴァート・タッソー』小栗浩訳、『ゲーテ全集』第五巻(潮出版社、一九八〇年)一六二―一六三頁〕

この『トルクヴァート・タッソー』に出てくるアントニオの言葉におけるウンゲホイアーは、もちろん、巨大なものを指すのではない。そのようなものはここには登場しないからだ。また「ぎょっとさせるもの」でもない。そうではなく、茫然自失〔ギ thámbos〕がわれわれのなかに引き起こす「これはなんとも想像つかぬできごとだ」という感じである。われわれドイツ人はこれにふさわしい感情を Sich Verjagen〔自分を追い払う〕とうまく表現する。この言葉は、jäh, jach という語幹からできており、その意味はまったく予期せぬもの、謎に満ちたもの、心を茫然自失に陥らせるものの出現を指している。最後に、ファウストのあのみごとな台詞のなかに、ヌミノーゼの意味を全面的に包摂しているウンゲホイアーが登場する。

　戦慄こそ人間の最上の宝なんだ、
世の中はこの感情をなかなか味わわせてくれないが、
この感に打たれてこそ、人間は途方もないもの〔ド das Ungeheure〕を深く感じとる
のだ。〔『ファウスト』山下肇訳、『ゲーテ全集』第三巻（潮出版社、一九九二年）一九一頁〕

第八章　類比事例

(一)　対照的なもの同士の調和

ヌミノーゼの第二の側面、すなわち引き寄せるという側面についてきちんと理解するために、われわれはヌミノーゼの「戦慄《せんりつ》すべき神秘」について論じたのち、ヌミノーゼは同時にもっぱら魅するもの〔ラ fascinans〕であるという説明をつけ加えるという手続きを取った。こうして神秘には、際限なく戦慄すべきもの、かつ同時に際限なく素晴らしいものという二つの積極的な固有の内容があって、これを捉えるのは感性であることがわかった。その神秘の内容がなにであり、どのような性質をもっているかという文脈のなかで、われわれはこうした対照的なもの同士の調和があるということを論述しようと努力しているが、それはやはり適わぬことである。だが、宗教ではなく美的なもの〔ド Ästhetik〕に属する領域からなにか類比するものを通して遠まわしには示すことができる。確かに、美的なものはわれわれが扱っている対象のかすかな反映にすぎないし、おまけに美自体、解読が困難であるには違いないが。その類比されるものとは、崇高なもの〔ド das Erhabene〕という要因である。人はしばしば好んで、「超世界的なもの」という消極的な概念を、この慣れ親しんでいる崇高という感情内容で埋め合わせ、神が世界を超えた存在であるということは、神は「崇高なもの」だということを意味するのだと説明する。それは類比の表現としては許されよう。ところが、それをまともに額面どおり受けとろうとするならば、誤りとなる。宗教的な感情は、美的な感情とは違う。「崇高なもの」は「美しいもの」が所有するものであり、たとえ美しいものとはどんなに異なっていようと、あくまで美の範疇《はんちゅう》に属するものである。＊

しかし、その一方で、ヌミノーゼと崇高なものとの間に類似性があるのもあきらかだ。第一に、「崇高なもの」は、ヌミノーゼと同様に、カントの言う「解明しえない概念」[1]〔ド unauswickelbarer Begriff〕である。確かに、ある対象を崇高なものと呼ぶ場合、誰もが共通に思い浮かべるような一般的な「合理的」な指標をいくつか拾い集めることはできる。たとえば、その対象が「力動的に」あるいは「数学的に」、つまり強大な力を発揮しながら、あるいはその空間的な大きさを見せつけながら、われわれの理解力の限界に接近し、それを突破しようとする場合がそうである。だが、これは崇高さの印象の一要件にすぎず、決してその本質ではない。たんに並はずれて大きいということだけでは、それはまだ崇高とは言えない。この概念はそれ自体が解明不能のままであり、なにか不

可思議に満ちたものを内包している。まずこの点がヌミノーゼと共通している部分である。＊

「崇高なもの」がヌミノーゼと類似している第二の要素は、あの特殊固有の二重の性格、つまり、まずは撥《は》ねつけるが、同時にまた激しく惹きつける印象を心に与えるということである。それは下に押えつけると同時に上へと高めてくれる。心情を束縛すると同時に解放する。一方では、恐れと似た感情を呼び起こし、他方で幸福感をもたらす。このように崇高感は、ヌミノーゼと類似しているという事実のゆえに、ヌーメン的感情と密接に結びついており、よってヌーメン的感情を「刺激」したり、逆にそれから刺激を受けたり、またヌーメン的感情に「移行」したり、逆にそれを自分のうちに移行させて終息させるという傾向をもつ。

(二)　感情連合の法則〔ド Gesetz der Gefühls-gesellung〕

(a)　この「刺激」と「移行」という表現は、われわれにとってはあとでも重要な問題となるが、とくに「移行」という表現は、今日の進化論に顕著な誤解、まちがった主張へと導いてしまう誤解に晒《さら》されているので、さっそくここでこの問題に立入ってみたい。

心理学のよく知られた根本法則によれば、一般に観念というものはたがいを「引き合う」ものであり、一つの観念がもう一つ別の観念と類似している場合には、後者は前者を刺激して、意識に上らせる。感情[2]についても、まったく同様な法則があてはまる。一つの感情もまたそれと類似した別の感情を呼び起こすことができ、わたしが一つの感情とは別のもう一つの感情を同時に抱く原因ともなりうる。＊

観念についてさらに言えば、類似しているということが引き起こす引き合いの法則によって観念の取り違えが生じ、その結果、Yという観念がふさわしい場合でも、Xという観念を抱くということがある。同じように、感情の取り違えということも起こりうる。ある印象に対して、Yという感情で反応するのがふさわしいはずなのに、Xという感情で反応してしまうということである。最後に、わたしは一つの感情から別の感情へ、しかも知らず知らずのうちに、徐々に移行することがありうる。その際、Xという感情はしだいに消え失せ、それに呼応するように、Xによって呼び起こされたYという感情がしだいに大きく強くなっていく。＊

　ここで「移行」していくのは、じつは感情それ自身ではない。感情がしだいにそのあり方を変えたり、あるいは「進化」、つまり実際にまったく別のものに変化するのではない。そうではなく、移行するのはわたしなのである。つまり、わたしのいまある状態が少しずつ減少し、それにつれて別の状態が少しずつ増大するというふうに、状況が変化するという仕方で、一つの感情から別の感情へとわたしが移行するのである。感情自身が別の感情へと「移行」するとしたら、それはまさしく「変化」であり、魂の錬金術とでも言うべきものである。

(b) しかしながら、このような変化を、今日の進化論は——この場合、変化論と呼ぶのが正しいだろう——しばしば採用し、これを取り入れる際に、同時に(ある性質をもつものから別の性質をもつものへの)「漸次《ぜんじ》的進化」といういかにもあやふやな言葉、あるいはそれと似たり寄ったりのあいまいな表現である「後成」[一]〔ド Epigenesis〕や「相対成長」[二]〔ド Heterogonie〕、そのほか類似の言葉を用いている。[3] ＊

このような考え方にそって、たとえば道徳的にそうあるべきという気持ち〔ド das Gefühl des sittlichen Sollens〕は「進化する」と言われる。すなわち、最初は慣習として共通した一つの行為の単純な強制が、たとえばある氏族共同体のなかに存在していたとする。そこから、〔その氏族共同体の慣習の枠を越えて〕一般的な拘束性をもった「そうあるべき」という理念が「成立した」とされるのである。その際、どのようにしてこの理念が成立したかについてはあきらかにされない。「そうあるべき」という理念と、慣習だからやむをえないということとは質的にまったく別物であるという点が見落とされているのだ。より緻密《ちみつ》で、徹底した、質的差異を踏まえた心理分析をするという課題が、ここではなおざりにされているために、問題が見落とされているのである。あるいは、この問題点に気づいたとしても「漸次的進化」という蓋《ふた》でもってそれを封じこめ、あたかも牛乳が長く放置されればすっぱくなるように、「持続により」〔フ par la durée〕あるものがほかのものになるよう放っておくといったあんばいだ。＊

「そうあるべき」ということは、しかし、まったく特殊で根源的な表象内容であり、ほかから枝わかれしてできるものではない。それはちょうど〔リトマス試験紙でアルカリ性を示す〕青色が酸性からは現われないのと同じだ。「変化」は身体的なものに存在しないのと同様に、精神的なものにも存在しない。そうあるべきという理念は、精神自身からのみ「進化しうる」、つまり目覚めることができる。なぜなら、この理念は精神に具わっているからである。もしそうでなければ、この理念が「進化」を取りこむことはありえないであろう。

(c)　その際、感情のさまざまな要因が、一定の歴史的順序にしたがって次から次へと現われてきた、と進化論者たちが想定するような歴史の経過の仕方それ自体は、まったくそのとおりだと言えよう。ただ、その説明の仕方が、〔われわれと〕進化論者が考えているものとはぜんぜん違う。すなわち、感情や観念というものは、すでに存在している、つまり「まえもって与えられている」感情や観念によって、その類似性の度合いに応じ

て刺激を受け、呼び起こされるという法則が、われわれの説明である。＊

たとえば、慣習だからやむをえないというのと、そうあるべきだからやむをえないというのとでは、実際に両者は互いに類似している。両者とも実際にやむをえないものだからである。したがって、慣習だからやむをえないという気持ちが、そうあるべきだからやむをえないという気持ちを心の中に目覚めさせることができるのは、心情そのものの中に後者の気持ちをもつ素地がすでに具《そな》わっているからである。そうして、「そうあるべき」という気持ちがしだいに共鳴しだし、こうして人は徐々に慣習によって強制されている気持ちから、「そうあるべき」という当為により強制されている気持ちへと移行することができる。つまり、ここではあるものがほかのものに取って代わったのであって、あるものからほかのものへ変化したのでも、あるものがほかのものから進化したのでもない。

(d)　道徳的にそうあるべきという気持ちについて言えることは、ヌーメン的感情についても言える。この感情は前者の気持ちと同じく、ほかのいかなる感情からも枝わかれしてできるものでも、ほかのいかなるものからも「進化しうる」ものでもなく、質的に特殊な独自の感情、いわば原感情〔ド Urgefühl〕である。時間的な意味ではなく、原理的な意味でそうである。＊

ところが、ヌーメン的感情は同時にほかの諸感情に類似するものも多くもっており、それゆえそれらを「刺激し」、それらが生じるきっかけを与えることができるし、逆に自身が生じるきっかけをそれらから受けることもある。これを目覚めさせるきっかけを与えた要因ないしその「刺激」を探しだし、どの類似物によってその要因がきっかけを与えるものとしてありえたかを示すこと、つまりヌーメン的感情が目覚めるような作用をおよぼした刺激の連鎖をつきとめることが肝心であり、宗教の発達過程の「後成説的」な理論構築やその他の理論構築はやめるべきである。

(e) ヌーメン的感情を目覚めさせる刺激の一つは、確かに崇高感であることが多かったし、今日でもそうかもしれない。それは、われわれが見出した〔感情連合の〕法則からも、また崇高感がヌーメン的感情に対してもっている類似性からも言える。しかし、前述の刺激の連鎖においては、この崇高感が与える刺激がのちになってはじめて登場したものであることは疑いない。おそらく、宗教感情こそが崇高感よりもさきに発生し、崇高感自体を呼び起こし誕生させたと思われる。生まれると言っても、宗教感情自体からではなく、精神および精神のアプリオリな能力からである。

(三) 図式化

(a)　一般に「観念連合」〔ド Ideenassoziation〕、ドイツ語的表現で言えば Gesellung von Vorstellungen〔同じく「観念連合」の意〕は、X観念が与えられているときに、しばしばY観念も一緒に出現させるということだけを意味するのではない。それは、状況しだいで、両観念の間に長期持続的な関係、もっと言えば恒常的な結合をもたらす。これは感情の連合であっても同じである。われわれは、宗教感情もほかの諸感情と恒常的に結びついているのを知っている。それら諸感情は感情連合の法則によって、宗教感情と合体しているのである。そう、実際に結びついているというより、合体している。なぜなら、内的で本質的な同属性の原理による必然的な結びつきは、たんなる外面的な類似性の法則による合体ないし偶然的結びつきとは異なるからである。＊

　そのような内的で本質的な同属性による結びつき、つまりアプリオリな内的原理による結びつきの一例として、たとえばカントの説でいう因果性の範疇とその時間的図式との結びつきが挙げられる。時間的図式とは、二つの連続する事象の時間的前後関係を言い、それに因果性の範疇が付け加えられることによって、それらの事象が原因と結果の関係として認識されるというものである。範疇と図式というこの二者間の結びつきの基礎は、この場合、外面的偶然的な類似性ではなく、本質的な類縁性・結合力である。それが基礎となって、時間的前後関係が因果性の範疇を「図式化する」のである。

(b) さて、聖なるものという複合観念における、合理的なものの非合理的なものに対する関係も、このような「図式化」の関係を呈する。非合理的なヌミノーゼは、われわれがさきに列挙した合理的諸概念によって図式化されることで、聖なるものの完全な意味での複合的な範疇を生み出す。真の図式化がたんなる偶然的結びつきと違う点は、宗教的真理に対する感性の絶えざる向上、発展にもかかわらず、その結びつきが解かれたり分断されたりせずに、かえってますます強固な結びつきとして認められるところにある。＊

こうした理由から、聖なるものと崇高なものとの密接な結びつきにも、たんなる感情連合を越えるものがあろう。そして、感情連合はむしろ、歴史のある時点でこの結びつきを呼び起こしたもの、その最初のきっかけにすぎなかったと思われる。すべての高等宗教において、この両者が密接な恒常的結びつきを見せていることは、崇高なものも聖なるもの自体の真の「図式」であることを証明するものである。

(c) 宗教感情の合理的要因に非合理性という特質が深く浸透していることをわかりやすく説明するには、われわれがよく知っているある別のケース、つまり人間の普遍的感情にこれまたまったく「非合理的な」特質が浸透しているケースを手がかりにするとよい。すなわち好意への性衝動の浸透というケースである。＊

この後者の要因、すなわち性的刺激への敏感な反応は理性をはさんでヌミノーゼとは対峙《たいじ》する関係にある。つまり、ヌミノーゼは「すべての理性を越えている」のに対し、もう一方は理性の下に位置する要因、すなわち衝動的および本能的な生の要因である。ヌミノーゼは上から理性的なものに降りてくるのに対し、性衝動は下の方から、つまり人間の一般的な動物的本性からより高等な人間性の領域へとつきあげられる。このように、ここで比較されている両要因は、人間性をはさんでまったく対極の位置にある。ところが、両者の中間に位置している理性とのつながりの関係からすれば、両者はたがいに類比関係にある。生殖本能が本能的な生から発して、より高い段階の人間的な心の生活・感情の生活へと——健全かつ自然に——つき進み、そこでその本能の特質が願望、欲望、憧憬《しょうけい》というかたちで、好意、友情、愛情というかたちで、歌、詩、空想というかたちで発揮されるとき、そこにはじめて性愛的なもの〔ド das Erotische〕というまったく独自な領域が成立する。＊

この領域に属しているものは、したがってつねに二つのものの複合体である。すなわち、一方は、性愛的なもの以外の領域でも現われるもの、友情とか好意とか友好感、あるいは詩的ムードや喜びの高揚などといったものであり、他方は、この感情とは同列には置かれないまったく独自な種類の特質である。それは「心のなかで恋愛《アモル》の神自身から

教えてもらえない」人なら、感じることも理解することも気づくこともないようなものである。＊

次の点も類比している。すなわち、性愛の言語的な表現手段は、主として、ほかの心情生活からとられた表現のみであるが、その表現が「無邪気なもの」でなくなってしまう〔つまり、純粋に性愛的な表現になってしまう〕のは、愛している当人が演説者や詩人や歌い手よろしく、言葉そのものよりも、それに付随する補助的表現である声の調子や身振り、手振りを多く使うようになった場合である。＊

「彼はわたしを愛している」というフレーズは、こどもが自分の父親について言う場合も、少女が自分の恋人について言う場合も、言葉としては同一である。しかしながら、少女の場合、愛といっても、それは同時に「より以上」を含んだ愛、しかも量的にも質的にも「より以上」の愛が意図されている。同じように、こどもたちが自分の父親について「かれを畏《おそ》れ、愛し、信頼しなければならない」と言う場合と、人間が神について同じことを言う場合も、やはり言葉・文章としては同一である。ところが、後者の場合、その概念にはただ信徒しか感じとれず、信徒しか理解できず、信徒しか気づかないような特質が含まれている。その特質によって、神への畏れは、子が父に対して感じている純粋な畏敬の念を保ちつつ、量的にも質的にもその畏敬以上のなにものかになっている。

ゾイゼ[三]の次の言葉は、以上の点が、恋愛と神愛の区別についてもあてはまることを示している。

　これほど甘美な弦はこれまでなかった。それを枯れた薪《まき》に張れば、音は出ない。愛のない心は、愛に満ちた言葉を理解することはできない。それはドイツ人がウェールズ人を理解できないのと同じである。[4]

(d)　さらにもう一つ別の経験領域で、われわれの感情生活の合理的な要因にまったく非合理的な要因が浸透していることを示す事例がある。しかも、それは既述の事例よりも聖なるものの複合感情にさらに一歩近づいている。なぜなら、ヌーメン的感情と同じく、その非合理的な要因が、同時に超合理的な特質をもっているからである。その事例とは歌曲がわれわれのなかに生じさせる気分である。＊

　歌の歌詞は「自然的な」感情を表現する。たとえば、郷愁、危険の中でも大丈夫という確信、善なるものへの希望、所有の喜びなど、現実的な人間の運命の具体的な、概念で表わしうる要因はすべてその範疇に入る。しかし、〔歌詞に付されるメロディー・リズム・ハーモニーおよび伴奏からなる〕音楽そのものはまったく様相が異なる。音楽はわれわれの心情に喜ばしさや至福感、うつろな気分や鬱積《うっせき》感、疾風や怒濤《どとう》を引き起こす。が、このように心を動かしているものがいったいなになのかは、語ることも概念で説明することもできない。たとえ、音楽は悲しみを催させるとか、歓喜をもたらすとか、心に迫るだとか、心を縛るなどと言うことはあっても、それらはせいぜいわれわれの別の精神活動からその類似性に応じて選択された指示記号にすぎない。すくなくとも、なにがそうさせるのか、なぜそうなるのかは、しょせん言葉では言い表わせない。音楽はまったく固有の、音楽の世界ならではの体験というか、いわば体験の波動を引き起こす。＊

　もっとも、そのような体験の上下運動や多様性には、(やはり部分的だが)音楽以外の日常的な心の動きや状態と、流動的ではあるが明確に対応するもの、類似するものがあって、そういうものを呼び覚まして、それらと一つに溶け合ってしまうこともある。そうなった場合、音楽の体験は、それらによって「図式化」もしくは合理化され、こうしてそこに気分の複合物が生まれる。この複合物の経糸《たていと》は、人間のふつう一般の感情であり、その緯糸《よこいと》は音楽のもたらす非合理的な感情である。そういう意味では、歌曲は合理化された音楽だと言える。

　ところが、「標題音楽」[四]は〔合理化された音楽ではなく〕音楽の合理主義である。というのも、標題音楽は、なにか神秘的なものではなく、〔喜びや悲しみなど〕だれにもわかる人間の心の体験を音楽の内容と考える音楽理念を用いているからである。標題音楽は、音響を人間の運命を物語る言語にしようとすることで、音楽のもつ自律性を奪い去り、ただ〔神秘的なものと人間の心の体験とが〕類似しているということに欺《あざむ》かれて、音楽が本来目指しているもの、内容としているものを、手段・形式にすりかえてしまったのだ。これは、ヌミノーゼの「高貴なもの」という要因を、倫理的に善なるものにたんに図式化させるどころか、むしろそれに埋没させ消滅させてしまうような過ち、あるいは「聖なるもの」を「完全に善なる意志」と同一視するというような過ちを犯すようなものである。＊

そもそも音楽的要素と劇的要素とを完全に合体させようとする「音楽劇」こそ、音楽の非合理的精神に逆らうもの、かつ音楽と劇の両方の自律性に逆らうものである。われわれは音楽のもつ非合理的なものを人間の体験で図式化できるとはいっても、それはほんの部分的、断片的なものでしかない。なぜなら、音楽の本来の内容は、決して人間の通常の心的活動から引き出されるものではないし、それは心を表出するふつうの表現と並ぶたんなる第二の言語でもなく、まさに「まったく他なるもの」だからである。この「まったく他なるもの」は、確かに人間の心的活動と類似している点があるから、部分的にはそれとの接点をもつこともあるが、全体をとおして細部に至るまで一致することはありえない。もちろん、こうした部分的な接点があるからこそ、言語的表現と音楽的表現が一つに交じり合って、音楽の付された言葉の魔力が発揮されるのである。そして、その音楽の付された言葉に魔力があるとみなす事実は、音楽という布地の緯糸に当たるものがなにか理解しがたく、非合理的なものであることを物語っている。

だがしかし、ショーペンハウアーが陥っていることだが、音楽の非合理性とヌミノーゼ自身の非合理性とを混同するということがないように注意されたい。両者はたがいに独立した存在である。では、音楽はヌミノーゼの表現手段となりうるのだろうか、またなりうるとすればどの程度までか。これについては後述する[五]。

第九章　ヌーメン的価値としての聖なるもの、高貴なもの（ヌミノーゼの諸要因 その六）

(a)　われわれは、前述したように、ヌミノーゼを体験したときの不思議で深い心情反応、「被造者感情」と名づけたい心情反応に出会った。この感情は、おのれが卑小であるという気持ち、おのれが小さくなって無に帰してしまうという気持ちからなる。（その場合、つねに注意すべき点は、このような表現が、実際そこにこめられている文字どおりの意味と全面的かつ厳密に同義ではなく、ただその方向にあるということを暗に示しているにすぎないということである。[1] なぜなら、この小さくなって無に帰してしまうという表現は、人間がおのれの「自然的な」卑小さ、弱さ、依存性を自覚しているということとはまったく違うからである。）そこでわれわれは、この体験が、言うなれば自分の現実、自分の存在そのものとの関連で、決定的な自己の無価値化をその特徴とするという点に気づかされた。＊

さて、ここでわれわれはこれに加えて、もう一つ別の自己の無価値化に注目しなければならない。この無価値化については、だれもがよく知っているため、ちょっと指摘するだけで十分であるが、これについて検討することではじめて、われわれはわれわれの課題の本来の中心部に至る。

わたしは汚れた唇の者。汚れた唇の民の中に住む者。[一]

主よ、わたしから離れてください。わたしは罪深い者なのです。[二]

これは、イザヤとペトロがヌミノーゼに出会い、それを感じとったときに発した言葉である。この二つの発言についてきわだっているのは、自己を無価値化する感情的応答の、その場でとっさに発せられたほとんど本能的な性格である。これらの応答は、熟慮に基づいたものでも、なにかの規則にのっとってなされたものでもなく、むしろとっさに飛びだしたものであり、直接的な思わず知らず起こった心の反射運動のごときものである。ここで即、感じとれるのは、次のようなことである。すなわち、いま引用した二つの応答は、犯した罪に対する自己反省から出てくるのではなく、むしろヌーメン的感情とともにその場に与えられたものであって、それはヌミノーゼに直面して、おのれとおのれが属する「民」と、そして本来は存在するすべてのものも全部ひっくるめて無価値なものと見なしている応答だということ、そして、このような気持ちの発露は、倫理的な意味での無価値化だけではないし、おそらくもともとはまったくそういう意味での無価値化ではなく、なにか非常に独特な評価の範疇に属するものだということである。それは決して「道徳律」を破ってしまったと感じることではない。実際に破ってしまえば、そう感じるのは当たり前の話だが。むしろ、そこに出てくるのは、絶対的な卑俗感である。

(b) では、この卑俗感とはいったいどういうものであろうか。これも「自然的な」人間には知ることができないし、追感することさえできない。それを感知できるのは「霊のうちに」ある者だけである。しかも、なにもかも見通すような鋭さと、断固として自己を無価値なものとみなす精神を有している者に限られる。かれはたんに自分のもろもろの行為ゆえに自分を無価値なものとみなすのではなく、その自己の無価値さは、全被造物を越えるものに相対している被造物としての自分自身の存在自体に関わるものである。[2]　＊

しかし、かれは同時にこの全被造物を越えるものを、「卑俗なもの」の無価値さとちょうど逆の、もっぱらヌーメンにしか帰されえない完全に特殊固有の価値の範疇でその真価を認めている。すなわち「あなただけが聖なるもの」〔ラ Tu solus sanctus〕という価値である。ここでの「聖なるもの」は「完全なもの」でも「美しいもの」でも「崇高なもの」でも「善なるもの」でもない。とはいえ、他方ではそのような特性を表わす用語と、感じとしては重なり合う部分もある。つまり、聖なるものはやはり一つの価値でもあるということだ。しかもそれは客観的な価値であり、絶対的に凌駕《りょうが》不可能な、無限の価値である。それは、あらゆる客観的価値の非合理的な原因・源泉たるヌーメン的価値〔ド numinoser Wert〕である。

(c) 高度に発達した宗教[三]においては、例外なく倫理的義務や要求も同時に発達しており、しかもそれらは神的なものから要求されているとみなされている。とはいえ、倫理的要求の意識がそれほどなくても、あるいはまったくなかったとしても、聖なるものを心から謙虚に認めるということが起こりうる。このとき、聖なるものは、無比の尊敬を要求するものとして、しかももっとも妥当でもっとも客観的な、同時にすべての合理的価値を凌駕したまったく非合理的な価値として認識される。＊

聖性〔ラ sanctitas〕に対するこの意味でのおそれが、すでに述べたあの絶対的な圧倒的力とその戦慄すべき威厳に対する「おそれ」、ただおずおずとした盲目的服従しか生みださないそれであるかのように考えてはいけない。なぜなら、「あなただけが聖なるもの」というフレーズは、なにも恐怖に怯えた告白ではなく、畏敬をもってたたえる賛美、その圧倒的な力を大いに認め、どんな理解もおよばないほど価値あるものを承認しほめたたえようとする賛美だからである。それほどに賛美されるにふさわしい者は、たんにおのれの力を主張し強制する、絶対的な力を有する者であるばかりではなく、同時に、もともとその本質からして、仕えることを最高度に要求する最高権利を有している者でもある。その者が賛美されるのは、端的に賛美されるにふわさしいからである。「あなたは賛美と栄光と力を受けるにふさわしい」。

(d)　カドシュやサンクトゥスは、もともと道徳的な範疇ではないということを理解した人は、おそらくそれを「超世界的」〔ド überweltlich〕と訳すだろう。この訳語が一面的であることはすでに批判し、ヌミノーゼの詳細な説明によってその不足を補っておいた。だが、ここでわれわれは、この訳語の本質的欠陥について触れることにする。＊

なにが欠陥かというと、超世界的という訳語は純粋に存在に関する表明であって、価値に関するそれではまったくないということ、また超世界的という言い方は、とりあえずわれわれを承服させることはできても、しかるべき尊敬の念を起こさせることはできないということである。＊

そこで、ヌミノーゼのこの要因、すなわちその絶対的な価値としての性格を強調するために、また同時に、聖なるものの絶対的価値におけるその非合理的な価値の特質、聖なるものをたんなる絶対的善から区別させるその特質を取り出して検討するために、ここにもう一つ特別な用語を導入することを許していただきたい。すなわち、〔「高貴なもの」を意味するラテン語の〕アウグストゥム、ないし〔ギリシア語の〕セムノンがそれである。なぜなら、両語とも（セバストスと同様に）、もともとヌーメン的対象（たとえば神々から生まれた者、もしくは神々の親族としての君主）についてのみ適用されるからである。＊

さて、ヌーメンが魅するものであるというのは、それが主観的な価値、つまりわたしにとって至福をもたらすような価値だからであろう。ところが、ヌーメンが高貴なものであるというのは、客観的な価値、つまり尊敬されるべき価値がそれ自身のうちに具わっているからである。[3] そして、この高貴なものがヌミノーゼの本質要因であるからこそ、宗教は倫理的図式化をすべて度外視しても、本質的にもっとも内なる義務〔ラ obligatio〕である。つまり良心のための良心による拘束力、強大なものから強制されることなく、もっとも聖なる価値を認め屈服するところに由来する従順と奉仕にほかならない。

保護、贖い

(a) ヌーメン的価値の反対は、ヌーメン的無価値あるいは反価値である。このヌーメン的無価値の性格が道徳的あやまちに転移し、そのなかに組みこまれ包摂されてはじめて、たんなる「違法」〔ギ anomia〕は「罪」〔ギ hamartia〕となる。それは「非道なもの」となり、「邪悪な行為」となる。この違法を心がこのように「罪」として意識してしまうことによってはじめて、その行為は良心に恐ろしい重荷を担がせることとなり、良心はそのためにうちのめされ、その力を喪失してしまう。＊

「罪」がなにであるかは、「自然的な」人にはわからないし、ただ道徳的なだけの人にもわからない。道徳的要求は人間を「挫折」と「この上なく深い苦悩」へと追いやり、そうした上で救いを探し求めるよう強いる、というような教条的な説明はあきらかにまちがっている。道徳的にまじめで立派に努力してはいるが、救いというものをまったく理解できず、肩をすくめてそれを拒否する人々もいる。かれらは、自らの欠点と不完全さとをよく心得ているが、自己規律の方法を知り、それを実践しておのれの行くべき道を勇敢にたくましく前進しているのである。＊

道徳的にきちんとした古い合理主義には、道徳律に対する尊敬と真心に満ちた承認も、それに応えようとする誠実な努力も、またおのれの欠点に対する認識も欠けてはいなかった。この合理主義はなにが「まちがっているか」を知っていて、それを厳しく非難した。この合理論は、そうしたまちがいを認識し、それについて真剣に考え、おのれの欠点と勇敢に戦うよう勧告し、指導した。だがそこには「挫折」も来なければ「救いの欲求」も来なかった。なぜなら、この合理主義に反対する者たちが非難しているとおり、実際、そこでは「罪」がなにであるかという理解が欠けていたからである。たとえばジェイムズの『宗教的経験の諸相』六六頁に紹介されているセオドーア・パーカー[四]という、決して未熟とは言えない心の持ち主が語る自己証言を聞こう。

わたしはわたしの生涯においてじつに多くの誤りを犯してきたし、いまでも犯している。わたしは、的を射そこなえば、弓を引いて、やり直しをする。……かれら(古代の学者たち)は、憤怒《ふんぬ》や酩酊《めいてい》その他の悪徳を意識し、それらと苦闘し、それらを取り除いたのである。しかし、かれらは「神に対する敵意」を意識することはなかったし、現実に存在しない悪のまえに坐して、泣いたり、呻《うめ》いたりはしなかった。[五]

この証言内容は確かに未熟ではない。が、浅薄である。アンセルムス[六]とともに「どれほど罪は重いか」〔ラ quanti ponderis sit peccatum〕がわかるためには、非合理的なものの深みが働かねばならない。

たんなる道徳は、「救い」に対する欲求や、「聖別」〔ド Weihe〕とか「保護」〔ド Bedeckung〕とか「贖《あがな》い」〔ド Entsühnung〕などといった特殊な宗教的価値に対する欲求が育つ土壌とはならない。これらのものは、実際には宗教自身のもっとも深い神秘なのであるが、合理主義者や道徳家たちには神話化された化石でしかありえないだろう。そして、聖書の考え方のなかに息吹《いぶ》いているヌーメンに対する感受性がないのに、こういった概念にかかずらって解釈を試みる者は、それらのかわりにまがいものをすえることとなろう。[4]

＊

もし、教義学自身がこれらのことがらをその神秘的・ヌーメン的な領域から合理的・倫理的な領域へ移し変え、倫理的概念へと転化させなかったとしたら、キリスト教的信仰論におけるそれらの権利や有効性をめぐる論争は、まだしも少なかったであろう。「救い」「聖別」「保護」といった宗教的価値は、神秘的・ヌーメン的な領域では真正なもの、欠かせないものであるのに対し、合理的・倫理的領域では疑わしいものとして扱われるのである。

　とくにはっきりしたかたちで「保護」という要因に出会うのは、ヤハウェ宗教においてであり、とくにこの宗教の儀礼と儀礼が醸《かも》しだす感情においてである。ただ、ほかの諸宗教にもはっきりしたかたちではないが、やはりこの要因が見出される。そこでは、まずヌーメン的な「おそれ」が現われる。すなわち、おのれのような卑俗なものは簡単にヌーメンに近づきえないという気持ちから、ヌーメンの「怒り」に対して保護ないし庇護《ひご》を求める欲求が生ずる。この「保護」が「聖別」、つまり、ヌーメンに近づこうとする者に、戦慄すべき威厳との交流を可能にする手続きである。しかし、聖別の手段、すなわち本来の意味での「恵みの手段」は、ヌーメン自身に由来し、ヌーメン自身が与え、指定する。

(b)　そうすると、「贖い」は、これもまた一つの「保護」ということになるが、ただし、より深化されたかたちをとっている。これは前述したヌーメン的価値と無価値の観念が発展したところでただちに生じる。そこでは、たんなる「おそれ」、たんなる戦慄すべきものからの保護の欲求が、卑俗な自分は高貴なもののそばに立つ値打ちがないばかりか、おのれのまったき無価値さが聖なるもの自身を「汚す」のではないかという思いへと高まった状態になっている。イザヤが召命される際に見た幻の場面[七]には、この気持ちがはっきりと出ている。カファルナウムの百人隊長に関する記事でも、控えめではあるが、間違いなく同じ気持ちが吐露されている。

　わたしはあなたを自分の屋根の下にお迎えできるような者ではありません。[八]

ここには、二つのことがらが含まれている。ヌミノーゼの戦慄すべき性質、その「絶対的接近不可能性」をまえにして、かすかに身震いするおそれがその一つであり、もう一つは、それよりも顕著なもので、特殊固有の無価値の感覚、卑俗なものがヌーメンをまえにして感じる無価値感、ヌーメン自身を傷つけ汚しているという思いに至らせるその無価値感である。＊

　そして、そこに登場するのが、「贖い」を必要とする気持ち、「贖い」への希求である。この気持ち・希求は、ヌーメンとの親しい交わりやヌーメンの持続的所有が最高の宝として慕われ熱望されればされるほど、それだけますます強くなる。つまり、ここで希求されているのは、被造物としての存在、卑俗な自然物としての存在とともに与えられた、ヌーメンとの分離を引き起こす無価値性が取り除かれることである。＊

　この要因は宗教感情が深みを増して、宗教が最高の段階に達すると、消えてなくなるものかというとそうではない。その反対で、ますます強く、ますます顕著になってくる。この要因は宗教の非合理的側面に全面的に属しているので、たとえば当初は、宗教の合理面が勢いよく発展し形成されていく状況にあっても、隠れた状態で存続することもあろうし、とくに合理主義の時代では他の諸要因の背後に退き、鳴りを潜めた状態になる場合もあろうが、いずれにしろそれは徐々に力を増し、勢いを増して、再び姿を現わすことになる。

(c)　キリスト教ほど、贖いを希求するという神秘が、完成され深化されたかたちで力強く表現されている宗教はほかにない。この点も、いやとくにこの点こそが、キリスト教がほかの宗教の諸形態に優《まさ》っていることの証左であり、しかも、純粋にこの宗教を内側から眺めて言えることである。キリスト教はほかの宗教より、より完全に宗教であり、より完全な宗教である。なぜなら、宗教一般に潜在的に具わっているものが、この宗教では「純粋現実態」〔ラ actus purus〕となっているからである。＊

キリスト教のこのもっともデリケートな神秘に対しては不信感が広く蔓延《まんえん》しているが、この事実は、宗教の合理的な面だけに着目することへの慣れという状況からしか説明できない。こうした慣れをひきおこした責任は、キリスト教の学者、説教家、礼拝司式者、要理教育者の教導活動自体にある。しかし、もしキリスト教信仰論が、おのれのキリスト教的・聖書的な宗教性を主張したければ、この要因を放棄することはできない。＊

キリスト教信仰論は、キリスト教的敬虔の感情体験の分析によって、「ヌーメンそのもの」が自分自身を分与することで、それがどのように贖いの手段になるのかということをあきらかにすべきであろう。キリスト教信仰をそのように考えるならば、ペトロやパウロらが、償いとか贖いというテーマでなんらかのことを書いたのかどうか、書いたとしたらなにを書いたのかといったことや、そもそもそのようなテーマに関してなんらかの典拠が聖書に存在するのかどうかということは、それほど重要ではない。もし、それについて聖書になにも書かれていないのであれば、今日でもわれわれ自身の体験からそれを書くこともできるであろうが、そもそも、ずっと書かれていなかったとしたら、それこそ奇妙と言うほかはない。新約聖書の神は、その聖性において旧約聖書の神に劣っていないどころかむしろ優っており、神と被造物を隔てる距離は縮まらないどころか、むしろ絶対的となっており、神とは対極にある卑俗なものとしての無価値性は軽視されていないどころか、むしろより強調されている。にもかかわらず、聖なるものが自らを近づきうるものとしたことは、「親愛なる神さま」といった気分の感傷的楽観主義者たちが思っているほど自明なことではなく、それは理解を越えた恩恵なのだ。キリスト教からそういうことを感じる感性を奪うのは、この宗教を見分けがつかないほどに平板にしてしまうことを意味する。＊

だが、キリスト教がそういう宗教であるならば、ただちに「保護」と「贖罪」についての洞察力とそれらを希求する気持ちが生じる。そして、このいと高き聖なるものが自己啓示する手段、自己を神と人との仲介者となす手段、すなわち「言葉」「霊」「約束」「キリストの人格」といったものが、人の「逃れる」場、避難する場となり、人はおのれ自身をそこに「つなぎとめる」。それは、こうした手段によって聖別され、贖われて、聖なるもの自身に近づくためである。

(d)「保護」や「贖罪」は、純然たる非合理的・ヌーメン的価値の評価と無価値の評価の領域に属することがらであり、これを理解できるのは、はじめからこれを見る目をもっている者、より厳密にはそれに対して目を閉じない者だけである。ところが、これらのことがらに対してはある不信感が向けられている。その原因は不信感を抱く者自身のうちに二つ見出される。＊

第一に、かれらは純粋にヌミノーゼの領域に属している要因を、理論の上で一方的に合理化しているということだ。たんなる理性〔ラ ratio〕に基づくだけでは、また神をとりあえず愛を具えた道徳的な世界秩序の人格化、ないしはたんなる「要求」(そのまえに「聖なる」要求のまったき独自性を理解することなく)の人格化として理解しているならば、前述のことがらはみな実際上あってはならないものであるし、ただ邪魔になるだけだ。肝心なのは宗教的洞察であり、この洞察が正しいかまちがっているかについて討論する相手が、道徳的素養はあっても宗教的素養のない人である場合は、討論そのものが困難である。そういう人がこの件をまともに評価しうるはずがない。だが、固有の宗教的評価の独自性に精通し、かつそれを自己の内部で目覚めさせることのできる人は、その真理を体験しうる。＊

不信感の第二の理由はこうである。「保護」や「贖い」といったものは非合理そのものであるから、必然的に非論理的、非概念的かつ感性的な特徴をもっており、厳密な「概念分析」の対象とはならないものである。しかるに、かれらは教義学の分野で、それらを概念的な理論に発展させ、思弁の対象にしようとしているのである。その結果、「転嫁説」[九]というほとんど数学的計算に近い教義が生まれ、その場合、神は「分析判断を下すのか、それとも総合判断を下すのか」などといった学問的な検討も同時に始まる。

第一〇章　非合理的とはどういうことか

(一)　ここでわれわれはもう一度、これまでの検討全体をふりかえってみたい。われわれは、本書の副題が示しているように、神的なものの観念における非合理的なものを追求した。今日、人はこの言葉を使って、まるでスポーツでもやっているかのようだ。さまざまな領域で「非合理的なもの」が追求されている。だが、たいていの場合、この言葉でなにを言おうとしているかを厳密に呈示する労が省かれ、じつにいろいろな意味で理解され、あまりに漠然とした使い方がなされている。そのため、ほとんどどんな意味にでもとられてしまうようになっている。＊

たとえば、法則に対する純然たる事実性、理性に対する経験的なもの、必然的なものに対する偶然的なもの、演繹《えんえき》可能なものに対するあてずっぽうなもの、超越論的なものに対する心理学的なもの、先験的に規定されるものに対する経験によって認識されるもの、理性や認識や価値による規定に対する力や意志や恣意《しい》、分別や反省や思慮ある計画に対する衝動や本能や意識下に働く不可解な力、魂と人間の内なる神秘の深みとその活動、鼓吹《こすい》と予感と眼力と予言としまいには「オカルト的な」諸力、あるいはまったく一般的に不安をもたらす圧迫と時代の一般的な動揺、聞いたこともなく見たこともないものを詩や創作芸術において手探りで探し求めること。これらすべては、そしてさらにその他のものも含めて、「非合理的なもの」でありうるし、近代的「非合理主義」として、ときに称揚されたり、ときに弾劾《だんがい》されたりしている。＊

今日、この言葉を使用する者は、それによってなにを言おうとしているのかを語る義務がある。われわれは第一章でこれを試みた。われわれは「非合理的な」という言葉をなにか漠としたもの、愚かしいもの、いまだ理性に従わないもの、おのれの衝動的生き方や世俗の営みにおいて合理化を阻《はば》むものという意味では用いていない。われわれは、たとえばその深さゆえに明瞭な解釈のできないある不思議なできごとについて、「そこに非合理的なものがある」という、そのような言葉の使い方にしたがっているのである。＊

われわれが神的なものの観念において「合理的な」と言うとき、それはその観念のうちでわれわれの理解力によってはっきりと把握できる部分、われわれがよく知っており、かつ定義可能な概念の領域に入るものを言おうとしている。そこでわれわれが主張しているのは、この概念的明瞭さの領域の周囲には謎に満ちた闇の部分があり、これはわれわれの感性の対象とはなりえても、われわれの概念的な思惟《しい》の対象にはなりえないもので、その意味でこれを「非合理的なもの」と呼んでいる、ということである。

(二)　この点をもう少しはっきりさせてみたい。われわれの心は、たとえばある深い喜びに満たされていながら、その喜びの感情の理由ないしこの感情が関わっている対象については(喜びはつねに対象に関係しており、つねになんらかのものについての喜びであるから)あきらかではないことがある。喜びの理由あるいは対象は、この場合一時的に不明となる。しかし、その点にわれわれの注意を傾け、この点を鋭いまなざしで追求してみるならば、それはあきらかになってくる。いまやわれわれは、寸前まで不明であった喜びの対象をはっきりと名指しすることができ、明瞭な視点で把握することができる。いまやわれわれは、われわれを喜びで満たしたものがなにであるか、どのようにしてそうなるかを言うことができる。そうなった場合、そのような対象をわれわれは非合理的なものとは見なさない。たとえそれが一時的に不明であって、明瞭な理解の対象ではなく、ただ感性の対象であったとしても、である。＊

一方、ヌミノーゼの魅するものについての至福感の場合はまったく違う。ここではどんなに注意を集中させても、至福をもたらしているものの「なに」と「どのように」を、感性内での不明瞭な状態から取りだし、理解による把握の領域へと移し入れることはできない。それは純粋に感性的で非概念的な経験という解きがたい闇のなかに留まり、意味をほのめかす表意文字的表現で、いわば楽譜を書き記すような方法で――説明可能なものとなるのではなく――暗示可能なものとなるだけである。これを、われわれは非合理的なものと呼んでいるのである。＊

同じことは、これまでわれわれが見出してきたヌミノーゼの全要因についても言える。もっとも顕著なのが、ミルムという要因である。これは「まったく他なるもの」としてあらゆる言語化の可能性から身を引いている。「おそれ」についても同様。ふつうの恐怖の場合、わたしはそれがなになのか、なにをわたしは恐れているのか、たとえばわたしは傷害や破滅を恐れるというふうに、概念を用いて表わすことができる、つまり言うことができる。また倫理的な畏怖《いふ》の場合、わたしはその畏怖を抱かせるものがなになのか、たとえばそれは勇ましさであるとか性格の強さであると言うことができる。だが、わたしが「おそれ」においておそれているもの、あるいは高貴なものとして賛美しているもの、そういうものがなになのかについて、本質を表示する概念はなにも語らない。それは「非合理的」であって、その非合理さは、たとえば楽曲の「美しさ」のようなものである。これも同じようにあらゆる合理的分析や概念化の対象にはなりえないものだ。

㈢　しかしながら、このような意味における非合理的なものは、ある一定の課題をわれわれに与える。すなわち、ただたんに非合理的なものだということを確認するだけで安心することなく、また好みの問題や勝手なおしゃべりに任せてしまうのではなく、できるだけ真相に近い表意文字的な表現で、その要因を可能な限り確定し、そうすることでたんなる感情の揺れ動きのなかに漂っているものを、持続的な「しるし」で固定させるという課題である。それは、そのようにして議論が明確さと普遍妥当性をもつに至り、そして客観的な妥当性を目指す頑丈な「健全な説」を組み立てるためである。もっとも、「健全な説」とは言っても、それは、しっかりした概念ではなく、象徴化するための概念によってのみ有効である。＊

肝心なのは、非合理的なものを合理化するという不可能な企てではなくて、非合理的なものを捉え、それをその諸要因にしたがって固定化し、そうすることで狂信的に自分勝手なおしゃべりをする「非合理主義」に、しっかりした「健全な」説で対抗することである。このようにすれば、われわれは、ゲーテの要求にふさわしく応えることになろう。

わたしが明るみから暗闇に入ろうとするのと、暗闇から明るみへ入ろうとするのとでは、大きな違いがある。明瞭であることがもはやわたしに約束されなくなった場合、わたしが自分自身をそれでもなんとか薄明かりで包みこもうとするのと、明瞭なものは深く究めがたい根拠の上にあるのだと確信して、それでもなお、このつねに言い表わしがたい根拠から、可能なものを引きだそうと考えることとでは、大きな違いがある。[1]

㈣　概念的な理性としての理性の対極にある非合理的なものを、前述のような意味で使用することを支持してくれる者にクラウス・ハルムス[1]がいる。断っておくが、かれは「狂信的」だという疑いがまったくない人物である。その彼が一八一七年に発表した『提題』〔『九五箇条の提題』〕をわれわれとの関連で引き合いに出すことができる。われわれが合理的なものと呼んでいるところのものを、かれは理性と呼び、われわれが非合理的なものと呼んでいるところのものを、かれは神秘的と呼び、そうした上で、第三六提題および第三七提題でつぎのように語っている。

三六　宗教の最初の文字、すなわち「聖なる」をおのれの理性で処理できるような者がいれば、ぜひ申し出てほしい。

三七　わたしは、理性が半分処理でき、半分は処理できない宗教的な言葉を知っている。[2] Feier〔祝い〕である。理性は、feiern〔祝う〕は「働かない」ことだ、などと言う。しかしながら、この言葉がFeierlichkeit〔荘厳さ〕に転じると、理性はたちまち身を引いてしまう。理性にとってこの言葉はあまりにも不可思議で高すぎる。「聖別する」「祝福する」なども同様。言葉も生活も理性から離れ、身体感覚からも離れて存在する事物で満ちあふれている。そのような事物に共通する領域が「神秘的なもの」である。[3] 宗教はこの領域の一部であり、理性にとっては未知の地〔ラ terra incognita〕である。

第一一章　ヌミノーゼの表現手段

(一)　直接的手段

ヌーメン的感情の本質を解明するには、この感情が外部に向かってどのように自己を表現するのか、また、どのようにして心から心へと自らを引き渡し、自らを伝えるのかを考えてみるとよい。もっとも、本来的な意味で「伝える」ということは決して起こらない。それは「教えられるもの」ではない。ただ「霊」から呼び覚ますことしかできないものである。同じことを宗教全般について主張する者がたまにいる。これは正しくない。宗教には教えられるもの、つまり概念で伝達することができ、学校の授業においても伝授することのできるものが非常に多い。＊

ところが、ヌミノーゼのように宗教の背後にあるもの、宗教の根底をなすものについてはそうはいかない。それは心のなかで誘発され、刺激され、目覚めさせられることしかできないものである。しかも、それは言葉だけでやろうとしてもまずだめである。それができるためには、むしろ他人の感情や気分が自分にもわかるということ、つまり他

人の心のなかに起こっていることに対する鋭い共感力が必要である。＊

うやうやしい態度やふるまい、声の調子や表情、ことがらがすこぶる重大であることを示す表現、教会共同体の儀式集会や礼拝式などはヌーメン的感情をいきいきと伝える。それを言葉で言い表わそうとしてわれわれは独自にさまざまな言い方や消極的な呼び方を見出したのであるが、そういうものではなかなか伝わらないのだ。実際、そういう言い方、呼び方は決してわれわれが扱っている対象を明示的に表わすものではない。それらは、たとえば不可視なもの、永遠なるもの（無時間的なもの）、超自然的なもの、超世界的なものというように、とにかくあるなんらかのことを言おうとはするが、それはせいぜい別のことがらとの対比、つまりそれとは区別されると同時にそれより下位にあるものとの対比で語られるという点にしか、その有用性がない。あるいは、それらは簡単に言えば、ヌーメン的感情という特殊固有の感情の内容そのものを表わす表意文字的表現である。だがその場合、その表意文字的表現の意図するところのものを理解するためには、当然この感情内容を自ら知る経験をあらかじめもっている必要がある。＊

もっとも優れた手段は、実際に「聖なる」状況それ自体であり、具体的な記述によるその状況の再現である。「イザヤ書」六章を読んで、ヌミノーゼがなにかを感じ取れない者には、〔ルターによれば〕「楽の音も歌声も語りも」役立たない。理論も教理もまた説教でも、口頭でなされたものには、そこにとても豊かなものが込められているのに、それが聴かれないために、何一つ気づかれないということはよくあるものだ。宗教を構成する要素でもっとも必要とされるのは、生きている声〔ラ viva vox〕、いきいきとした共同体、そして個人的な関わりである。そのような「生きている声」による伝達について、ゾイゼはつぎのように語る。

> 人はつぎの点を知るべきだ。甘美な琴の演奏が甘い調べを奏でるのを自ら聴く場合と、人がそれについて語っているのを聞く場合とでは、まったく比較にならない。それと同じことで、純粋な恵みのなかで受けとり、生きた心から、生きた口をとおして流れ出る言葉と、同一の言葉でも死んだ羊皮紙に記された場合とをくらべても、まったく比較にならない。……というのも、その言葉は非常に冷たくなり、どのようにしてそうなるのかわたしにはわからないが、切りとられた薔薇《ばら》のように色あせるからだ。なぜなら、とりわけ心を動かす魅力的な調べが、そこでは消えてしまうからである。そして、枯れた心のその不毛さをまとったままで、その言葉が受けとられてしまうからである。[1]

しかしながら、たとえ「生きている声」のかたちであっても、たんなる言葉は、それに対応する「心における霊」がなければ、すなわち受ける側の呼応、ルターの言う「言葉に適《かな》っているもの」〔ラ conformem esse verbo〕がなければ無力である。この霊こそ、もっとも重要な働きをなすにちがいない。この霊があるところでは、ヌーメン的感情を呼び起こすのに、ほんのわずかな刺激、外部からのごくかすかな刺激だけで十分である場合が多い。驚くべきことに、どんなにわずかな言葉であっても――おまけに、どんなにぎこちなく支離滅裂であっても――この霊をもっとも力強くもっとも確実に発動させるのに十分な場合もある。＊

だが、霊が「息吹《いぶ》く」ようになれば、言葉の宣教における合理的な諸表現は、たとえそれらがほとんどの場合、一般的な心情生活にしか由来しないとしても、そのときにはそれ自体が力強いものとなり、ただちに心情をしかるべき調子に合わせるに十分である。合理的な諸表現はやはり図式化することとしかしないが、まさに図式化されるその当ののがここで再び目覚めるのである。そのために、余計な助けはいらない。聖書を「霊のうちに」読む者がいれば、たとえ本人がヌミノーゼという概念も名称も知らなくとも、また自分の感情を分析したり、自分の感情からあのヌーメン的特質を取りだしてはっきり説明ができるような力量がなくても、その人はヌミノーゼのなかに生きている。

(二) 間接的手段

ここまで述べたこと以外の場合については、ヌーメン的感情が表現される手段、それが呼び起こされる手段は間接的なものである。それはすなわち、自然的領域に属する諸感情のなかでヌーメン的感情に縁があるか、もしくは類似しているものを表現するあらゆる手段である。こうした類似の感情がどのようなものかを、われわれは、これまでの検討からすでに知っている。そして、次に見るように、宗教が古今東西いかなる表現手段を実際に用いてきたのかを調べてみると、われわれはただちにそうした類似の感情をもう一度確認することができる。

(a) もっとも原始的な手段の一つは——これはのちに不十分なものと受けとられるようになり、しまいには「品位を貶《おとし》めるもの」として拒否されるようになった——まったく当然のことながら、恐ろしいもの、ぞっとするようなもの、あるいはむしろ忌むべきものをとおしての表現である。これらに類する諸感情は「戦慄すべき」という感情にきわめて類似しているので、それら諸感情を表現する手段が、直接的に表現されえないヌーメン的「おそれ」の間接的な表現手段となるのである。＊

原始的な神々の画像や描写のぞっとする恐ろしさは、今日のわれわれにはひどく嫌悪感を与える一方、原始人や単純素朴な人々にとって、さらに今日でもなお、いやときとしてわれわれ自身にとっても、純然たる本物の宗教的おそれの感情を呼び起こす作用をもっている。(だからまた、逆に、このおそれの感情は、種々のかたちの空想や描写によって恐怖を生みだす最強の刺激として働く。) 多くのカトリック信徒にとっては、堅苦しく厳粛な、そしてある種恐ろしい感じのする古ビザンツ様式の聖母画像の方が、ラファエルの愛らしいマドンナよりも崇拝の念を起こさせてくれるものである。＊

この傾向は、インドの神々の像の一部においてとくに著しい。ベンガルの「大母神」ドゥルガーは、正統伝承に基づく表現法ではまさに悪魔の形相を呈しているものの、この神を祭る儀礼は、きわめて深い崇拝的畏怖の雲に包まれることがある。このぞっとする恐ろしさとこの上ない神聖さの混合に関して、『バガヴァッド・ギーター』一一巻ほど集中的にこれを取り扱っている例はほかにない。ヴィシュヌは、かれを信ずる者たちに対しては善そのものであるが、アルジュナに対しては、かれ本来の神的威厳に満ちた正体を示そうとする。この場面で、ヴィシュヌの表現手段として本叙事詩の作者の心情にあるのは、まずはぞっとするものだけであった。もっとも、つぎに述べる壮大なもの〔ド das Grandiose〕という要因も同時に浸透している。[2]

(b)　というのは、表現手段としての恐ろしいものは、より高い段階になると、壮大なもの、あるいは崇高なものにとって代わられるからである。この要因は、たとえば「イザヤ書」六章のなかに、無比のかたちで見出されうる。高い玉座、王の姿、神殿いっぱいに広がる衣の裾、天使の群れに囲まれた荘厳な宮廷の描写がそれに当たる。恐ろしいものがしだいに制圧されていくにつれて、聖なるものは崇高なものとの結合をより強固にし、崇高なものによって図式化される。この崇高なものによる図式化は、適正なものとして、宗教感情の最高形態に至るまで維持される。これは、ヌミノーゼと崇高なものが隠れた類縁関係、たんなる偶然的な類似性を超える密接なつながりをもった関係にあることを示している。カントの『判断力批判』にも、このことに関する間接的な証言がある。

(c) 以上述べたことは、われわれがヌミノーゼの諸要因のなかで最初に見出したもの、すなわち「戦慄すべき」という言葉で象徴的に表現しようとした要因に関するものであった。こんどは、第二の要因、すなわち「神秘に包まれた」、あるいは「ミルム」について考えてみたい。＊

この第二の要因との関わりで、われわれはすべての宗教に見出され、宗教とはほとんど不可分の関係にあると思われる、神秘ないしミルムに類比するもの、その間接的な表現手段に出会う。すなわち、不思議さである。「不思議さは、信仰のもっとも愛すべきこどもである」[三]。宗教史がこのことをわれわれに教えることはもちろんなかったとしても、われわれがすでに見出していた「神秘に包まれた」という要因から、そのことを前提なしに想定できるし、予想することができる。語りえないもの、名状しがたいもの、絶対的に他なるもの、秘密に満ちたものといった宗教感情に直接に類似しているもの、すなわち、場所や状況にかかわらず、われわれが出会うようななにか理解できないもの、見慣れないもの、謎めいたものは、感情の自然的な領域では見出されえない。＊

とくにそれが言えるのは、その理解できないなにかが、同時に力強いものであり、かつ恐ろしいものである場合だ。それはヌミノーゼと二重の意味で類似している。すなわち、ヌミノーゼの「神秘に包まれた」という要因と「戦慄すべき」という要因の両面に対する類似である。しかも、「戦慄すべき」については、前記のように「恐ろしいもの」および「崇高なもの」という二側面で類似している。ヌミノーゼの諸感情がおしなべて、類似する自然的感情によって呼び起こされたり、またそういう感情に移行したりすることがあるということはすでに述べておいたが、ここでも、それは言えるはずである。事実、このことは、人類の普遍的な経験そのものが証してくれる。人間の日常的な生活世界に、不可解かつ恐いものとして入り込んできたものはなんであれ、また自然現象や人間、動物あるいは植物のなかで、人間に意外感や驚きや身のすくむ思いを抱かせたものはなんであれ、とくにそれが力や恐怖と結びついていた場合、まずは魔神的恐れ、ついで聖なるおそれを目覚めさせ、さらにそれらをおのれ自身に引き寄せるようになって、ついに「不思議なもの」〔ラ portentum, prodigium, miraculum〕となるに至った。これが、いやこれだけが不思議さの発生を説明するものである。＊

これとは逆に、前述のように、「戦慄すべき」というヌーメン的感情要因が、空想や描写の世界で、宗教的表現手段としてなにか恐ろしいイメージのものを選んだり、それを独自につくりあげるような刺激を与えたように、「神秘に包まれた」というもう一つのヌーメン的感情要因は、人間の素朴な想像力を強烈に刺激して、「不思議なできごと」を期待したり、創作したり、物語るように仕向けたのである。こうして、この感情要因は、おとぎ話、神話、説話、伝説の世界で、作り話を無尽蔵にこしらえようとする衝動として絶えず働きかけ、儀式や儀礼にも深く浸透するようになって、今日においてもなお、素朴な人々にとっては、物語の世界や儀礼のなかで宗教的感性をいきいきと保たせる最強の要因となっている。＊

だが、より高い発展段階に進むにつれて、「恐ろしいもの」という原始的図式が、崇高なものという図式に場所を譲り渡すようになるのと同じように、ヌミノーゼに表面的にしか類似していない「不思議さ」という要素も徐々に離れ去っていく。つまり、少しずつ浄化されて消え始める。そのとき、キリスト、ムハンマド、仏陀はそろってたんなる「奇跡を行なう者」であることを拒否するようになり、また、ルターは「外面的な不思議なできごと」を「いんちき手品」「こどもだましのりんごと胡桃《くるみ》」として無視するようになる。

(d) 真に「神秘に包まれたもの」は、すでに述べたように、たんに「理解できないもの」以上のなにかであるが、前者が後者に類似しているということを示す現象がほかにもある。この現象は、さしあたり奇妙には見えるが、ヌーメン的感情が類似の自然的感情に引きつけられるという周知の法則からすると、なるほどそうだと納得しうるような現象である。＊

例をあげよう。ハレルヤだとかキュリエライス[四]だとかセラ[五]とかいった聖書や賛美歌集のなかにある古めかしくて意味がとれなくなってしまった表現や、それらのなかにある「ほかの」言い回し、またぜんぜん、あるいはせいぜい半分しか理解できなくなってしまった儀式用語といったものが、礼拝的気分を減じるどころか、かえって高揚させてくれるという事実、まさにそういったものこそ特別「荘厳に」感じられ、愛好されているという事実をどう説明したらよいだろうか。それは好古趣味もしくは伝統への固執なのだろうか。決してそうではなかろう。そうではなく、それらによって神秘の感覚、「ま

ったく他なるもの」であるという感じが呼び覚まされるからである。そのような感覚がそれらと結びついているからである。＊

素朴なカトリック信徒には必要悪としてではなく、特別に聖なるものとして受けとられているミサ用ラテン語、ロシア正教の典礼における古スラヴ語、われわれ固有の典礼儀式に使われるルター・ドイツ語、それに中国や日本での仏教儀式で用いられるサンスクリットやホメロスの作品中のいけにえの儀式に登場する「神々の言葉」、そのほか多くの例がそれに該当する。ギリシア正教の典礼の聖体礼儀やそのほかの多くの典礼儀式に見られる半ば顕わな、半ばベールに包まれた要素も同じ意味で注目されよう。＊

さらにわれわれのルター派典礼にときどき現われるような古いミサ典礼のなごりも然り。このなごりを構成しているものは規則性も概念的な秩序調整もほとんどないので、最近の実践的な改革者らが、あたかも一つの論文のごとく秩序だったかたちにきちんと組み直した儀式の構成よりも、はるかに豊かな礼拝的気分を醸《かも》しだしている。だが、いま言ったような最近の儀式構成は、そこになんら偶然的なものが存在しないので、じつに説明的であり、そこに不作為な要因が存在しないから、じつに容易にさきが見えてしまい、そこに無意識の深層から昇ってくるものがないので、断片的であることは避けられない。そこに丸くきれいにおさめた儀式「構成」を突破するもの、よってより高い意

味の連関を示すものはなんら存在せず、さらに聖霊志向的なものもないので、霊的な要素は言うまでもなく希薄である。＊

では、以上にあげたことがらがいずれも人の心を捕えるのはどうしてであろうか。それは、それらが、神秘に包まれたものそのものに類似している理解しえないもの、尋常ならざるもの（同時に、古さゆえに尊いもの）の具現化したものだからである。神秘に包まれたものは、この具現化したものにいわば象徴化され、そのような類似物が想起〔ギ anamnesis〕させることによって発動する。

(三)　芸術におけるヌミノーゼの表現手段

(a)　芸術においてヌミノーゼを表現するもっとも有効な手段は、ほとんどの場合、崇高なるものを表現することである。このことはとくに建築術にあてはまる。崇高なるものは、その表現手段をまず建築術に見出したと言ってもよいだろう。＊

崇高なるものという要因が、すでに巨石文化時代に目覚め始めていたのではないかという思いは否定しがたい。〔ストーンヘンジに見られるような〕あの巨大な岩の塊を自然のままであるいは削りとって、一個の塊あるいは大きく円を描くような形に並べた意図は、元来は魔術的な方法でヌーメン的なものを「力」として大量に蓄積し、その場所に留めて確保しておくためであったのかもしれない。しかしその意図が、崇高なるものを表現するという動機に変化しようとする動きはすぐに非常な勢いで始まった。実際、このような動機の変化はごく初期に起こった。巨大なものの壮麗さや華麗で崇高な雰囲気に対するおぼろげな感受性は、ごく初歩的なもので、「原始的な」人間にもふつうに見られるものである。＊

このような段階に到達していたと確実にみなされるのは、エジプトでマスタバ[六]やオベリスクやピラミッドが築かれた時代である。こうした巨大な神殿やギーザのスフィンクスなどが、崇高感とそれに伴われて現われるヌーメン的感情を、機械的に反射するごとく、魂から呼び起こすものだということを、建築に関わった人々がよく承知し、またそう望んでいたことは疑いないであろう。[3]

(b) さらに、多くの建造物をはじめ、歌やなにかの決まり文句、一連の仕草や音楽、とくにある種の装飾的芸術作品、ある種のシンボルや紋章、蔓草《つるくさ》模様ないし線描模様などについて、われわれはよく、これらのものは「まぎれもなく魔術的な〔ド magisch〕」印象を与えるものだと言う。実際、われわれは、いろいろ異なった条件や状況にあっても、かなり確実に、この魔術的なものの様式や特殊性を感知している。そのような「魔術的」印象が並外れて深く豊かなのが、とくに中国や日本やチベットにおける道教や仏教に見られる芸術である。それに精通していない者でも、この魔術的な特徴は容易に感じとれる。ここでの「魔術的」という言い方は、歴史的視点から見ても正しい。というのも、この言葉の語形の起源は、もともと本来的な意味で魔術的な描写、象徴、処方書やはたらきに由来しているからである。＊

しかしながら、印象そのものは、こうした歴史的な関連性についての知識とはまったく無縁である。そのようなものを一切知らなくとも、印象は入ってくるし、場合によってはかえって勢いよく押し寄せてくる。芸術は、ここでは疑いもなく「魔術的なもの」というまったく独特な印象を、考えるというプロセス抜きに、つくりだす手段をもっている。＊

ところが、じつはこの「魔術的なもの」とは、ヌミノーゼの抑制され、減光されたかたちにほかならない。正確に言えば、それはさしあたりヌミノーゼの粗野なかたちであるが、傑作といわれる芸術において洗練され変容される。そうした芸術では、もはや「魔術的なもの」は云々するに及ばなくなる。そこでは、むしろヌミノーゼそれ自身が、その非合理的な威力のうちに、魅惑的な動きを伴って力強く律動しながらわれわれのまえに立ち現われる。＊

このヌーメン的・魔術的なものをとくに強く感じさせるのは、不思議に印象深い古代中国芸術の仏像で、それを観る者は「概念抜きに」、つまり大乗仏教の教えや考え方についてなにも知らなくとも、ヌーメン的・魔術的なものの作用を心に受ける。深い瞑想《めいそう》に浸ったまま現世をはるかに超越したこの仏陀の容貌には、崇高なものと精神化・卓越化したものとが現われている。ヌーメン的・魔術的なものはそれらと結びついているが、同時にそれ自身が仏像の姿形を光で満たし、それを「まったく他なるもの」が透けて見える透視画にさせているのである。シレーン[七]が、唐代の竜門石窟群《りゅうもんせっくつ》〔洛陽の伊河両岸の洞窟寺院。敦煌、大同と並んで中国三大石窟に数えられる〕にある大仏について語ったのは、もっともなことである。

この仏像に近づく者は誰しも、それがなにを表現しようとしているのかを知らなくとも、その宗教的な意義はわかるであろう。これを預言者と呼ぼうが、神と呼ぼうが、そんなことはあまりたいしたことではない。なぜなら、この仏像にはある霊的意志が漲《みなぎ》っており、それを観る者にもその意志が伝わってくるからである。この種の彫像の宗教的な要因は内在的である。すなわち、それは公式化された観念であるよりも、むしろ「現在化しているもの」ないし雰囲気である。それは言葉で表現することができない。知性による定義を越えているからである。[4]

(c) 前述したことがもっともよくあてはまる芸術は、唐代および宋代といった古典時代における壮大な風景や聖者を描いた絵画である。オットー・フィッシャー[八]は、これについてつぎのように述べている。

> これらの作品は、人間がこれまで生みだしてきた芸術のなかで、もっとも深遠で崇高なものに属している。これらの作品に心を深く没入させると、誰しもそこに描かれた水流、霧、山々の背後に、太古の「道」〔Tao〕が神秘に包まれたまま息づいているのを、つまり、もっとも内なる存在の上昇と下降を感じとるであろう。深い秘密は、その多くがこれらの絵画のなかに隠れかつ顕わとなっている。「無」の知、「空《くう》」の知、人心の道でもある天地の道の知が、これらの絵画のなかに存する。このようにして、これらの絵画は果てしない動きを見せているにもかかわらず、同時に海底に身を潜めて呼吸しているかのように、はるか遠くにあって静寂に満ちたもののように見える。[5]

(d)　われわれ西洋人にとってのヌーメン的芸術といえば、まずその崇高さからしてゴシックであろう。が、崇高さだけがゴシックなのではない。ヴォリンガー[九]の功績は、その著『ゴシックの諸問題』のなかでつぎの点を証明したことにある。すなわち、ゴシック様式のあの独特な印象は、その崇高さだけによるのではなく、太古の魔術的な造形から受け継がれてきた遺伝的特性によるとして、その魔術的造形の歴史的な由来を示そうとしていることにある。このように、かれにとってゴシックが与える印象とは、主として魔術的な印象である。その歴史的な跡づけの当否はともかく、かれの主張そのものが当をえていることは確かである。ゴシック様式は印象の魔術をもっているが、この印象は崇高さの印象を凌《しの》ぐ。＊

だが一方、ウルムの大聖堂の塔は決して「魔術的」ではない。それはむしろヌーメン的である。ヌーメン的なものとたんなる魔術的なものの違いがなにかということは、ヴォリンガーがその驚嘆すべき建築物について同書のなかに添えている美しい挿絵を見ればわかる。ともあれ、われわれはヌーメン的なものの印象を生み出す芸術のスタイルや表現法を示すために、「魔術的」という語を使用してもよかろう。そのような壮大なものに面すれば、誰でも、そうした印象を心に深く受け取るからである。

(e)　崇高なものも、たんなる魔術的なものも、たとえどんなに効果的であろうと、それらはあくまでも芸術におけるヌミノーゼの間接的な表現手段でしかない。西欧において直接的な手段は、二つしかない。しかも、両者は著しく否定的である。暗闇と沈黙がそれである。

主よ、あなたがひとり語ってください。
いと深き静けさのなかで

暗闇にあるわたしに。

と、テルシュテーゲンは祈っている。

暗闇とは、いままさに消え入ろうとしている最後の薄明かりとのコントラストできわだつものとなり、いっそうはっきりと感知されるようなものでなければならない。このことからわかるように、「神秘的」な印象とは、薄暗さ〔ド Halbdunkel〕から始まる。この薄暗さが「崇高なるもの」という補完要因と結びつけば、その神秘的な印象は完成したものとなる。

おお、いと高き威厳よ、あなたは崇高なる者として住んでおられる。
静寂なる永遠のうちに、暗黒の聖所のうちに。

丸天井のある会堂の内部や高い並木の枝の下をかすかに蔽《おお》う薄暗さ、まだ半分残っている神秘に包まれた光の戯れによって、不思議な仕方で生き、揺れ動いているその薄暗さには、いつまでも心情に語りかけるものがあるし、寺院やモスクや教会の建築に携わる者たちも、これを存分に活用してきた。

〔文字ではなく〕音声の言語で、暗闇に匹敵するものは沈黙である。

主はその聖なる神殿におられる。
全地よ、御前に沈黙せよ。[10]

とは、ハバククの言葉である。この沈黙を守るということは、おそらく「歴史的・発生学的には」、ギリシア語で言う「エウフェーメイン」、すなわち不吉な言葉を使うかもしれない不安からなにも語らずにいた方がいいということから生まれたと言われるが、そんなことなど、われわれはもはや知るよしもなく、おそらくハバククでも同じであろう。

　神、ここにおわします。
　わが内なるもの、みな黙せよ。

というテルシュテーゲンの歌には、本人にとってもそうであろうが、われわれにとっても、前述とは別のまったく独自な衝動から沈黙の必要性が感じ取れるのである。すなわち、沈黙はここでは「現存するヌーメン」〔ラ numen praesens〕を実感しているときの直接的、自発的な反応なのだ。このより高度に発達した段階に出現したものも、たんに「歴史的・発生学的」な連鎖で説明できるものではない。なにはともあれ、不吉な言葉を避けるためのエウフェーミア〔沈黙〕を実践していた「原始人」と同じ程度に、ハバククもテルシュテーゲンも、そしておそらくわれわれ自身も、宗教心理学の分析の興味深い対象であろう。

(f)　沈黙と暗闇のほかに、強いヌーメン的印象を与える第三の手段を知っているのが、東洋の芸術である。空《くう》〔ド das Leere〕と空隔《くうかく》〔ド das weite Leere〕がそれだ。[6]　＊

空隔とは、言ってみれば、水平線上に広がる崇高さである。広漠たる荒野、無限に同じ風景の続く大草原は崇高であり、われわれ西洋人にとっても、崇高感とともに感情連合による刺激としてヌミノーゼを感じさせてくれるものがある。建物の配置や配分に芸術性を発揮する中国の建築術は、この空隔効果を存分にかつ巧みに活用している。この建築術は、高い丸天井のある会堂あるいは息をのむ垂直構造によって、荘厳さの印象を生み出すのではない。中国の建築術で用いられている広場、中庭、前庭の静寂な広がりほど荘厳なものはたぶんほかにはないだろう。そのもっとも代表的な例が、南京や北京にある明朝歴代皇帝の霊廟《れいびょう》で、その設計にあたって風景全体の空隔を取り入れている。＊

より興味深いのが、中国絵画における空《くう》である。ここにはまさに空を描く技術、空を感じさせる技術、この特異な主題を変幻自在に操る技術がある。「ほとんどなにも」描かれていない絵画がある、という単純な話ではなく、また、もっとも深い印象を与えるのは、簡潔な筆使いや画法で描くというスタイルのせいだけでもない。われわれは、多くの絵画、とくに瞑想と結びついた絵画においては、空そのものが描く対象となっている、それも中心的な対象となっているという印象を受ける。これを理解するには、神秘家の「無」と「空」について、また「否定的賛歌」の魅力について前述したことを思いださねばならない。暗闇と沈黙と同様に、この空も一つの否定である。ただし、「まったく他なるもの」を現前させるための、あらゆる「これとここ」を取り除く否定である。[7]

(g) あらゆる感情を種々多様に表現しうる音楽の場合でも、聖なるものを表現する手段は積極的なものではない。もっとも完成されたミサ曲でも、聖変化というミサにおけるもっとも聖なるヌーメン的瞬間を表現する場合、それは音楽が鳴りやみ、しばらくそのまま静寂の状態が続いて、いわば沈黙それ自体が聞こえるという仕方でなされる。ミサの中でこのときほど、この「主のみまえに静けさを保つこと」がもっている強烈な敬虔さの印象を醸しだす瞬間はほかにない。＊

この点について、バッハの「ロ短調ミサ曲」を試しに聴いてみると、いい参考になる。この曲のもっとも神秘的な部分は、ミサの楽曲一般がそうであるように、「クレド」（信仰宣言）における「インカルナートゥス」（「人となり給う」）である。ここでは、静かに囁《ささや》くように、またためらいがちにフーガが続き、やがてピアニッシモとなって消え入るというところに、効果が発揮されている。抑えられた息と声、短三度に沈みこんでいくじつに奇妙な旋律と断続的なシンコペーション、恐れおののきを再現する意外性に満ちた半音の上がり下がり。これらはすべて神秘性を表現している。それもあからさまにではなく、ほのめかすような感じで表現している。＊

そういう意味で、バッハは〔「インカルナートゥス」に工夫を凝らした「クレド」をもって〕同ミサ曲の「サンクトゥス」の部よりも、目的の達成という点からすると、はるかに上をいっている。この「サンクトゥス」は、確かに「力と栄光」をもつ方を表現するものとしてはこのうえなく成功しており、完全で絶対的な王の栄光の華々しい凱旋《がいせん》コーラスとなっている。ところが、楽曲に付されている歌詞は「イザヤ書」六章からとられており、作曲する者はこの箇所にふさわしい解釈を当てるのが筋であるが、そのような歌詞のもつ雰囲気から、この「サンクトゥス」はあまりにかけ離れている。セラフィムがその二対の翼で自分の顔を蔽っている様子を、この華麗なコーラスから感じとることは無理である。＊

これに対し、ユダヤ教伝承はなにが肝心かをよく心得ている。

天のすべての力あるものは静かに囁く、ヤハウェは王であると。

これは、ユダヤの新年の壮大な賛歌「メレク・エルヨン」に歌われているものである。[8]ベートーヴェンも、かれの「荘厳ミサ曲」の中の「ラウダムス」〔「われらはほめたたえる」〕の一節「御身のみ聖なるものなれば」〔ラ Quoniam tu solus sanctus〕という部分において、これを理解している。この箇所で、声は一挙に一オクターブ急降下し、同時にもっとも強いフォルテから一番静かなピアノに下降する。メンデルスゾーンもまた、「詩

篇」二篇一一節、

畏《おそ》れ敬って、主に仕え、おののきつつ、喜び踊れ

という部分を作曲する際に、同じような理解でその繊細さを発揮している。しかも、それは音楽が鳴り響くところにではなく、むしろそれが弱められ抑制されているところで表現されている。それはほとんど「おびえている」と言ってもよいような状況だ。ベルリン大聖堂聖歌隊は、このところをみごとに再現することを心得ている。

第一二章　旧約聖書におけるヌミノーゼ

あらゆる宗教には非合理的かつヌーメン的なものの感情が活動しているが、ことにセム系の、そのなかでも聖書の宗教においてはそれが著しい。＊

そこでは、神秘に包まれたものは、「まったく他なるもの」としてこの世を取り囲み、この世を超越しつつ、この世に浸透している魔神的《デモーニッシュ》なものと天使的なものという観念のなかにいきいきと働いている。さらに、この神秘に包まれたものは、終末への待望と神の国の理想のなかに力強く生きている。この神の国は、ある部分は時間的に未来のものとして、ある部分は永遠なるものとして、しかし、いずれにせよ、つねにまったく驚くべきもの、「まったく他なるもの」として、自然的なものと対立している。さらに神秘に包まれたものは、ヤハウェまたエロヒム〔神〕の性格の特徴でもある。この神はイエスの「天の父」でもあり、しかもそうでありながらヤハウェとしての性格を失ってはおらず、かえってそれを「満たしている」。

㈠　魔神的おそれという低段階のヌーメン的感情は、旧約の預言書や「詩篇」の作者

によってとうに克服されている。しかし、ときおりその残響が、とくに古い物語文学においで聞こえてくることがある。＊

「出エジプト記」四章二四節[一]にある、ヤハウェが夜、「怒り」のうちにモーセを襲い、命を奪おうとしたという話はこの性格をまだ強く残している。この話は、ほとんど妖怪的、幽霊話的な印象をわれわれに与える。そして神への畏れという、より発展した要因からすれば、このエピソードやこれと似たり寄ったりの物語は、そこにまだ宗教がまったく存在せず、宗教以前のもの、野卑な魔神的恐怖もしくはその類のものしかなかったかのような印象を与えやすい。だが、それは誤解である。「野卑な魔神的恐怖」であれば、それは、言葉のもっとも狭い意味における「魔神」を指し、コボルト[二]、鬼神、怪物と同類であり、そうであるならば神的なものとは対極にある、ということになろう。＊

しかし、そのような意味での悪霊は「幽霊」と同様、宗教感情の発達連鎖における通過点でも鎖の一部でもなく、ヌーメン的感情の空想から生まれた低級な分枝であり、それよりはるかに一般的な意味での魔神〔ギ daímōn〕とは区別しなければならない。後者は確かに神とまでは言えないが、決して反神〔ド Gegengott〕というわけではなく、むしろ「前神」〔ド Vorgott〕であり、ヌーメンがまだ拘束され抑圧された段階を言う。この段階からしだいに、より高い段階の姿の「神」が完成されてくる。この低い方の段階の残響が、あの「出エジプト記」の物語に現われているのである。

さらに検討を進めよう。いま述べたことの実際の状況を理解するには、二つの示唆が助けを与えてくれる。第一の示唆は、ヌーメン的感情を引き寄せ、それを表現する恐ろしいものの能力について本書一四〇―一四一頁で述べたことである。＊

第二の示唆は、つぎのようなものである。音楽的才能が非常に豊かな者は、未熟な初心者であるうちは、バグパイプや手まわしオルガンの騒々しい音にも有頂天になって喜ぶことができる。ところが同じかれが音楽の専門教育を受けるようになってくると、両楽器ともおそらく耐えがたいものとなるだろう。だが、かれが高度に熟練した者となって、自分の以前の体験といまの体験の質的な性格をじっくり考えてみると、両体験において、一つの一貫した心情的側面が働き続けていたこと、そしておのれの音楽的感性の向上が、「別のなにものかへの一足飛び」ではなく、われわれが発達ないし円熟と呼んでいるプロセスを踏んできた結果だということに気づくはずである。もっとも、そのプロセスがどういうものかは詳細に語ることはできない。＊

今日われわれが孔子の音楽を聞くならば、それはたぶん奇妙な雑音の連続としか感じられないであろう。だが、なんとその孔子が、心情におよぼす音楽の力について、われわれの誰もがかなわないほどたくみに語っており、音楽体験による印象の諸要因を的確

に捉えているのである。われわれもそういう要因があることに同意せざるを得ない。＊

これとの関連でもっとも注目を引くのは、多くの未開民族がわれわれの音楽を容易に理解するその才能、天分である。かれらはわれわれの音楽に接すると、歓喜してすぐにそれを理解し、練習し、そして楽しむ。この成熟した音楽にかれらが接した瞬間に、なんらかの相対成長、後成もしくはその他の奇跡が起こって、はじめてこの天分がかれらのなかに入りこんできたわけではない。この天分は自然の「素質」としてはじめから具わっていたもので、ある刺激を受けて内部から目覚めた、つまりすでに現存している素質から成長発展したものである。この天分は、原始的な音楽による「粗野な」表現形式のうちに動き始めていたものとまったく同一のものである。音楽のこの「粗野で原始的な」表現形式は、発達したわれわれの音楽趣向からすると、確かに実際の音楽としては、ほとんどあるいはまったく認識しえないことが多いが、それでもやはりわれわれの音楽と同じ衝動、同じ魂の要因の表現にほかならない。＊

ところで、今日の「神を畏れる者」が、「出エジプト記」四章の物語に、自分が経験している宗教感情と同類の感情を見出すのが困難である場合、あるいはまったく見誤ってしまう場合、それは前述したことと完全に対応している。これは、いわゆる「原始人」の宗教に関して、確かに慎重であるにこしたことはないが、それでも広く一般的に考慮されてもよい観点である。この観点からははなはだ誤った結論が導きだされる危険もあろうし、発達段階の低いものを高いものと混同したり、両者の距離を短縮しすぎて、低い発達段階のものに多くのものを見過ぎてしまう危険性も十分ありうる。だが、この観点をまったく捨て去ってしまうならば、よりいっそう危険な事態になってしまう。残念ながら、このような危険はごく一般的なものとなってしまった。[1]

　最近の研究者は、厳格なヤハウェと族長的で親しみのあるエロヒムとの間に、性格の違いを見出そうとする。この試みは、すこぶる納得がいく。ゼーデルブルーム[三]の仮説によれば、ヤハウェ表象の「発端」[2]は「アニミズム的」表象にあるとされる。わたしは「アニミズム的」表象を否定しないし、宗教の発展過程にとってのその意義も否定しない。いやゼーデルブルームよりも、むしろわたしの方がアニミズム的表象の意義を重視している。というのも、かれはこの表象をたんなる原始的「哲学」の一種と説いて、それゆえこれを本来の宗教的想像の世界から切り離さなければならないと考えているからである。アニミズム的諸表象が形成されたところで、その諸表象が「ヌーメン的感情を呼び起こす」「刺激の連鎖」において重大な部分でありえたということ、すなわちその部分はヌーメン的感情から、そこに漠として潜んでいる「本質」の要因を解き放ち自由にするためのものだとゼーデルブルームが考えるのであれば、それはわたしの見解とう

まく一致するだろう。＊

ところが、ヤハウェがエル・シャダイ・エロヒム〔全能なる神〕から区別される契機は、〔ゼーデルブルームが考えているように〕ヤハウェが「アニマ」〔魂〕であったということにあるのではない。両者の区別の根拠は、ヤハウェには、われわれが慣れ親しんでいる合理的なものよりも、ヌミノーゼの方が支配的である一方、エル・シャダイ・エロヒムでは、逆に合理的側面がヌーメン的側面より支配的であるというところにある。つまり、一般的な神々のタイプを区別する方法と同じである。問題はあくまで、エロヒムにおいてヌーメン的要因が後退しているということであって、たとえばそれが欠如しているということではない。正真正銘ヌーメン的な物語である燃える柴における神顕現の記事、および「モーセは、神を見ることを恐れて顔を覆った」という「出エジプト記」三章六節の句は、エロヒムに関わる話である。

以上のような古代イスラエルにおける神表象の個々の特徴はたくさんあって、ここでとりあげることもできようが、宗教史辞典『歴史と現代の宗教（RGG）』第二巻〔一九二八年〕一五三〇頁以下および二〇三六頁に詳しく紹介されているので、ここではそれを指摘するに留めておきたい。

㈡　由緒あるモーセの宗教の成立とともに、今度はヌミノーゼの道徳化、およびその一般的合理化のプロセス、言葉の本来の十全な意味における「聖なるもの」の成就のプロセスが始まり、それはしだいに強さを増す。このプロセスは預言書と福音書において完結する。確かにこのプロセスこそ、聖書の宗教が特別な高尚さをもっている理由であり、その高尚さゆえに、聖書の宗教がすでに「第二イザヤ書」（「イザヤ書」四〇―六六章）の段階で普遍的な世界宗教であることを自認しようとしたことも無理からぬところである。しかしながら、そのような道徳化と合理化はヌミノーゼそのものを克服するということではなく、それまでのヌミノーゼの一方的な支配を過去のものにするということを意味する。ヌミノーゼは道徳化と合理化が行なわれるまさに土台であり、それらを包みこむ舞台設定なのである。

道徳化・合理化とヌミノーゼとが密接に絡み合っていることを示す例は、イザヤである。かれが召命を受ける際に見た幻の場面（「イザヤ書」六章）に響いているものは、かれの預言全体に力強くこだましている。そして、この預言全体についてもっとも目立っている点とは、イザヤが神を表現するのに好んで用いる「イスラエルの聖なる者」という表現が定句のごとく一貫して使用され、その神秘に満ちた力をもってほかの諸表現を圧倒しているという事実である。＊

このことは、初期の「イザヤ書」の伝承を引き継いでいる「第二イザヤ書」においても同様である。「第二イザヤ書」には、概念的により明確に表現された神、たとえば全能、善意、知恵、誠実といった特性をもつ神が確かに説かれている。しかし、これらはみなまさしく「聖なる者」の諸特性を表わす用語なのである。この奇妙な名前は「第二イザヤ書」に一五回登場し、しかもそれが登場するところは、つねにそれが特別な印象を与える箇所である。

ヤハウェの「聖性」以外に関係のある表現といえば、ヤハウェの「憤《いきどお》り」、ヤハウェの「熱情」、ヤハウェの「怒り」、「焼き尽くす火」などである。これらはみな、ただ神の報復的正義だけを意味するわけではないし、気性の激しい、強烈な熱情のうちに生きる神だけを意味するのでもない。むしろこれらすべては、神の非合理的本質の戦慄すべきもの、威厳、神秘、高貴なものに包摂され貫かれている。＊

このことはまた、とくに「生ける神」という表現についても言える。神が生ける者であるということが、その「熱情」と関連していることは歴然としている。神が生ける者であるということは、この「熱情」のうちに、いやそもそもかれのすべての「熱情」のうちに示されている。

「申命記」五章二六節[四]参照。「一体誰が火の中から語りかけられる、生ける神の御声を我々と同じように聞いて、なお生き続けているでしょうか。」さらに「ヨシュア記」三章一〇節、「サムエル記上」一七章二六節、三六節、「列王記下」一九章四節、「イザヤ書」三七章四節、一七節、「エレミア書」一〇章一〇節参照。「主は生ける神……その怒りに大地は震え、その憤りに諸国の民は耐ええない。」「エレミア書」二三章三六節、「マカバイ記二」七章三三節、「マタイによる福音書」二六章六三節(恐るべき戦慄すべき生ける神に対する誓い)。『罪と原罪責』第四章「預言者の神経験」とくに六七頁以下参照。

この神は、「生きている」ということで、いっさいのたんなる「世界精神」とは一線を画した、あらゆる哲学的思惟の埒外《らちがい》にある非合理的実体である。旧約と新約の預言者たちや使徒たちの意識のなかに生きているのはこのような神にほかならない。そして、後世の人々が「哲学者の神」に対して、「生ける」神、怒りと愛と激情の神を擁護するために戦ったとき、かれらは無意識のうちに、聖書的神観念の非合理的な核心を、その一方的な合理化から守ろうとしたのである。それは、この限りにおいては正しかったと言える。＊

だが、もしヌーメン的な「怒り」と「激情」ではなく、たんなる怒りと激情を擁護しようとしたら、それらのヌーメン的性格を見落として、絶対的ではあるがあくまで「自然的なレベルでの」性格を表わしている用語だと思いこんでしまったら、換言すれば、それらが非合理的なものを指示する表意文字的表現、つまり感情のたんなる暗示的な象徴にしかすぎないということを見抜けなかったら、怒りと愛と激情の神を擁護するというもくろみは不当なものとなり、「擬人論」に陥ることになる。

㈢　ヌミノーゼが、ミルムという要因ゆえに、想像力を刺激しかきたてる力をもっているということは、とくに「エゼキエル書」のなかによく示されている。ヤハウェの本質やその宮廷の構えについてのエゼキエルの夢や譬《たと》えや幻想的描写が、それを示している。＊

その冗漫で意図的にしつらえられた幻想性のなかで、それらの夢や譬えや幻想的描写は、神秘に向かおうとする宗教的衝動がすでにおかしな方向に向かいつつある事実の序曲であり、その宗教的衝動がたんに奇妙なもの、驚嘆すべきもの、奇跡的なもの、幻想的なものへの愛着と混じり合うプロセスの始まりでもある。そうなると、この宗教的衝動は奇跡嗜好、伝説、黙示的・神秘的夢幻世界へと道を開くことになる。これらはみな、宗教的なもの自体から放射される輝きであるには違いないが、混濁物によって歪曲された、いわば本物に対する代用品である。この代用品は増殖して、しまいには純粋な神秘感情そのものを覆い隠してしまい、その感情の直接的で純粋な発動を妨げてしまう。

ところで、われわれは、ミルムという要因が、同時に高貴なものと結びついたかたち

で、めずらしいほど純粋に現われているのを、「ヨブ記」三八章に発見する。＊

この章は、宗教史全体のなかでもっとも注目すべきものの一つであろう。ヨブはエロヒムに反抗して友人らと議論した。友人たちに対するかれの態度はあきらかに正当である。かれらはヨブに対して黙せざるをえない。神を「正当化」しようとするかれらの試みは失敗に帰する。そこでエロヒム自身がおのれの義を弁明しようとして姿を現わす。その弁明の結果、ヨブは自分が負けた、それもほんとうに負けた、当然のように負けたのであって、たとえばたんなる圧倒的な力に沈黙を強いられたのではない、と告白する。

> それゆえ、わたしは塵《ちり》と灰の上に伏し、自分を退け、悔い改めます。〔「ヨブ記」四二章六節〕

というヨブの告白がそれを物語っている。この言葉は、心からおのれの非を認めたことの証言であり、たんなる圧倒する力のまえでなすすべもなく崩れ落ち、屈服したということの証言ではない。ここにあるのはまた、パウロがたまたま「ローマの信徒への手紙」九章二〇節で、

> 造られた物が造った者に、「どうしてわたしをこのように造ったのか」と言えるでしょうか。

焼き物師は同じ粘土から、一つを貴いことに用いる器に、一つを貴くないことに用いる器に造る権限があるのではないか。

と語った言葉に表われているような気持ちだけでは決してない。もし、ヨブのこの言葉をそのように解釈すれば、まちがって理解していることになる。＊

「ヨブ記」三八章は、神義論の放棄や不可能性を伝えているのではなく、逆に確固たる神義論をうち立てようとしているのである。しかも、この神義論はヨブの友人たちのそれより勝れたものであり、ヨブ自身に非を認めさせうるほどのもの、認めさせうるばかりか、同時に、懐疑に悩まされていたかれの魂を、そのもっとも深い部分から落ち着かせることができるほどのものである。というのは、ヨブがエロヒムの啓示によってただちに出会った不思議な体験には、同時にかれの魂の苦悩の内的な緩和と充足感とが含まれているからである。そして、この充足感は「ヨブ記」の問題の解決としてはもうそれだけで十分であり、四二章に報告されているヨブの原状回復などはなくてもかまわないほどだ。この部分は、本来支払うべき額にあとから追加して払われる心付けにすぎないのだ。だが、ここで神議論とヨブの納得とを同時にもたらした前出箇所の奇妙な要因とはなにであろうか。

エロヒムの言葉のなかに、われわれがこの物語の状況からしておのずと期待してしまうようなことがらがほぼすべて響いているのは確かである。すなわち、ここにはエロヒムの圧倒的力、その崇高さ、偉大さ、そして卓越した知恵が引き合いに出され、論証されている。このエロヒムの卓越した知恵については、たとえばこの箇所が「わたしの道はおまえたちの道より高い。わたしの行為には目的があって、おまえたちにはそれがわからない」などという文で締めくくられていれば、人はヨブの問題全体について納得のいく合理的解決をすぐにも出すであろう。すなわち、エロヒムの行為の目的は、信仰者を試し浄めるためだとか、各人が苦悩を抱えつつ適応していかねばならないことがら一切のためだとかいったことである。合理的な概念から出発すれば、人はこの対話がそんな台詞で締めくくられることを望んでやまない。＊

ところが、実際にはそのような終結には至らないし、かような目的論的議論や解決がこの章〔三九章〕の真意なのではない。結局のところ、この章は合理的概念で論じ尽くせることがらとは完全に異なるものに依拠している。それはすなわち、あらゆる概念を越え、だから目的概念も越えたところにある不可思議さそのもの、純粋に非合理的なかたちをとっている神秘、しかもミルムでありかつ逆説的なものとしての神秘である。＊

この点をじつにはっきりと言語化しているのは、以下に挙げる見事な描写例である。その雛《ひな》鷲は岩場に住み、牙のような岩や砦の上にいて、餌を探して目を光らせている。

は血を飲む。鷲は「死骸の傍らには必ずいる」[五]。この鷲は確かに、すべてを「抜け目なく、周到に準備する」目標を見すえる知恵の事例とはならない。この鷲はむしろ奇妙さ・不思議さそのものの比喩であり、鷲を創造した方自身の不可思議さがこの鷲に具象化されている。＊

一三節で語られる謎めいた本能をもっている駝鳥《だちょう》についても、同じことが言える。実際、「合理的」に考えるならば、ここに描かれている駝鳥はむしろ一つの難解な十字架であり、その行動の目的についてはほとんど意味不明である。

駝鳥は楽しげに翼を羽ばたかせる。
それは従順な翼、羽毛であろうか？
否。駝鳥は卵を地面に置き去りにし、
獣の足がこれを踏みにじることを忘れている。
その雛を自分のものではないかのように酷にあしらう。
神が知恵を貸し与えず、
分別を分け与えなかったからだ。（「ヨブ記」三九章一三―一七節）

五節の野生の驢馬《ろば》や九節の野牛についても同様である。この動物たちの完璧なまでの「無目的論」がじつに鮮やかに描きだされている。その不思議な本能、不可解な行動によって、この「無目的論」は非常に不思議な謎に満ちた様相を呈している。そのことは一節の岩場の山羊や雌鹿、また三八章三七節[六]の雲・霞《かすみ》の「知恵」、さらに不可思議な仕方で行ったり来たり、生じたり消えたり、移動したり形成したりする空中の諸事象の「分別」、あるいは天高きところの奇妙な昴《すばる》、オリオン座、大熊・小熊座にもあてはまる。[七]

＊

　四〇章一五節以下に描かれている河馬《かば》と鰐《わに》の描写は、[八]後代の挿入と推測されている。おそらくそのとおりであろう。だがその場合、これを挿入した者が、当該箇所全体のねらいを非常に敏感に察知していたということはやはり認めるべきである。つまり、ほかのすべての描写例が言っていることを、思いきりどぎつく表現しているだけである。ほかの描写例がすべて不可解なものについて語っているのに対し、これを挿入した者は怪物について語る。しかし、怪物的なものはどぎつい形の神秘的なものにほかならない。この二つの生き物は、「目標」を定める神的「知恵」にとっては、思いつく限りでもっともかんばしくない事例である。だが、永遠なる創造者の力が、端的に驚くべきもの、ほとんど魔神的なもの、まったく理解不可能なもの、謎に満ちたもの、計りがたいもの、「まったく他なるもの」であること、すべての把握を嘲笑《ちょうしょう》するものであるにもかかわらず、心情を深く揺さぶり、魅了し、同時に神の力を心底認めざるをえないような気持ち

にさせるものであることを、この二つの生き物の描写例はみごとに表現している。＊

既述のほかの描写例もみなそうであるし、そもそもこの箇所の文脈全体や文意がそうなのである。意図されているのは、「ミルム」だ。この箇所全体のねらいは、これにある。そして、この「ミルム」は同時に「魅するもの」であり、かつ「高貴なもの」でもある。というのは、たんなる「神秘」だけでは、まえに述べたように、ただの「絶対的な非概念性」にすぎないからである。それはヨブをせいぜいあっと言わせることはできても、内的な確信にまで導くことはできないであろう。＊

むしろここでは把握不可能なものが、名状しがたい積極的な価値、しかも客観的な価値、すなわち感嘆すべきものおよび拝すべきものとして、また主観的な価値、すなわち魅するものとして感得されている。この価値は、人間的で理解可能な目的ないし意味を追求しようとする考え方と同一尺度で計られることも、そういうものと同一化されることもない。この価値はいつまでも秘密のままである。しかし、エロヒムの義が弁明されると同時に、ヨブの魂が平静を取りもどしたのは、この価値が感得されうるものだからである。

このヨブの体験とじつによく似た例を、近代のある著述家に見出すことができる。それは小説の体裁で印象深く描かれている。マックス・アイト[九]は、選集『鋤《すき》と万力の背後で』所収の小説「職業の悲劇」のなかで、エンノ湾の入江の巨大な橋の建設について物語っている。この建設は、意義と目的に適った人間の営為の一つの奇跡であるが、これを成し遂げたのは徹底的に考え抜かれた設計、仕事に対する献身的努力であった。果てしない困難とてつもない障害にもめげず橋は完成した。風と波に立ち向かいながら、しっかり建っている。そこへ大嵐が襲来し、橋もそれを建てた者たちも海の深みへ投げ落とされた。それはあたかもまったくの無意味が、この上ない有意味をうちのめしたかのようだ。ちょうど、「運命」とやらが、徳や功績には目もくれず、そのそばを素通りしていくかのように。著者は自ら、この悲劇の舞台を訪れ、またそこから帰ってきたときの模様を報告している。

「わたしたちが橋のたもとに着いたころ、風はほとんどやんでいた。頭上高く、蒼空が広がり、ひどく明るかった。背後には開いた大墓のように、エンノ湾が控えていた。生と死の主が水の上を漂っていた。静かに、厳かに。
わたしたちは、かれのことをまるで自分の手のようにありありと実感した。老人とわたしは跪《ひざまず》いた。その開いた墓のまえで、そしてかれのまえで。」

なぜかれらは跪いたのか。なぜ跪かねばならなかったのか。大嵐のまえでも、気まぐれな自然の威力のまえでも、いやたんなる全能者のまえでさえも跪く者はいない。だが、まったく把握し得ない、あきらかに不明な秘密のまえで人は跪く。そのとき心は静まり返り、その秘密がどのようなものかを感覚的に理解する。秘密の正しい理解はそこにある。

ヌーメン的感情のほかの多くの特徴についても、旧約聖書のなかで拾いあげることができる。しかし、それらはすでに一六〇〇年まえ、われわれと同じく「非合理的なものについて」書いたひとりの人、クリュソストモスによって、首尾よく収集されている。かれについてはあとでとりあげるので、ここでは触れないでおく。なお、ミルムという要因は、あとでとくにルターの思想のなかで再びはっきりとしたかたちで見出すことになるが、このかれの思想を「ヨブ的思想系列」と呼んでおこう。

第一三章　新約聖書におけるヌミノーゼ

㈠　神観念の合理化、道徳化および人間化へのプロセス、すなわち古代イスラエル最古の伝承に始まり、とくに旧約の預言書と「詩篇」のなかで著しく進歩し、そうしたなかでヌミノーゼが明白かつ深遠で合理的な心情価値の特性を表わす用語を注入され、ますます豊かに、ますます十全になっていったそのプロセスは、イエスの福音においてその頂点に達する。このようにして、キリスト教がもっているような「父なる神への信仰」という他に類を見ない信仰形式が生まれた。＊

ただ、もしこの種の合理化を、ヌミノーゼの排除だというふうに考えるなら誤りである。これは今日の「父なる神へのイエスの信仰」という、あまりにももっともらしい言い方が引き起こす誤解である。この言い方は明らかに初代教会の雰囲気とはなじまない。このような誤解が生じうるのは、キリストの宣教から、それが終始一貫目指していたことがら、つまり考えられる限りでもっともヌーメン的対象たる「神の国の福音」の宣教が骨抜きにされてしまう場合である。＊

この「神の国」こそ、大いなる驚異そのもの、あらゆる現在的・現世的なものと対立するもの、「まったく他なるもの」、「天上のもの」、まったく純粋な「宗教的おそれ」という要素をまとってほのかに輝くものであり、「恐るべきもの」、「刺激するもの」であり、神秘に包まれたものの「偉大さ」そのものである。このことは、ほかでもなく最近の研究がすべての合理主義的軟弱化に反対する立場から断固強調しているところである。＊

若きキリスト教は「終末論的分派」(やがて「聖霊論的分派」にもなった)として発生したが、そのときのモットーは「神の国は近づいた」であった。世の終わりと審判と突如始まる超越世界に対する深い内的な戦慄と降誕への期待による至福の戦慄との混合について、この神秘がもっている戦慄すべきものと魅するものとの混合について、今日われわれは多くの場合、まちがったイメージをもつか、あるいはいかなるイメージももたないかのいずれかである。この際、「正統主義的」な聖書解釈から出発するか、「自由主義的」なそれから出発するかは無関係である。＊

「神の国」とそのヌーメン的本質は、しかしながら、神の国に関連するものすべて、すなわち、それを宣《の》べ伝える者にも、それを準備する者にも、その前提条件としての生活の仕方にも、神の国に関わる言葉にも、それを待ち望み、それに到達しようとする教

会共同体にも、一定の色彩と雰囲気と響きを与える。それらはことごとく「神秘化」される、つまりヌーメン的となる。＊

このことは、神の国に属する集団の自称に、きわめて鮮明に表われている。かれらは自らを、またおたがいをヌーメン的用語で「聖徒」と呼んでいる。これが倫理的に完全な者を意味するものでないことは、もとよりあきらかである。かれらはむしろ、「終わりの時」の神秘に属する人々である。これはあきらかに「卑俗なもの」との歴然たる対立を意味する。この対立についてはすでにまえに述べたとおりである。だからこそ、かれらはのちに自分たちのことを堂々と「祭司的民族」とも呼ぶことができるのである。これは「聖別された」人々の群れを意味する呼称である。[1]

この神の国の主人は、「天の父」である。この呼び方は今日のわれわれには優しい響きに聞こえ、たとえば「親愛なる神」と同様、しばしば心地よい気分にもさせてくれるような言い方である。だが、まさにそれだからこそ、われわれは「父」という名詞および「天の」という形容詞の両方の聖書的意味を誤解してしまう。＊

この「父」とは、なによりもまず「天」の深みからヤハウェの激しい怒りとともに、不気味な脅威として迫ってくる「神の国」の聖にして崇高なる王である。かれが神の国の主である以上、その国に勝るとも劣らず「聖」であり、ヌーメン的であり、神秘に満ちており、カドシュ、ハギオス、サチェル、サンクトゥスであって、しかもこれらはすべて絶対的なレベルでそう言える。そして、かれはこの面からすれば、旧約がかつて「被造者感情」や「聖なるおそれ」などのうちに占有していたすべてのものの高まりであり成就である。だからこそ、「われらの父よ」という呼びかけに「み名が聖とされますように」という言葉が続くのだ。これは願いというよりも、うやうやしい敬意の呼称である。

この深いへりくだりを伴う「おそれ」の背景となっているものが、イエスの場合、とりたてて特別な「教え」というかたちで表われていないのは、これまでなんどもとりあげられてきたような事情による。というより、そもそもどんなユダヤ人にとっても、そしてとくに神の国を信ずるだれにとっても、神が「イスラエルの聖なる者」であるというまさに第一にして自明なことがらを、どうしてわざわざイエスが「教える」必要があっただろうか。かれが教え、宣べ伝えるべきは、自明なことではなく、かれが独自に発見したものであり、啓示しようとするところのものであった。すなわち、この聖なる者こそまさしく天の「父」なのだということ、これこそかれの「教え」の中心でなければならなかった。しかも、イエスが相対した反対勢力がまさにこの点を厳しく追及すべき立場にあったから、なおさらである。＊

イエスの福音を自分たちへの逆襲だとして突っぱねた歴史上の反対勢力とは、律法への奴隷的服従、すなわちファリサイ派、および神との関係を改悛・禁欲の観点で捉えようとした洗礼者ヨハネであった。両者とは対照的に、人間が子であり、神が父であるという福音は、負いやすいくびき、軽い荷とみなされた。イエスの譬え、教え、宣教の内容は必然的にこの点に集約される。ただし、その場合「われらの父」すなわち「天にいます方」という事実には、あくまで驚異の感覚がつねに保持されている。この二つの言述は決して類語反復ではない。前者は近づき、後者は遠ざかる。遠ざかると言ってもたんに果てしなき高みへ、ということだけではなく、同時にこの世界のすべてのものとは「まったく異なるもの」の領域へ、ということだ。＊

かかる神秘に満ちたおそれ多いもの、この「天における」未知で近づきがたいものが、同時に到来し近づいてくる恵みの意志であるということ、このような対立構造による解決があってはじめて真のキリスト教的基本感情のハーモニーがなりたつ。このなかに、かの高められ純化された第七度〔ド Septime〕がつねに余韻を響かせているのを聞いていないならば、このハーモニーを正しく聞いているとは言えない。＊

実際、イエスの説教のなかにも、まえに触れたように、世界を超越したものの神秘をまえにして覚える、あの不思議な戦慄と恐怖とをいくらか感じさせる調子の言葉をときおり聞くことができる。その一つの例が「マタイによる福音書」一〇章二八節である。

　魂も体も地獄で滅ぼすことのできる方を恐れなさい。

ここにはこの言葉のもつ暗くて恐ろしい響きがおのずと感得される。これを終わりの日における審判者とその裁きに関連づけようとするなら、そこにはすでに合理化が働いている。この句は「ヘブライ人への手紙」一〇章三一節、

　生ける神の手に落ちるのは、恐ろしいことです。

および同一二章二九節、

　わたしたちの神は、焼き尽くす火です。

という句と完全に同一の響きをもっている。

神秘と戦慄すべきものという特徴を備えたこのヌミノーゼを手がかりにし、かつそれを背景にして、われわれは最後にゲッセマネの夜のイエスの苦悶をも見なければならない。そして、ここでいったいなにが問題となっているのかを理解し、追感してみたい。＊

　なにゆえイエスは心の底まで恐れ慄いたのか。なにゆえ死ぬほど悲嘆にくれたのか。なにゆえ血の汗を地に滴《したた》らせたのか。通常の死の恐怖からか。何週間もまえから死を見据えていた者、明確な自覚のうちに弟子たちと最後の晩餐《ばんさん》を催した者が、果たして死の

恐怖からそのような状況に陥るだろうか。いや、ここにあるのは死の恐怖以上のものである。ここにあるのは、戦慄すべき神秘をまえにしての、おそれに満ちた謎をまえにしての、被造者の慄きである。＊

この解釈の助けとなる並行例や預言の言葉として、夜中に自分の召使であるモーセを「襲う」ヤハウェ、また夜明けまで神と戦うヤコブが念頭に浮かぶ。「かれは神と闘い、うち負かされた」。相手は「怒り」と「憤り」の神であり、ヌーメンであり、このヌーメンこそ「わたしの父」にほかならない。「イスラエルの聖なる者」を、いつもは福音の神のうちに見出すことはできないと思う者でも、もし見る目をもっているならば、ここにこそ神を発見しなければならない。

㈡　パウロ書簡に浸透しているヌーメン的雰囲気については詳しく論ずる必要はない。「神は、……近寄り難い光の中に住まわれる」(「テモテへの手紙一」六章一五―一六節)。

(a)　あふれんばかりに豊富な神の概念と神感情は、かれの場合、神秘体験への導き手となる。[2]この体験は、パウロにおいて一般的な熱狂的高揚感やかれの聖霊論的用語法のなかに生きており、この両者はキリスト教的敬虔のたんなる合理的な側面をはるかに越え出ている。感情生活のこの破局と転回、罪と負い目というこの悲劇、至福体験のこの灼熱。これらはみな、ヌーメンという基盤においてのみ可能であり、またそこでのみ理解

されうる。＊

そして、パウロにとって、神の怒りがたんなる懲罰《ちょうばつ》的正義に帰する応答以上のものであるように、つまりその怒りが著しくヌミノーゼの戦慄すべきものに満ち満ちているように、かれにおいて体験される神の愛の「魅するもの」、かれの精神をその限界から突破させ、第三の天〔「コリントの信徒への手紙二」一二章一―四節で語られるパウロの神秘体験で言及される天国のこと〕にまで追いやるほどのその「魅するもの」は、たんなる人間的、自然的なこども〔の単純なあこがれ〕の感情の極致以上のものである。＊

神の怒りは、「ローマの信徒への手紙」一章一八節以下の圧倒的記述に力強く活写されている。この箇所で、われわれは旧約聖書の怒りに燃えるヤハウェに再び直面する。だがここでは燃え盛る怒りを全世界に注ぎ出す、恐るべき力をもった世界と歴史の神として登場する。その際、いかにも非合理的、いやそれどころかおぞましくさえ感じられるのは、怒れる神が罪を罰する手段として罪を犯すにまかせるという発想である。パウロは、この合理的に考えればとうてい耐えがたい思想を三度にわたって繰り返し述べている。

そこで神は、彼らが心の欲望によって不潔なことをするにまかせられ、そのため、彼らは互いにその体を辱《はずかし》めました。〔「ローマの信徒への手紙」一章二四節〕

それで、神は彼らを恥ずべき情欲にまかせられました。〔同一章二六節〕

神は彼らを無価値な思いに渡され、そのため、彼らはしてはならないことをするようになりました。〔同一章二八節〕

このような考え方の重みを実感するためには、今日の教義学やほどよく調整された教理問答の雰囲気は忘れて、ユダヤ人がヤハウェの憤りに対して、ギリシア人が運命〔ギ heimarmenē〕のむごたらしさに対して、そして古代人が一般に神々の怒りに対して感じていた戦慄を追感するよう努めねばならない。

パウロに関しては、こうした問題と関係するもう一つのことがら、すなわち予定説についてもその扱いに十分気をつけなければならない。予定の思想がまったく非合理的な領域に属していることは、ほかでもなく「合理主義者」がもっともよく感じている。この思想ほど合理主義者にとって不都合なものはない。それはしごくもっともなことだ。この思想は合理主義的立場からすれば、ばかげたもの、つまずき以外のなにものでもない。合理主義者は、おそらく三位一体論やキリスト論におけるすべての矛盾を快く受け入れるだろう。だが、予定説はかれにとって、つねにもっともやっかいなつまずきの石となる。

しかしながら、つまずきの石としての予定説は、ライプニツ[二]やスピノーザ[三]以来、シュライエルマッハーを経て今日に至るまで、ときおり説明されるような種類のものとは異なる。というのも、その説明によると、人はただ自然の法則とか「第二原因」〔ラ causae secundae〕といったものに屈服し、したがって、今日の心理学が主張するようなことを容認しているからである。つまり、人間のすべての意思決定と行為は衝動の強制に基づいており、したがって人間は不自由であり、衝動によってあらかじめ決定されているという主張である。この自然によるあらかじめの決定は、神の万物への働きかけと同一視され、その結果、しまいには純粋に宗教的で深遠であり、かつ自然の法則とはまったく無関係な神の予定という考え方が、どんな場合にも妥当する因果の結びつきという陳腐な自然科学思想になり果ててしまう。これよりも屈折した思弁、これよりもはなはだしい宗教的考え方の偽造はありえない。しかし、合理主義者はこのような考え方に決して反対しない。それ自体純粋かつ明確に合理主義的であるからだ。だが、それは事実上、予定という宗教的観念自体の完全なる放棄を意味する。

この宗教的観念そのものは、しかしながら二つの源泉から発し、かつそれ自身が二種類からなっており、両者はまったく相異なっている。その相異なる意味を、明確に区別された名称を用いて表現すべきであろう。すなわち、一つは「選び」の思想、他方は、これとは本質的に異なるもの、すなわち本来の「予定」の思想である。

「選び」の思想、すなわち神によってすでに救いへと選びだされ、予定されているという考えは、直接にはあくまでも宗教的な恵みの体験そのものを表現するものとして生まれた。恵みの体験者は、自分の来し方を振り返ることで、いまの自分があるのは、自分自身の所業や努力のおかげではないこと、自身の意志や能力によらず、ただ自分が恵みに与《あずか》り、それに捕えられ、動かされ、導かれたからだということをますます強く認め、実感する。そして、自分のまったく自由な意思決定や同意さえも、自分自身がそれを行なったのではなく、むしろそれを体験したものとみなす。かれは自分のすべての行為にさきんじて、救いの愛の探求と選びが働いているのを見、永遠なる恵みの神意、すなわち予定を認め受け入れる。この予定はあくまで救いへの予定である。＊

この予定は恵みの体験の純然たる説明手段であり、いわゆる「二重予定」〔ラ praedestinatio ambigua〕、すなわちすべての人間が救いか滅びかのいずれかにあらかじめ定められているとする考えとは、なんら関係がない。恵みを受けた者が、自分が選ばれたということを知ったとして、そのことと同時に、神はある者を祝福に、ある者を呪いに定めるなどという結論に達するということはありえない。なぜなら、「選び」とは合理の領域には属さないからだ。ここにあるのは、それ自身のみでなりたち、それ自身のみで有効な一つの宗教的見解である。この宗教的見解は、体系化やあれやこれやといった論理的な説明で片づけられるものでは決してない。もしそういうふうに片づけようとすれば、この宗教的見解は無理矢理ねじ曲げられてしまう。＊シュライエルマッハーが、この点に関して『宗教論』のなかで、つぎのように言っているのはもっともなことである。[3]

これ等の各々〔宗教的直観〕は……それ自身で成立する活動である。由来を尋ねたり結合したりすることとは、宗教の関知しないところである。〔シュライエルマッヘル『宗教論』佐野勝也・石井次郎訳（岩波文庫、一九四九年）五五頁〕

(b) そのような選びの思想、純然たる非合理的ヌーメン的な恵みの体験から出てきたこの思想と区別しなければならないのが、たとえばパウロによる「ローマの信徒への手紙」九章一八節に現われている本来の予定の思想である。

神は御自分が憐れみたいと思う者を憐れみ、かたくなにしたいと思う者をかたくなにされるのです。

ここに予定が現われている。しかもこれは実際に二重予定であって、それは選びという観念とはまったく異なる起源から発している。確かに「選び」という考え方はパウロにおいても同じように強調され、この箇所もそのようにとれるが、二〇節で述べられていることは、あきらかに選びとは異なった響きに聞こえる。

人よ、神に口答えするとは、あなたは何者か。造られた物が造った者に、「どうしてわたしをこのように造ったのか」と言えるでしょうか。

これは、「選び」という思想系譜にはまったくあてはまらない考えである。とはいえ、それはツヴィングリに見られるような万物の原因としての神という抽象的理論的な「教え」から出たものでもない。かれのこの教えは、確かに一つの「予定の教説」を生みだしはしたが、それは哲学的思弁の技巧的産物であって、直接的な宗教感情の産物ではない。＊

だが、じつのところ本来の予定の思想の起源は宗教感情にあり、その思想の源泉は疑いもなくさきに引用したパウロの言葉である。そして、この感情が「戦慄すべき神秘」と「威厳」に対して抱く感情、われわれが最初に見出し、そしてなんども繰り返し述べてきたあの感情にほかならないことは、別に深く考えなくともすぐにわかる。この感情の独自性は、すでに見たアブラハムの物語に現われていたが、この予定の思想においても再び登場しているということだ。しかもここでは非常に強められた極端なかたちで現われている。＊

というのも、この予定の思想は、あの「被造者感情」の自己宣言、あの卑小さへの沈降の自己宣言、世界を超越した威厳をまえにしたおのれの力、要求、価値の「無化」の自己宣言以外のなにものでもないからである。力強く体験されたヌーメンが、すべてにおいてすべてとなる。被造物はその本質、その行為、その努力、その計画と決意、その存在と価値とともに無に帰する。ヌーメンをまえにして抱く感情のなかにあるこのような沈降と無化をほのめかす表現は、こちら側の無力性とあちら側の全能性、こちら側の自ら選んだものの無益なることと、あちら側がすべてを決定し支配しているということを告白する表現である。

　内容的にはヌーメンの絶対的な強大さと同じことを言おうとしているこの予定は、さしあたり「不自由な意志」という主張とはまだなんの関係もない。このことはいつも見すごされている。この予定は、むしろちょうどそれと逆の概念である被造物の「自由意志」を主張することによってはじめてその真意が浮き彫りにされる。「おまえの望むところのものを、おまえに可能な限りで欲し、計画し、自由に選んでみよ。どのみちすべてはなるべくしてなり、定められたとおりになるはずだ。」このどのみちということ、この自由意志への逆らい、これがことがらのより正確な、また本来的な表現である。人間はその自由な選択と活動もろとも、永遠なる力をまえにして無に帰し、逆にこの永遠なる力は計り知れないほど大きく成長する。この永遠なる力は、その決意を人間の意志の自由に逆らってまで遂行するほどの力となる。

神が企てること、神がなそうと思っていること、
これはどのみち神の目的に適うようになっている。

まさにこのような側面こそ、アッラーの神意の不屈なることを説こうとするイスラームの説話の多くの事例が故意にきわだたせているものである。人間は、計画することも選ぶことも放棄することもできる。だがなにを選び、どう活動しようと、どのみちアッラーの永遠なる意志の方が、予定されたとおりに時々刻々と成就される。ここでまず意図されているのは、神の万物への働きかけ、あるいはすべてが神の働きのみに由来するという考えなのではなく、被造物の働きがどんなに強く、どんなに自由であっても、それを凌《しの》ぐ永遠なる選びと働きが絶対的に優勢であること、これである。クルアーンの注釈者バイザーヴィー[四]は、つぎのような説話を語っている。

昔、死の使いアズラエルが、ソロモンの横をとおりすぎたとき、使いはソロモンのお供のひとりに視線を向けた。お供は尋ねて「この人は誰ですか」と聞いた。王は「死の使いだ」と言った。すると、お供が続けて「かれはわたしを狙っているようです。どうか風に命じて、わたしをここから運び去り、インドに降ろすようにしてください」と言った。ソロモンはそのとおりにした。そのとき、死の使いは言った。「わたしがかれをあんなにも長く見つめていたのは、かれを見て驚いていたからで

す。というのは、かれがまだカナンの地で貴王の傍にいたころ、わたしはかれの魂をインドから連れてくるよう、命ぜられていたのですから。」

予定とはこういうものだ。ここでは、自由意志はちょうど予定の引き立て役として前提されている。人がいかに自由に計画しても、アッラーはつねにその裏をかく。『メスネヴィ』[五]の詩はこのことを詠《うた》っている。

多くの人は窮地を避けつつ、窮地につきあたる。
蛇から逃げつつ、竜につきあたる。
かれらは網をしかけ、自らそれに巻きこまれる。
かれらが命とみなしていたもの、それがかれらの心臓の血を飲む。
かれらが戸を閉めるとき、すでに敵はなかにいる。
ファラオの難を避けようとして、
数えきれない多くの嬰児《えいじ》が、無垢の血を流したとき、
ファラオが探していたもの[4]は、かれの城にいた。[5]

被造者感情がさらに高まり先鋭化されて（そしてこの場合、しばしば理論的考察と結びついて）、はじめて被造物の自立的な働きと自立的な選択を排除した神性の万物に対する絶対的な働きかけ、すべてが神の働きのみに由来するという考えが生まれてくる。

被造物の自立的な働きばかりではない。その結果としての現実そのもの、存在のすべてが被造物から剝奪《はくだつ》され、すべての存在、すべての本質の充満は絶対存在者に帰される。この絶対存在者だけが現実にあり、すべての被造的存在は、たんに絶対存在者の作用――絶対存在者が被造物を存在せしめる――もしくは仮象にすぎない。被造物が自分独自のものだと思いこんでいるその働きや意志も、神の意志の通過点にすぎない。＊

以上のことがらとの関連がとくにはっきりと認められるのは、ヘーリンクス[六]や機会原因論者[七]の神秘主義である。「汝がなしえぬところでは、なにものも望まれてはならぬ」〔ラ Ubi nihil vales, ibi nihil velis〕。このような先鋭化された神秘主義は、パウロにおいてもときおり見受けられる。「神がすべてにおいてすべてとなられる」〔「コリントの信徒への手紙一」一五章二八節〕というような世界の終末に関する彼の神秘的な言葉がその例である。しかし、さきほど見た「ローマの信徒への手紙」の箇所では、予定の思想以上のことは語られていない。ところが、この予定こそ、高められた被造者感情の表意文字的表現にほかならないのである。

この最後の点が事実であることは、さらに別の考察によってあきらかとなる。もし、ヌーメン的感情、すなわち「被造者感情」が、ほんとうにこの予定の思想の根源であるとすると、神観念がほとんど非合理的要因で占められているような宗教は、これまたほとんど予定説的傾向をもっていると考えねばならない。そして、現にこれは事実である。＊

もっとも予定説的な傾向をもっている宗教はイスラーム教である。イスラーム教に特徴的なのは、この宗教においては、たとえばユダヤ教やキリスト教の場合のように、神観念の合理的な、とりわけ倫理的な側面が最初からしっかりとしたかたちで明瞭にうちだされえなかったということである。圧倒的な重みをもっているのは、アッラーにおけるヌミノーゼである。イスラーム教が受けている非難とは、この宗教では、倫理的要求が「偶然的なもの」の性格を帯びており、この要求の妥当性が、ただ神の「偶然的意志」に依存しているというものである。この非難が言おうとしていることはもっともであるが、ただ「偶然」を云々するというのは的外れである。＊

むしろ、アッラーにおけるヌーメン的な非合理さは、この神における合理的なものよりはるかに重みをもっているということ、この非合理さは合理的なものによって、ここでは倫理的なものによって、キリスト教の場合のように、図式化と調整をまだ十分に被っていないということが要点である。そして、まさにそれだからこそ、この宗教が「熱狂的」だと性格づけられる理由も理解される。すなわち、合理的要因によって調整されていない、ヌーメンの激しく揺れ動く「熱中した」感情がそれである。まさしくこれが今日の世俗化した「低級な」意味ではなく、本来の意味で言うところの真の「熱狂主義」〔ド Fanatismus〕の本質である。本来の意味、つまり情熱とか情熱的な主張などではなく、ヌーメン的「熱情」の情念性を言う。[6]

以上の点を踏まえて、予定の思想に対する価値判断もなされることになる。この思想は、思想として見るならば、根本的に概念をもっては説明しがたいものを概念的に言いあらわそうとする試みである。それは創造者と被造物との間の端的に非合理的な原関係を表意文字的表現の方法で指し示す、神秘に満ちた暗示的名称である。この原関係は、同時にまったく非論理的であり、よって意志に関する合理的理論、場合によっては自由ないし不自由に関する合理的理論の領域に引っ張りこむことはできない。その暗示的名称は、無限なもののうちに存する一点を指し示すものとして必要不可欠なものであり、かつその十分な権利を有する。＊

ところが、この権利はつぎのような事態、すなわち、たんに類似しているものによってそこに暗示されているものがなにかを見抜けず、これを表意文字的表現としてではなく本来的な概念として、さらには理論の資格をもつものとして受けとってしまうという事態になったら、たちまち「不法のきわみ」〔ラ summa injuria〕となる。そうなると、この予定の思想はキリスト教のような合理的宗教にとっては、じつに有害かつ耐えがたいものとなる。懐柔策を講じてどんなに無害なものにしようと努めても無駄である。

(c) 予定の思想はヌミノーゼに根ざしているということであったが、同じようにヌミノーゼに根を置くもう一つ別の思想的要素がパウロにはある。すなわち、「肉」のまったき無価値化である。＊

「肉」はかれにとって、被造物のもつ条件そのものにほかならない。ヌーメン的感情は、すでにさきに見ておいたように、超世界的なものをまえにして、被造物的条件を存在と価値の両面から無価値なものとみなす。存在の観点における無価値化とは、「塵あくた」、「無」、非自立的なもの、弱いもの、はかないもの、死すべきものとみなすこと、価値の観点における無価値化とは、卑俗なもの、不浄なもの、聖なるものの価値がなく、それに近づくことのできぬものとみなすことである。この二つの無価値化が、ちょうど「肉」に関するパウロの考えのなかに再び現われている。＊

この件に関してとくにパウロに特徴的なのは、この無価値化の程度の強さ、その徹底性である。この徹底性はどこに由来するのか、「二元論的」環境の刺激からなのか、それとも本人自身から出たものなのか、といったことは別個の問題である。歴史的な由来や関連に基づく推論は、ことがらの本質や真実性や価値についてなにも決定しない。ただ、すくなくともつぎのことは主張しうる。すなわち、旧約聖書的ヌーメン的な敬虔が真の意味で沸き起こったときに、すでにそのような刺激への強力な起点があったということである。ヘブライ語のバーサールすなわち「肉」は、旧約においてもすでに聖なるものに相対する「塵あくた」の原理であり、かつ被造物の「不浄性」の原理ともなっている。

(三)　パウロの場合と同様、ヨハネにおいてもまたヌミノーゼの特徴が強く現われている。ただ、確かに「戦慄すべき」という要因は、かれの場合後退している(かと言って、消えたわけではない。なぜなら、リッチュルがいかに異論を唱えようと、ヨハネにおいても「神の怒りが〔その上に〕とどまる」〔「ヨハネによる福音書」三章三六節〕からである)。だが、だからこそかれの場合には神秘的なものと魅するものという要因が、それだけよけいに強く現われる。＊

ヨハネにおいて、キリスト教は競争相手の諸宗教から「光」〔ギ fōs〕と「命」〔ギ zōē〕を自己のうちに吸収している。[7] それももっともなことで、この二つはキリスト教においてはじめて安住する住《す》み処《か》を見出すからだ。だが、この「光」とか「命」とはなにものなのか。なんとなくわかる気がする、というふうに思えない者は、人間ではなく材木だ。だが、それがなにかを言える者はいない。ヨハネにもこのことについて語られているところは一つもない。これらは非合理的なものの横溢《おういつ》なのである。

同じことは、合理主義者が好んで引き合いに出すあるヨハネの文言についてもちょうどあてはまる。すなわち「ヨハネによる福音書」四章二四節の「神は霊である」という言葉である。この言葉のゆえに、ヘーゲルは、キリスト教を最高の宗教とみなした。なぜなら、ヘーゲルにとって最高の宗教とは、神が「霊」として、つまりヘーゲル流には絶対理性として認識され宣べ伝えられるような、真に「霊的な」宗教だからである。＊

しかしながら、ヨハネが「霊」について語るときに念頭に置いているのは「絶対理性」などではなく、プネウマ〔聖霊〕、つまりすべての「世」と「肉」にまっ向から対立しているもの、純粋に天上的で驚異に満ちたもの、「自然的な」人間のすべての悟性と理性を超越したまったくの謎と秘密に満ちたものなのである。かれが考えている霊とは、思いのままに吹く。あなたはその音を聞いても、それがどこから来て、どこへ行くのかを知らない。〔「ヨハネによる福音書」三章八節〕

だから、この霊はゲリジム〔サマリア人が聖地としている山〕やシオン〔エルサレム神殿が建っていた丘〕につなぎとめられてはおらず、ただ「霊と真理のうちに」ある者だけが礼拝することができる。まさにこの一見まったく合理的に思える文言が、聖書の神観念における非合理的なものを、もっとも強くうちだしているのである。[8]

第一四章　ルターにおけるヌミノーゼ

(一)　カトリックでは、その儀礼において、その秘蹟の象徴性において、奇跡信仰と俗信的民間伝承において、その教理の背理性と神秘性において、その思想形成におけるプラトン・プロティノス的特質およびディオニューシオス[一]的特質において、教会堂およびその用いられ方の荘厳さにおいて、そしてとくにその信心と神秘主義との緊密な関係において、ヌーメン的感情がけたはずれに力強く生きている。＊

もっとも、すでに述べた理由により、カトリックでも、公の教理体系のなかでは、ヌーメン的感情はほんのわずかしか現われてこない。とりわけ、偉大な「新人」[二](ラ moderni)が、アリストテレスとアリストテレス主義的教説を教会の教えと結びつかせ、「プラトン主義」に代わってこれを中心にすえて以来、教会は強い合理化傾向が支配するようになった。が、信徒の実践内容と感情生活自体はこの合理化にはついていかなかったし、決してそれに迎合することはなかった。「プラトン主義」の「アリストテレス主義」に対する論争、そして長く続いた「新人」に対する反対運動は、おおかたキリスト教内部の非合理的要因の合理的要因に対する闘争であった。（アリストテレスやオッカム主義者に対するルターの抗論においても、同じ対立構造がはっきりと看取できる。）

　プラトンについての知識ははなはだ不十分であったし、プラトン解釈も、アウグスティヌス、プロティノス、プロクロス[三]、アラブの哲学者たち、ならびにディオニューシオス経由でなされていた。だが、相対立する心的態度として「プラトン」と「アリストテレス」の名がスローガンとして選び取られたとするなら、それは正しい気持ちからなされたものである。なるほどプラトン自身は、宗教の合理化に強く関与した。かれの哲学によれば、神は善のイデアと同一であり、したがってまったく合理的なもの、概念的なものとなっていた。＊

　ところが、そもそもプラトンの考え方でもっとも特徴的なのは、かれにとって、哲学と学問は人間的精神生活の全体を包括するには狭すぎるということである。本来、かれは宗教「哲学」なるものをもっていない。かれは宗教的なものを概念的な思考の手段とはまったく別の手段、すなわち熱狂主義、エロース、狂熱といった神話の表意文字的表現の手段で把握している。そして、かれは宗教的対象を学知（ギ epistémē）の対象、つまり理性の対象といっしょくたにして、一個の認識体系に入れこむことを放棄した。そのことにより、宗教的対象は、かれにとっては小さくなるどころかむしろ大きなものとなり、同時にこの対象のまったく非合理的なものを、かれはきわめていきいきと感じとっている。感じとっているだけではなく、表現してもいる。神がすべての理性を越えているということ、しかもたんに把握困難であるだけでなく、把握不可能なものであることを、この思想界の巨匠ほどはっきりと語った者はいない。

この万有の造り手であり父である方を見つけるのは困難な仕事であり、たとえ見つけても、すべての人の前にそれを明らかにすることは不可能である。〔プラトン『ティマイオス』泉治典訳、『プラトン全集』第六巻（角川書店、一九七四年）一九一頁〕[四]

そうかれは言う（『ティマイオス』五・二八C）。さらに、大書簡のなかでは、つぎのような意味深長な言葉を書いている。

その事柄については私の書物というものは、けっしてありません。また今後あることもないでしょう。というのは、その事柄はその他の学科と違って語ることのできるものではなくて、事柄そのものに関してなされる多くの共同研究と共同生活とから、いわば飛火によって燃《た》きつけられた光のように突如として魂のうちに生じてきて、やがて自分で自分を養うものなのです。……私はそれらについての試みと言われているものは、人間のために善いことだとは思いません。ただし、僅かな指示によってみずから発見することのできる少数の人々のためなら別です[1]。〔プラトン『第

七書簡』山本光雄訳、『プラトン全集』第八巻〔角川書店、一九七四年〕二一六―二一七頁〕

アリストテレスはプラトンよりはるかに神学的ではあるが、宗教的な雰囲気ははなはだ薄く、同時にその神学は本質的に合理主義的である。そして、この対立は両者のいずれかの派に与《くみ》する者たちにおいても繰り返されている。

非合理的なものに関する教会の教えは、この〔非合理的〕要因を薄める別の影響をすでに最古の教父時代から受けている。すなわち、神性の無情念性〔ギ apátheia〕という古代哲学の教えを継承したことによる影響である。[2] ギリシア哲学、とりわけストア派の神論における神は、おのれの情念や情動を克服して無情念的となる「賢者」の理想にしたがって構築されていた。人はこのような神を、聖書の「生ける神」に当てはめようと試みたのである。しかし、これに対してにわかにさまざまな陣営から論争がわきおこった。そして、この論争においても、神的なものにおける非合理的要因と合理的要因の対立が知らず知らずのうちに作用していた。＊

ことに、ラクタンティウス[五]は、その著『神の怒りについて』のなかで、このような哲学の神に対して闘った。その闘いのために、かれは人間の感情生活のそれ自体合理的な諸要因を大いに強調するかたちで用いている。かれは神を躍動的でいきいきとした、いわば巨大な心情とみなした。ところが、このように「生ける」神のために闘う者は、同時に自分では意識しないで、観念や世界秩序・道徳秩序、存在原理や目的意識といったものに還元されない、神の内にある神的なもののために闘っているのである。かれの多くの発言は、より高度なものを把握し、解釈している。かれはプラトンを引用しながら、つぎのように書いている。

神は見出しえず、語りえないものであるので、神とはいったいいかなるものなのかということを問うべきではない。[3]〔ラクタンティウス『神の怒りについて』高橋英海訳、『中世思想原典集成』四（上智大学中世思想研究所編、平凡社、一九九九年）三四四頁〕

かれは、クリュソストモスと同じく、神の「把握不可能性」〔ラ incomprehensibilitas〕を好んで強調する。

神を量ることとは、人間の精神にはできないし、死すべき舌に、神を言いあらわすことはできない。神はあまりに崇高かつ偉大であるため、人間の思いや言葉がかれを捉えようとしても無理である。[4]

ラクタンティウスは「神の威厳」〔ラ majestas dei〕という表現を好んでおり、神の「比類なき威厳」についてまちがった判断を下しているとして、哲学者らを非難する。神は「怒る」とかれ自ら主張するとき、かれは神の威厳が戦慄すべきものであることを実感している。そして、つぎの言葉は、かれが宗教の根本特徴として「おそれ」を要求している。

いることを示している。[5]

かくして、宗教と〔神の〕尊厳と名誉はおそれに依存している。しかし、怒りのないところにはおそれもない。〔同書三三〇頁〕[六]

かれは言う。怒ることのできない神は、また愛することもできないし、両方ともできない神は不動の者〔ラ immobilis〕であり、聖書の生ける神〔ラ deus vivus〕ではない、と。

クリュソストモスとアウグスティヌスにおける非合理的なものに関する考え方については、別の論文でより詳しく扱うことにしよう。[6] 古代においてラクタンティウスが挑んだ「哲学者たちの神」〔ラ deus philosophorum〕への闘いは、中世になって再び息を吹き返す。「存在」の神に対して「意志」の神を、また「認識」に対して宗教における「意志」それ自身の有効性を主張して闘ったドゥンス・スコートゥス[七]の闘いがそれである。そして、スコートゥスのなかにまだ潜在していた非合理的諸要因は、ルターのある意味個性的な一連の思想において全面的に姿を現わす。

(二) ルターにおける非合理的諸要因は、のちに暗黙のうちに閉めだされ、いまでは「傍流のもの」あるいは「唯名論的思弁のスコラ的残滓《ざんし》」として扱われがちである。だがそれにしても、この「スコラ的残滓」が、実際のところそうであったように、あれほど力強くルターの心情生活を支配していたのは奇妙なことである。＊

じつは、ルターにおけるこれら諸要因は、なにも「残滓」なのではなく、かれの敬虔の背景をなすものなのだ。これは疑いようがない。この背景はまったく独自でかつまったく個人的で秘密に満ち、また闇に覆われて、ほとんど薄気味悪いくらいだ。もし恵みに関するルターの信仰にはっきり認められる至福感と喜びがどれほど力強く深いものであるかを正当に評価したければ、まずはこの背景からそれらを的確に際立たせ、この背景を下敷きにしてそれらを眺めなければならない。[7] かれがそのような刺激をどこから受けようと、たとえば「唯名論」から、ないしはかれが所属していた修道会の教えの伝承から受けようと、そんなことは問題ではない。肝心なのは、ルターにおいてヌーメン的感情が、すでに見てきたような典型的な諸要因にしたがって活動しており、しかもこれら諸要因は、かれ固有の心情から独自にわきおこってくるものだという事実である。

(a)　ルターの敬虔を神秘主義に結びつける糸はたくさんある。その結びつきは最初は強く、のちに弱くなったが、決してなくなったわけではない。が、ともかくここではこの糸については度外視しておく。また、かれの聖餐《せいさん》論にカトリック典礼におけるヌミノーゼの余韻が響いているという事実も、この際、脇へおいておこう(罪の赦《ゆる》しについてのかれの教えからも、「聖書に記されている」ことに対するかれの服従の精神からも、あのような聖餐論は絶対に出てこない)。＊

そのかわり、つぎのような点に関するルターの「特異な思弁」〔ラ mirae speculationes〕に注目してみたい。すなわち、「覆いをとられた神の顔」〔ラ facies Dei revelata〕とは別の、神における「顕わにされないもの」についての思弁、神の「恵み」と対をなす「神的威厳」〔ラ divina majestas〕についての思弁、および「神の全能」〔ラ omnipotentia Dei〕についての思弁である。これらはルターが『奴隷的意志について』のなかで論じていることがらである。かれがこれらの「教え」をスコートゥスからどれほど受け継いだかを調べてもたいして意味がない。これらはかれのもっとも内面的かつかれだけに固有の宗教生活と密接に関連しており、その出発点は真にかつ本源的にその宗教生活にあり、そのようなものとして吟味されねばならない。＊

しかも、ルター自身がしっかりと認めているように、かれがこれらのことがらを教えるのは、たんなる学派論争としてでもなく、また哲学的な考察から帰結されたものとしてでもなく、それらがキリスト者の敬虔そのものの深部に属しているからであり、したがって、キリスト者は信仰生活のためにこれらのことがらを知る必要があるからである。かれは、すくなくとも「民衆」にこれを説くのを控えるべきだとするエラスムスの抜け目のない用心深さを非難し、(「出エジプト記」におけるファラオの強情さに関する)公開説教でそのこと自身に触れて説教したり、アントウェルペンの人々宛ての書簡のなかでそれについて認めたりしている。さらにかれは死を目前に控えて、これらの点が記されている自著『奴隷的意志について』に関して、それがもっとも自分らしい作品と認められるものだと告白している。

「神を有《も》つとは、心の奥底からかれを信じ頼ることである」[八]。かれは確かに『大教理問答書』のなかでそう言っている。そして、神はルターにとって「ただただ善意にあふれた方」である。だが、この同じルターは、神が底知れぬ深淵であることも知っている。この深淵はかれの心を怖気《おじけ》づかせ、兎《うさぎ》が岩間に逃げこむように、かれはこの深淵から「言葉」へと逃げこむ。逃げこむさきは、赦しの秘蹟であり、ポメル博士[九]の慰めに満ちた牧会者としての宣教の言葉である。さらにまたそれは「詩篇」と預言書におけるあらゆる慰めと約束の言葉である。＊

　ところが、ルターはこの種の恐ろしきものから逃れたにもかかわらず、しばしば魂の不安に満ちた戦慄の状態に陥った。その当の恐ろしきものとは、たんに義を求める厳しい裁き手を指すのではない。というのは、神は徹頭徹尾「顕《あらわ》な神」でもあるからだ。同時に、神であるというそのこと自体が有する戦慄すべき威厳においては常に「顕となりえない」神である。つまり、まずもって律法違反者が震え慄《おのの》くような神なのではなく、被造物自体がその「剝《む》きだしの」被造性ゆえに震え慄く神である。しかもルターは大胆にも、神におけるこの戦慄すべき非合理的なものを、その本性と威厳にとどまる限りで「神それ自身」〔ラ deus ipse〕と呼んでいる。（これは実際には危険で誤った想定である。というのは、神性における非合理面とその合理面との区別は、決して後者が前者より重要性の点で劣っているということを意味するものではないからである。）

『奴隷的意志について』のなかから、以上のことに関連した箇所は頻繁に引き合いに出される。しかし、ここでさらに「出エジプト記」二〇章についての説教からつぎの箇所[8]をじっくり味わってもらいたい。そうすれば、この種のヌーメン的感情がほとんど魔神的《デモーニッシュ》なものであることに気づくだろう。ルターはこれでもかと言わんばかりにこのテキストの身の毛もよだつ恐ろしさを描いてみせ、その雰囲気を再現している。

実際、世間の人にとっては、神はあたかもただ大口をあけてあくびをしている者、もしくは妻に姦通《かんつう》させた夫、自分の妻はほかの男と寝ているのに、見ない振りをするお人好しの夫のように思われる。

しかし、

神は人を呑《の》みこむ。そして熱情と怒りに駆られて悪人を食い尽くそうと欲している。ひとたびそのようになると、神はそのままにはしておかない。……そのとき、われわれは、神が焼き尽くす火、すべてを焼き尽くし、双方に対して熱情の焔を燃やす火であることを知る。……それはすなわち焼き尽くし、食い尽くす火である。もし、あなたが罪を犯すなら、神はあなたを食い尽くすだろう。[9]……なぜなら、神は焼き尽くし食い尽くし、かつ熱情に駆られる神だからである。神は、火が家を焼き尽くして灰と塵《ちり》にするように、あなたがたを滅ぼすからである。[10]

ほかの箇所では、つぎのように書いている。

自然はこのような神の威厳に驚愕《きょうがく》するに違いない。[11]……そうだ、神は悪魔よりも恐ろしくぞっとさせる。なぜなら、神はわれわれを力で扱い、あしらい、苦しめ、拷《ごう》問《もん》にかけ、われわれを顧《かえり》みないからだ。[12]その威厳において、かれは焼き尽くす火である。[13]……というのも、地上の人間はそれに耐えることができないからである。人間が神を正しく考えるならば、その体内で心臓は仰天し、体の外へ飛び出すことだろう。そうだ、神が名を呼ぶのを聞くやいなや、かれは恐怖と戦慄に満たされるだろう。[14]

これは、ドゥンス・スコートゥスが言っているような「意志」と「偶発」の神だけで収まるものではない。ここには、新人の神学者[10]〔ラ theologi moderni〕の門徒たちよりも、むしろ農夫のせがれや農民層の宗教に見出されるような基層的原感情〔ド Urgefühle〕がふつふつと沸きあがっている。太古の「不気味なもの」が動きだしているのだ。これはヌーメンそのものであり、しかもここではヌーメンのもつ戦慄すべき側面と威厳という側面にかぎった感情のみが吐露されている。＊

わたしはこれまでヌミノーゼの一面を表現するために、「戦慄すべき」および「威厳」という語を導入しておいたが、これはじつはルター自身の用語を覚えていたという事実があってのことである。この二つの表現は、わたしがルターの「神的威厳」とその威厳の「恐れをもたらす意志」〔ラ metuenda voluntas〕から借用したもので、ルター研究に取り組み始めた当初からずっと耳に残っていた[15]。そもそも、ルターの『奴隷的意志について』に接して、わたしのなかにヌミノーゼの理解、またそれの合理的なものとの相違についての理解が形成されたのだ。そして、そのずっとのちに、旧約聖書のカドシュに、また宗教史全体における「宗教的おそれ」という要因のなかに、わたしはそのような理解を再び発見したのである。

われわれはまず、この〔ルターにおける〕底知れぬ深淵を知っていなければならない。それは、同じルターが、一方で、キリスト教の全体を信頼に足る信仰にしようと努めていることの意義を正しく理解するためである。われわれが福音書に見られる敬虔について、また父なる神への信仰という不可思議さについて語ったことは、ルターの信仰体験にも同じように現われている。ただし、前例にないほど強い調子ではあるが。近づきえない方が、近づきうるものとなること、聖なるものが善意そのものであること、威厳が信頼さるべきものになること、このような対照的なもの同士の調和こそ、ルターの宗教の中核なのである。＊

　この中核はのちのルター派神学でははなはだ不明瞭にしか現われてこなくなるが、それは、「怒り」が善という名の聖性そのものにほかならないのに、その神秘性が、一方的に神の義に〔よる怒りというふうに合理化され〕引き込まれてしまっているからである。

(b)　ヌーメン的感情がいったん発動すると、この感情は一つの統一体であるから、その諸要因の一つの発現に伴って、ほかの要因が発現することも容易に予想しうる。実際、ルターにそれが見出される。それもわたしがさしあたり「ヨブ的」思想系列と呼んでおきたいもののなかにである。＊

　すでに見たように、「ヨブ記」では、ヌーメンの戦慄すべき威厳よりも、驚くべき威厳〔ラ mira majestas〕の方が重要である。つまり、狭義の非合理的なもの、ミルム、把握不可能で逆説的なもの、理性的なものおよび理性的に期待されるものと相対立するもの、理性とは性が合わないもの、そして究極的には鋭い内的矛盾に陥るものの等々である。このようなものに属するものとして、一般的に「淫婦なる理性」〔ド Hure Vernunft〕に対するルターの激しい攻撃もあげられる。この攻撃はたんなる合理的な人格神論の立場から

すれば、グロテスクに映るに違いない。＊

しかしながら、ルターにおいて特別な意味できわめて典型的に頻出する、ある特定の表現形式がある。ここでもっとも重要なのは、かれが、神の道はわれわれには高すぎる、ですませてしまうような大衆受けする教訓でこの件を安売りせず、むしろ鋭い逆説に訴えている箇所である。確かにかれは、ごく素直にふつうの訓話の調子で「われらの神は一風変わった主である」と語ることができる。神は世人のように算段したり見積もったりはしないとか、神は卑しい者や貧しい者に目をかけるとか、神はわれわれをその不思議な導き方によって鍛《きた》えるなどと言うことはできる。ところが、このようなもろもろの表現は、ルターにおいては、かれに典型的な仕方で、その強調の度合いを増していく。神はかれにとってそもそも「その神秘と裁きにおいて究めえない方」であり、その真の威厳を、ヨブの場合と同様に、「恐れをもたらす驚異とその理解しがたい裁きにおいて」顕わにする方、その本性が理性にはまったく隠れている方、尺度もなく法則もなく目的もなく、まったき逆説のうちに活動する方である。

こうして、信仰をふさわしく位置づけるためには、信じられていることがらすべてが隠されていなければならない。

だが、この不可解な逆説に気づいたり、それに屈服したりするだけでは足りない。その逆説こそ、本質的に神的なものに属するものであり、これがまさにあらゆる人間的なものとの違いを決める目印なのだということを知っておかねばならない。

なぜなら、もし神の義が、人間の理解力によって義として認められうるような性質のものであったとしたら、それはもう神的なものではなく、人の義となんの区別もないものとなってしまうからである。だが、神は真実かつ唯一であり、さらにまたあくまでも理解できないもの、人間理性では近づきさえないものであるから、かれの義もまた理解できないものであるということは自然であり、むしろ不可避である。[16]

この「ヨブ的」思想系列のもっとも不可思議で印象深い表現は、ルターの『ローマ書講義』一五一五―一六の二一九頁に見出される。

われわれにとってよいものは隠されており、また、深遠なものであるからこそ、逆の相の下に隠されているのである。このようにわれわれの生は死の下に、義は罪の下に、力は弱さの下に隠されている。一般的にすべてのよいものをわれわれが肯定するとき、それは同じように反対の下に隠されており、それだからこそ神に対する信仰が場所を得るのである。神は否定的な本質、善、知恵、義であって、われわれが肯定するすべてのものの反対の形でなければ、得ることも、達することもできない。このようにわれわれのいのちもキリストと共に神の内に隠されている、すなわち、感じ取られ、認識されうるすべてのものの否定の内にある。〔マルチン・ルター『ローマ書講義』(下) 徳善義和訳、『ルター著作集』第二集九巻(聖文舎、二〇〇五年) 一八〇頁に拠る〕

つぎに引用する箇所、すなわち、

神はその本性において、測りがたく、とらえがたく、限りのないかたであるから、これは人間の本性にとっては耐えることができない。[17]〔マルチン・ルター『ガラテヤ大講解』(上) 徳善義和訳、『ルター著作集』第二集一一巻(聖文舎、一九八五年) 四七頁〕

という言葉は、まさしくクリュソストモスの『神の把握不可能性について』という著述から取られたものであろう。われわれの本性、われわれのあり方とは完全に異質・無縁のもの、つまり「把握困難なもの」であるばかりでなく「把握不可能なもの」という意味で「不同なるもの」と呼んだものが、[18] ここでは「人間の本性にとっては耐えることができない」というもっとも的確かつ先鋭化された表現を与えられている。

神観念における非合理的なものの諸要因を言葉で表示したり、それらを把握しておくための神学的応急措置は、しばしば神における絶対的偶然意志〔ド der absolute Zufallswillen〕というやっかいな教えでなされた。実際、これは神を「気まぐれな独裁者」に仕立てあげるようなものだ。このような教えは、イスラーム教神学にとくに著しく現われている。そうした教えが神性における非合理的なもの・ヌミノーゼを表わす間に合わせの表現だというわれわれの主張と、この非合理的なもの・ヌミノーゼはまさにイスラーム教において優勢であるというわれわれのもう一つの主張が正しければ、このことはすぐにも理解されよう。＊

ところが、われわれはさきほどからの文脈でこの種の教えをルターにおいても再発見しているわけである。[19] しかし、この事実上冒瀆《ぼうとく》的な恐るべき教えについて弁解する必要がある。この教えの表現は確かに本末転倒で危険なものであるにもかかわらず、そこにはやはりまっとうなことがらが意図されていた。このように戯画化させてしまったのは、より鋭い洞察の欠如と表現法のまちがいからであって、倫理的価値の絶対性を無視したからではない。

(c)　ここまで述べてきた点からすると、ルターにおいて、〔ヌーメン的〕基本感情に伴って、予定説が出現したのはむしろ必然であったにちがいない。予定説とこの基本感情との密接な結びつきについては、パウロを検討した際に試みたような究明をするには及ばない。なぜなら、この結びつきはルターの『奴隷的意志について』のなかにはっきりと現われているからである。この書において、予定説とこの基本感情が相互にもちつもたれつの関係にあることは明白であり、その本質的な相互緊密性はまったくあきらかであ

るから、この書はわれわれにとって、類似の諸現象を解明するまさに魂の鍵となるものである。＊

ただし、この書のように、ルターの宗教感情に見られるこの純粋ヌーメン的な要因が強烈に前面にうちだされることは、そう頻繁にはない。しかしながら、かれは絶望やサタンと闘うなかで、破局的な精神状態や憂鬱《ゆううつ》にしばしば陥ってしまうなかで、またさらに、恵みを獲得しようとして、繰り返し心を病むすれすれのところまで格闘を強いられるなかで、もうほとんど「神」とは呼べないような深く非合理的で超越的な対象との非合理的な体験をしている。これこそルターの信仰生活全体の影の引き立て役となっているものである。かれの説教、書簡、卓上説話[二]のなかの数知れぬ箇所で、この引き立て役が見えてくる。＊

　このような土台を踏まえた上ではじめて、かれが「言葉」を尊重していること、言葉と言葉において「啓示される」神に必死にしがみついていること、そしてこの暗闇と戦慄のなかにむやみに首をつっこもうとするなと、繰り返し警告していることが理解される。とりわけ、卓上説話のなかの、神の究め尽くしがたい威厳について書かれた箇所を参照されたい。

　わたしは一度ならず、死を賭してそれと闘った。われわれ貧しい哀れな人間はそれ

> について探求しても、神の約束の輝きですら、信仰をもって捉えることはできない。それでもなお、われわれは弱さと無知とを取り去られ、神の不可思議さの捉えがたい光の捉えがたい威厳を探求し理解しようと欲する。人が行く着くことのできぬ光のなかに神が住み給うことを、われわれは知らないわけがあろうか。にもかかわらず、われわれはそこに行く。いや、不遜《ふそん》にも行こうとする。……われわれは威厳を探求しているのであるから、われわれがあふれるほどの栄光に満たされても、不思議なことではない。
>
> しかし、神の探りがたく捉えがたいご意志については確かに教えられねばならない。がしかし、自らそれをあえて捉えようとすることは危険であって、そのために頸《くび》の骨を折るだろう。[20]

ところが、ルターは、この箇所に証言されている内容よりもさらに恐ろしいことがら、すなわち、人間がでしゃばって手を出したりしたせいではなしに、まったく自発的に「栄光が襲いかかったり、なにかを浴びせかけたりすることがある」ということを知っている。つまり、ルターは、戦慄すべきものが、まるで悪魔のように人間に襲いかかる不安な時のことを知っているのである。＊

もっとも、かれが信念として掲げているのは、人は「そのことを教えるべきである」

ということだ。なぜなら、それなしでは神はもはや神ではないだろうし、隠れた神〔ラ deus absconditus〕がなくては、啓示された神〔ラ deus revelatus〕は「あくびする口」にすぎないだろうし、戦慄すべき威厳がなければ、恵みはそれほど甘美ではなくなるだろうからである。さらにまた、ルターが神の裁きや罰、その厳格さについて合理的な表現で語っている場合でも、もしそれらをルター的に聞くつもりならば、そのような「宗教的おそれ」という深い非合理的要因の共鳴も同時に聞きとらねばならない。

(d) このことはさらに、つぎの点の考察へとわれわれを向かわせる。「隠れた神」や「戦慄すべき威厳」という表現においては、本書二〇頁以降において最初に見出したそのヌミノーゼの要因だけがあきらかに繰り返し出てきている。とりわけ戦慄すべきもの、つまりヌミノーゼの撥ねつけるような要因がそうであった。＊

では、ルターでは魅するものはどうなっているのであろうか。そんなものは存在せず、そのかわりにたとえば信頼に値することとか愛といった合理的な特性を表わす用語およびそれらに対応した心情要因、すなわち信頼としての信仰しかないのだろうか。もちろん、そうではない。ただ、ルターにおいては、魅するものはそれら合理的な特性を表わす用語に織りこまれており、それらのなかに同時に、ともに表現されて現われ、響いてくるのである。このことは、かれの神体験におけるまさにディオニュソス的な、ほとんど浮かれたような至福状態の描写に強く感じられる。

キリスト者は祝された民である。かれらは心から喜び、たたえ、足を踏み鳴らして踊り、跳びはねることができる。われわれが神を誇り、自慢し、喜んでいるなら、神はそれを嘉《よみ》し、われわれの心を柔和にする。そのような賜物《たまもの》は、われわれの心を炎と光で満たしたがゆえに、喜びのあまり踊りまわり、跳ねまわることをもはや禁じえなくなった。

誰がこのことをたたえ尽くし、語り尽くすというのか。それは実際、言いあらわすことも理解することもできない。もしあなたが心のなかでこのことを実感するならば、それはあなたにとってとても偉大なできごととなり、それゆえあなたはこれについて語るよりも、むしろ沈黙してしまうだろう。[21]

ここで、われわれが以前に非合理的なものと合理的なものとの絡み合いについて語ったこと、本書一三九頁で合理的諸表現の深化された意味について語ったことを考慮されたい。ヌーメンの戦慄をもよおす要因が、厳格さの神、罰と正義の神に織りこまれているように、ヌーメンの至福をもたらす要因は「ただただ善意にあふれた方」である神に織りこまれている。

(e)　しかし、たいていはこの種のヌーメン的要因はルターの信仰概念そのものに、しかもかれの神秘主義的な面に潜んでいる。ここでは神秘主義とルターとの結びつきを見逃すわけにはいかない。なるほど、ルターにおいては「認識」とか「神の愛」よりも「信仰」の占める場がますます増大するようになっていったし、そのことは、神秘主義の立場に対するかれの宗教者としての姿勢が質的に著しく変化していったことを意味している。＊

しかし、その変化がどれほどのものであっても、ルターの信仰がある一定の特徴、すなわち神秘主義的な魂の働きに近い関係にあるという特徴をもっているのはあきらかで、それは、ルター派神学の解するような信仰の合理的な規格化および調整とは明確に異なったものである。「認識」や「愛」と同様に、ルターにとって信仰とは一貫してつねにミルムないし神秘的なものと関わっており、それは同時に人間を神と一致させる「神への固着」〔ラ adhaesio Dei〕の神秘に満ちた魂の力なのである。事実、一致は神秘主義的なものの徴《しるし》である。ルターが、信仰は人と神とを「一つの菓子」〔ド ein Kuche〕にする、あるいは、指輪が宝石をしっかりつかんでいるように、信仰はキリストをしっかりつかんでいると言うとき、それは象徴として語られてはいない。あるいは、語られているとしてもせいぜいタウラー[三]が愛について同じことを語っている程度の象徴でしかない。ルターにとっても、信仰はやはり合理的概念では汲み尽くせないなにかであり、したがって、それを表現するためにはこの程度の「象徴」は必要となろう。＊

信仰はかれにとって魂のあの隠れた中心、神秘家の言う魂の根底であり、神との一致はここで実現される。信仰は同時に霊的な認識の力、感覚を超えた真理を受容し認識するための人間精神におけるアプリオリであり、その観点からすれば、信仰は心における聖霊〔ラ spiritus sanctus in corde〕と一体である。[22]＊

さらに信仰は、人間の内面の「活動的で力強く創造的なもの」であり、熱狂にもっとも近い、しごく激しい熱情である。ルターにとっての信仰は、パウロ以来のすべての熱狂主義者がつねにプネウマ〔聖霊〕に帰していたまさにその機能を受け継いでいる。というのは「われわれを内的に変化させ、新たに生みだすもの」とは信仰にほかならないからである。その点で信仰は神秘的な愛〔ラ amor mysticus〕とまったく同種のものである。もっとも、その内的情調という点でははなはだ異なっているが。＊

そして、その信仰が握っている救いの確信〔ラ certitudo salutis〕という至福のなかに、またルターにおける神の子たる信仰の高調した気分のなかに、パウロにおける神の子たる感情が、弱められたかたちではあるが再び現われている。この感情は、たんなる魂の慰めとか良心の落ち着きとか庇護《ひご》感といったものではなく、それ以上のものである。＊

ヨーハン・アルントから始まって[一三]シュペーナー[一四]およびアルノルト[一五]に至るまでの後代の神秘家はみなルターのこの種の信仰の側面を、たえず自分たちのそれと同類のものだと感じ、これに関連する至福者ルターの当該箇所を念入りに収集したのである。それは合理化されたルター派の学派教説の攻撃から身を守るためであった。

(三) というのも、ルター派の学派教説が合理化に向かう一方で、カトリックならびにプロテスタントの両陣営において遅れて花開いた西欧神秘主義のなかで、非合理的な諸要因がいきいきとその生命を維持していたからである。この西欧神秘主義、ひいてはキリスト教的神秘主義全般において、その最初の発動の時点から、前述した非合理的なものの諸要因を再確認するのは容易である。それもとくに神秘的なもの、魅するもの、高貴なものおよび威厳という要因である。ただ戦慄すべきものは後退し弱くなっている。

しかし、「戦慄すべき」という要因は弱くなったとはいえ、キリスト教的神秘主義からすっかり消えてなくなったわけでは決してない。それは、魂が降りていくべき暗黒、深い沈黙、深淵、夜、神性の荒野のなかに、魂が経験すべき見捨てられることの苦悩、渇き、倦怠《けんたい》のなかに、自己否定と自己瓦解《がかい》と自己滅却の戦慄と恐怖のなかに、そしてこの世の地獄のなかに生きつづけている。ゾイゼは言う。

この超神的な『どこ』の荒々しい山(「神的威厳の超実体的高み」)には、純粋な霊たちだけしか感じない演技が行なわれる深淵がある。霊〔魂〕はそこで〔神の〕名もない神秘な場所、異様な荒々しい荒野に達する。ここはすべての被造物にとり底なしの深い深淵で、……ここで、霊は死んで、神性の〔超自然の〕不可思議なもののうちに完全に生きるのである。[23]〔ハインリッヒ・ゾイゼ[一六]『ゾイゼの自伝』植田兼義訳、『キリスト教神秘主義著作集』第九巻（教文館、一九九五年）二二六頁〕

かれはときにつぎのように祈ることもできる。

ああ、あなたの怒りのみ顔はかくも恐ろしい。あなたが怒ってみ顔をそむけるのは、まことに耐えがたい。ああ悲しいことよ、あなたの敵意の言葉は激しくて、心と魂を貫くばかり。[24]

のちの神秘家たちも、この音調をよく知っている。十字架のヨハネ[一七]は言う。

この神的観想は魂を捕えるために、力をもって襲うので、魂はその弱さのゆえに非常な苦しみを覚え、かようにして、いわばすべての力と呼吸が去り、感覚と精神とはあたかも暗くて量り知れない重荷の下にあるかのように悩み、かついわば死ぬほどの不安に押しつぶされて、魂は苦悩を和らげ休息しようとして、死を選ぼうとするほどである。[25]

さらに、

第四種の苦痛は、……神の威厳と栄光によって、……魂にもたらされる。[26]
そして最後に、
それゆえ、神は魂を滅ぼし、砕き、かつとてつもなく深い暗黒のなかに沈み入らせるがために、魂は溶け去るような感じを受け、おのれの惨《みじ》めさを思い知り、精神の無残な死により滅び去る。あたかもおそろしい猛獣に呑み込まれ、その暗い胃袋のなかに葬り去られるような感じになる。[27]

ところが、ヌミノーゼの非合理的で恐るべきもの、さらに言うと、魔神的なものがもっともいきいきと現われているのが、ヤーコプ・ベーメの神秘主義である。＊
ベーメは旧来の神秘主義のモチーフを多分に取り入れてはいるが、かれの思弁と神智学は、そのような神秘主義と著しく異なっている。かれは、神自身を構築し理解し、その神から世界を理解しようとする点で、旧来の神秘主義と一致している。この点はエックハルトも同じであったし、かれと同様ベーメにとっても、その思弁の出発点は、根底〔ド Urgrund〕、いやむしろ「無底」〔ド Ungrund〕、理解を超えるもの、言表しがたいものである。＊
だが、これはかれにとって存在や超存在というよりむしろ衝動と意志であり、善や超善〔ド Übergut〕というよりむしろ善悪に対する非合理的な無関心、善悪の同一視である。

そのなかでは二つのことがらが共に可能ということになる。すなわち、善と悪との可能性、同時に善意と愛の神、かつ憤りと怒りの神という神性の二重の姿の可能性である。[28] ここには、なにか化学・物理学的な神の物語が綴られており、その話の構成とそこで比較されているものは滑稽であるが、その背後にある宗教感情の特異なものの見方は意義深い。それはヌミノーゼの見方であり、ルターのそれと同類である。ルター同様ベーメにおいても、非合理性の「活発さ」と威厳と戦慄すべきものは「意志」として解され、具体化されている。＊

さらに、ベーメでもこの種のものは道徳的な崇高さ、または正義といった概念とは、その根本から独立しており、さしあたって善き行為と悪しき行為に対する態度保留である。それはむしろ「憤り」であり「燃える怒り」である。怒りの対象がなにかはわからない。いな、むしろ、それは怒りそのもの、なにものにも依拠しない怒りそれ自体であり、現実的、概念的に理解できる憤怒《ふんぬ》の意味として文字どおりにとるならば、まったく意味をなさない性質のものである。そのような怒りがたんに戦慄すべきものという非合理的要因であること、「怒り」「烈火」「憤怒」はそのための純然たる表意文字的表現[29]であることをすぐに見抜けない者はいないであろう。＊

そうした表意文字的表現をまともな概念とみなすならば、ラクタンティウスや神話が語る人神同型論が生まれる。そのような概念から出発して思弁しだすと、ベーメやその他の人の場合のように、神智学という似非《えせ》学問が生まれる。なぜならば、神智学の特徴とはつぎのようなものだからである。すなわち、そこでは類比的なものでしかない感情表現が合理的概念と取り違えられ、ついでこの概念は体系化され、そこから神についての学問という怪物が紡ぎだされるということである。この怪物はそのまま巨大でありつづける。それが、エックハルトのようにスコラ学派の専門用語で、あるいはベーメのようにパラツェルズス[一八]の錬金術的物質との混合で、あるいはヘーゲルのようにアニミズム的論理学の範疇《はんちゅう》で、あるいはベサント夫人[一九]のようにインド風の言いまわしで製造されたにせよ、同じである。＊

ベーメが宗教史的に重要な位置を占めるのは、かれの神智学そのもののせいではなく、その神智学の背後に、ヌーメン的感情が価値ある要因としていきいきと躍動していたからであり、この点でかれがルター派のなかで消失していたルター自身の遺産を保ちつづけていたからである。

㈣　というのも、ルター派自身は、ヌミノーゼをキリスト教の神概念のなかで正当に評価しなかったからである。かれらは聖性[二〇]と「神の怒り」を倫理的解釈で一面的にしてしまった。すでにヨーハン・ゲーアハルト以来、ルター派は無情念性の教説を再び採用した。かれらは本来、観想的でとくに「黙想的な」要因を徐々に典礼儀式から取り除いていった。概念的なもの、教義的なもの、「教え」の理想が、名状しがたいもの、ただ感性のうちにしか生きていないもの、教えるようなかたちでは伝えられないものを凌駕《りょうが》してしまった。教会は学校となり、実際それが伝える内容は、ティレル[三]が書いたように、ますます「理解の狭い隙間を通って」しか人の心に届かないようになった。

キリスト教典礼儀式、キリスト教宣教、キリスト教教理神学の課題は、キリスト教的神観念における合理的なものを、絶えずその非合理的要因の土台の上に保持することである。それはとりもなおさず、その合理的なものの深みを確保するためだ。

第一五章　発　展

大切なのは、合理的なものの深さ、その深化であって、その劣化ないし弱化であってはならない。なぜなら、合理的要因、とりわけ明確な倫理的要因がなければ、聖なるものはキリスト教の聖なるものではなくなるだろうから。われわれが主として新約聖書のなかに見出しているような「聖なる」という言葉、いまやもっぱらわれわれの宗教的語感に合ったものとして定着しているこの言葉の全体的な響きからすると、聖なるものはもはやたんなるヌミノーゼではなく、その最高段階に位置づけられるものでもなく、つねに合理的かつ合目的的な、また人格的かつ倫理的な諸要因が完全に浸透し充満した状態をいう。以下では、「聖なる」という表現をこのような〈非合理的要因に合理的要因が〉結合した意味に固定して用いることとする。ただ、歴史的発展を明確に理解するために、もう一度つぎの点をあきらかにしておきたい。

原始的な宗教感情が最初に「魔神的おそれ」という仕方で捉えるもの、またそれがさらに展開し高められ洗練されていくときのそれは、まだ合理的なもの、倫理的なものではなく、まさしく非合理的なもので、この非合理的なものの体験のなかで、心情は既述のような特別な感情的反射作用をもって独自に反応する。この種の要因の体験は、初期段階ですでに始まりつつある合理化と道徳化の経緯とは別に、それ自身のなかで固有の発展過程を踏んでいる。[1]「魔神的おそれ」は、それ自体多くの段階を経て、「神々への畏れ」と「神への畏れ」の段階へと上昇する。魔神的《デモーニッシュ》なものは神的なものとなる。おそれは礼拝となる。あちこちに散漫し混乱し動揺する気持ちは、敬神となる。恐怖は聖なる畏怖となる。ヌーメンへの依存とヌーメンにおける至福という相対的な感情は、絶対的な感情となる。誤った類比と誤った結びつきは消えるか排除される。ヌーメンは神となり神性となる。ヌミノーゼの表現であったカドシュ、サンクトゥス、ハギオス、ハイリッヒといった特性を表わす用語は、第一にして直接的意味において、いまやこの神性に絶対的なものに帰されるようになる。このさしあたって純粋に非合理的なもの自身の領域ですでに始まっていた発展が、最初の主要な展開局面であり、このプロセスを追跡することは宗教史や一般宗教心理学の課題である。

　これに続く第二の発展として追跡すべきは、かの合理化と道徳化のプロセスである。これは、第一の発展とまったく同時にとはいかなくとも、ほとんど同時に、しかもヌミノーゼという土台の上で進行していく。このプロセスも、われわれは宗教史のさまざまな領域で段階的にたどることができる。ほとんどの場合、ヌミノーゼは義務、正義、善の社会的かつ個人的理想の諸観念を自らに引き寄せる。これらはヌーメンの「意志」となり、ヌーメン自体はこれら理想の諸観念の番人、調整人、発起人、その基礎・源泉となる。それらはしだいにヌーメンの本質自身のなかに入りこんでいき、その本質自身を道徳化する。「聖なるもの」は「善きもの」となり、「善」はまさしく「善きもの」であるがゆえに「聖」となり、「至聖」となり、このようにしてついにもはや解きがたい両要因の混合、そして聖なるものの完全に複合化された意味が生まれる。そこでは、聖なるものは善きものであるとともに至聖である。＊

古代イスラエルの宗教の卓越性は、まさにこの「聖」と「善」という両要因の緊密な結合にある。イスラエルの神に匹敵する神はいない。なぜならかれは聖そのものだからである。他方でヤハウェの律法に匹敵する律法もない。なぜならこの律法はたんに善きもののみならず、同時に「聖なるもの」だからである。ますますあきらかにまた強力になっていくヌミノーゼの合理化と道徳化は、それ自体、われわれが「救済史」と呼んでいるもの、そしてますます成長展開していく神的なものの自己啓示と見なされるものの本質部分をなしている。しかしながら、それと同時にあきらかなことは、「神観念の倫理化」はなにか別物によるヌミノーゼの排除ないし補充ではないということである。もしそうだとすれば、それは神ではなく神の代用品であろう。いな、むしろ、それはヌミノーゼを新しい内容で満たすこと、換言すれば、神観念の倫理化はヌミノーゼを土台として実現していく、ということである。

第一六章　アプリオリな範疇としての聖なるもの――第一部

言葉の十全な意味における聖なるものとは、したがって、われわれにとっては一つの複合的な範疇である。この範疇を構成する要因とは、その合理的な部分および非合理的な部分の二つである。ところが、この範疇は、以上の二つの要因のそれぞれにおいて、純粋にアプリオリな範疇である。このことはすべての感覚論〔ド Sensualismus〕とすべての進化論に対して、断固主張しておかねばならない。

第一の点〔つまり合理的な部分〕についてはこういうことである。すなわち、絶対性、完全性、必然性、本質性といった合理的な観念や客観的価値としての、また客観的に拘束力をもつものとして有効な善という観念は、決して感覚器官による知覚から「進化した」ものではありえないということである。この際、「後成」とか「相対成長」、その他の妥協的かつその場しのぎの諸表現はことごとく問題を隠蔽《いんぺい》するだけである。よく見受けられることだが、この場合のようにギリシア語由来の専門語に逃げこむことは、おのれの不足を自ら認めるものでしかない。ここでわれわれは、すべての感覚経験をいったん脇に置き、すべての「知覚」を度外視して、精神そのものにおける「純粋理性」[二]のうちにそのもっとも根源的な能力として具わっているものに注目してみたい。

第二の点〔つまり非合理的な部分〕についてはこういうことである。すなわち、ヌミノーゼの諸要因およびそれらへの反応として現出する諸感情は、合理的なそれとまったく同様に、純粋な諸観念および純粋な諸感情だということである。[三] そして、カントが「純粋」概念および尊敬〔ド Achtung〕という「純粋」感情[四]の表徴としてあげているものは、ヌミノーゼの諸要因・諸感情にそのまま適用される。『純粋理性批判』の有名な序言はつぎのようになっている。

> すべてのわれわれの認識は経験とともに始まるということにはまったく何の疑いもない。けだし、認識能力が諸対象を通じて生起するのではないとすれば、認識能力の行使は他の何によって喚起されるべきであろうか。……しかし、われわれの認識のすべてが経験とともに始まるとしても、だからといって必ずしもすべての認識が経験から生ずるわけではない。〔カント『純粋理性批判』(上) 有福孝岳訳、『カント全集』四（岩波書店、二〇〇一年）六七頁〕

すでにカントは、経験による認識について議論する際に、われわれが感覚による諸印象として受容するものと、より高次の認識能力がわれわれに与えるものとを区別している。

後者の場合、感覚による諸印象はその誘発因子にすぎない。

そのような状況が、ヌーメン的感情にもあてはまるのである。この感情は「魂の根底」から、つまり魂の最深の認識根拠そのものからわきおこる。確かにこの感情の湧出は、日常的・感覚的な諸条件や諸経験による誘発や刺激がある以前とか、それらが存しないところではなく、それらのなかで、もしくはそれらの間にあってはじめて起こりうる。にもかかわらず、この感情はそのような誘発や刺激からではなく、あくまでそれらをとおして現われ出る。それらはこの感情がそれ自体で発動するための刺激であり「誘引」である。それが発動する際、最初はすぐに単純かつ直接に日常的・感覚的なもの自身に編みこまれ織りこまれるが、しだいに純化されるなかでその日常的・感覚的なものを払い落としていき、ついにそれらと対立するまでに至る。＊

ヌーメン的感情が、純粋にアプリオリな認識要因からなっていることは、批判的な自己省察によって証明可能である。われわれは、「自然的な」感覚的知覚によって受け取ることのできるものとは種類を異にする確信や感情がヌーメン的感情に具わっているのを知っている。この確信や感情はそれ自体としては感覚的知覚ではなく、まずは感覚的知覚によって得た情報についての、ついでより高次の段階では、設定されたなんらかの対象や存在物についての特異な解釈と評価である。こうした対象や存在物はかたちとしてはあきらかにファンタジーの産物だが、ただし特殊固有の意味内容を伴っている。この特殊固有の意味内容は感覚的知覚の世界から借用されたものではなく、逆に感覚的知覚の世界に追加され、それを超越するものとして考えだされたものである。しかも、この解釈と評価は感覚的知覚そのものではないばかりか、感覚的知覚の「変化したもの」でもない。感覚的知覚について可能な唯一の「変化」は、知覚経験一般の明晰《めいせき》で具象的なものが、思考という抽象的なかたちへと移行することであって、知覚経験という一つの部類から、それとは質的に異なる実在という部類への変化ではない。＊

以上のように、この種の確信や感情は、カントの「純粋悟性概念」[五]、さらに倫理的、美的観念とその評価がすでにそうであるように、感覚的体験とは無関係に心情自身のうちに具わっている、イマジネーションや感情を形成する源、独自に存在する隠れた源、すなわちもっとも深い意味における「純粋理性」を指す。この「純粋理性」は、その意味内容が非常に豊かであるため、カントの純粋理論理性や純粋実践理性よりもなにかより高いものないしはより深いものとして、それら二者から区別される。われわれはこの源ないし「純粋理性」を魂の根底と呼んでいるのである。

宗教と呼ばれる事象を「説明」しようとする点では、今日の進化論にも正当な権利がある。実際には宗教学の課題なのだが。だが説明が可能となるためには、まずは最初に与えられたものの存在が肝心で、これが根拠になってはじめて説明が可能となる。なにもないところからは、なにも説明されえない。自然についての説明は、最初に与えられた自然の根源的力とそれらの法則を根拠にしてはじめて可能となるのであり、肝心なのは、このような根源的力や法則を探求することである。ただこの探求すべき対象それ自体について、あらためて説明しようとするのは無意味である。＊

一方、精神世界のなかで人が説明する根拠となるそのような最初のものとは、自らの素質、能力、法則を具えた精神そのものである。この精神についてあらかじめの規定は必要であるが、それ自体について説明することはできない。精神がどのようにして「つくられたか」を言うことはできない。しかるに、後成説は基本的にそれを行なおうとしている。人類の歴史は、人間とともに始まる。人類の歴史を人間に基づいて理解するためには、まずこの人間を前提する。その際、素質や能力の点でわれわれ自身に十分匹敵する存在としての人間を前提するということだ。直立猿人の心情生活について深く探求しようとしても、それは絶望的な仕事である。動物の精神活動についても、われわれはわずかな類似性と進化した精神そのものからさかのぼることによって解釈することしかできない。逆に、この進化した精神そのものを動物の精神活動から理解し推論しようとするのは、鍵に合わせて錠前を作り、明かりを闇で照らそうとするも同然である。＊

死んだ物質に意識をもつ生命がはじめて発現したということは、説明することができない単純な事実である。しかもここで発現したものとは、質の多種性にほかならない。われわれはこの質の多種性を、胚芽のようなもの、つまり素質性〔ド Veranlagtheit〕として解釈しなければならない。身体組織の発達にともなってしだいに成熟していく諸能力の原点は、この素質性にある。そして、動物精神の全領域に固有の光を投ずるには、動物精神を、進化した精神の素質に方向づけられた「素質」〔ド Anlage〕として再解釈する以外に方法はない。この場合の「素質」は、前者〔進化した精神の素質〕に対して胎児のような関係にある。

＊

ではこの「素質」とはいったいなにを意味するのか。これについてはまったくの闇に蔽《おお》われているというわけでもない。というのは、われわれは、自分たちが精神の成熟に向かって目覚めかつ成長していくなかで、われわれ自身の内部で、芽が木へと成長していくように、素質が円熟へと向かうプロセスを、ある程度たどっていっているからである。このプロセスは変化でもなければ、たんなる新たなものの接ぎ木でもない。[1]

このようなプロセスの源を、われわれは人間精神の隠れた素質と呼んでいるのである。それは刺激によって呼び起こされて目覚める。この素質がなんらかのものに向かって進展したとき、それは種々の才能となる。素質は、同時に、あるものへの「向き」、つまり目的論的決定因子であり、経験、体験、行為のアプリオリな方向づけである。なんらかのものに向かってアプリオリに定められているということである。＊

そのような「向き」、そのようなあらかじめの規定が宗教についても言えるということ、そうした向きや規定が本能的な予感や欲求、あくなき探求、強い憧れ、つまり宗教的衝動といったものに自然に移行しうること、そしてこの衝動が落ち着くのは、その衝動の正体があきらかとなって、その目指す目的を見出したときであるという事実を、真面目に人間学や性格学に取り組んだ者なら誰も否定できない。そこから生じるのが「先行的恩恵」[六][2]という状況である。ゾイゼは、この恩恵について、つぎのようにみごとな叙述をしている。

> わたしの心は幼いころからなにかを渇望し求めてきましたが、それがなにであるかは、いまでも完全にはわかっておりません。主よ、わたしはもう何年もの間熱心にそれを追い求めてきましたが、なかなか満足をえることはできませんでした。それがなになのかよく知らないからです。にもかかわらず、それはわたしの心と魂を惹きつけるものであり、それなしでわたしは決して真の安らぎをえることはありません。主よ、わたしは幼いときに、それを被造物のなかに探し求めようとしました。ほかの人たちがそうしているのを知っていたからです。しかし、そうやって探せば

探すだけ、なにも見出すものがありませんでした。近づこうとすればするほど、ますますそれから離れてしまいました。……いま、わたしの心はそれを求めて荒れ狂っています。それが欲しくてたまらないのです。ああ、わたしのなかでまったく隠れたまま戯れているもの、それはなにでしょうか、どんな性質のものでしょうか。

アウグスティヌスも、『告白』一〇巻二〇章で言っている。

幸福な生活をそのように望むということは、かれらはそれをどこで知ったのであろうか。幸福な生活を愛するために、かれらはどこでそれを見たのであるか。たしかにわたしたちはどのようにしてか知らないが、幸福な生活を持つのである。〔聖アウグスティヌス『告白』(下)　服部英次郎訳(岩波文庫、一九七六年)四〇頁〕

(なお、一〇巻全体も参照)。これは、探し求めようとする衝動がすでに「向き」として人間に具わっている素質のことを語っているのである。

個体の形成段階とその要因は、その種にさかのぼって説明されると説く「生物発生原則」[七]が、ほんとうにあてはまる場があるとすれば、それはまさにここである。人間という種が歴史に登場した際に、人間の精神が携えてきた素質は、向きとして、衝動すなわち宗教的衝動へと化した。それはある場合は外部からの刺激により、ある場合は人間の内側からの圧力による。この宗教的衝動は、手探りの状態で動きまわったり、なにかを求めて空想的な考えを編みだしたり、つねに積極的に前向きな理念を創出したりするなかで、自身の正体があきらかとなるように望んでいるし、それは、その衝動自体をも発生させた不分明な理念の土台そのものが解明されることであきらかとなる。[3] 宗教的衝動のこのように動きまわったり、探しまわったり、創りだしたり、自己解明したりする状況が宗教の発展史という織物の経糸をなす。そこに編みこまれる緯糸について、以下論述する。

第一七章　アプリオリな範疇の歴史における現われ

宗教の歴史的成立とその後の発展は、以上のような想定を土台にしてはじめて理解される。そこで、まず認めることができるのは、宗教の歴史的発展の始まりにおいて、今日の意味での「宗教」にはとても見えないようなある奇妙なことがらが存在する、ということである。いわば宗教の前庭のように先行して存在し、その後もずっと宗教の内部に深く影響をおよぼしているものである。すなわち、死者信仰と死者崇拝、霊魂信仰と霊魂儀礼、呪術・おとぎ話・神話、恐ろしいものや不思議なものや有害なものや有用なものの自然物崇拝、「力」に関するいっぷう変わった考え(オレンダ)、呪物崇拝とトーテミズム、動物崇拝と植物崇拝、悪魔信仰ともろもろの悪霊信仰がそれである。＊

これらはたがいにかなり異なっており、また実際の宗教からは離れているが、それでもそれらのなかに、そうだとわかるような共通の要因が漂っているのを感じることができる。共通の要因、すなわちヌーメン的要因である。それゆえに(むしろそれによってのみ)ここに列挙した諸事象は宗教の前庭とみなされる。それらはもともとこのヌーメン的要因から発生したのではなく、おそらく全部それよりまえの段階をもっていたと思われる。つまりヌーメン的要因の発生以前に、素朴な太古の原始的空想によって生みだされた「自然的な」造形物にほかならない。しかし、これらはやがて明白に独自な種類の特質（すなわち、ヌーメン的特質）を獲得するようになった。この特質をえたことで、はじめてそれらは宗教史の前庭となり、またはじめて姿形のしっかりしたものとなり、とりわけ人心を支配する巨大な力をえるようになった。この力はあらゆる地域の歴史が示している。この特質をとりあげ、その一貫したヌーメン的性質というものを確認してみよう。

㈠　まず、呪術から始めたい。どの時代にも、そして今日においてもなお、「自然的な」呪術、すなわちたんなる偽装行為ないしなぞらえ行為が存在する。それらはなんら反省もされず、いかなる理論にもよらずに遂行される。目的は、なんらかのできごとを望むとおりになるよう操り、加減することである。もちろん、そのできごと自体はこの行為の影響圏とはまったく無関係なところにあるが。＊

これは、ボウリングのレーンにおいて観察される。ボウラーが球を投げる。かれは球がレーンに沿って転がり、「ストライク」になることを期待しつつねらいを定める。息を凝らして球の転がる様子を目で追う。かれは首を傾け、上体をそらし、片足でバランスをとる。そして球がレーンの縁すれすれのところに来ると、とっさに体を反対側にゆすって、手と足で押しもどすような恰好《かっこう》をし、最後にもう一押しする。これでうまくいく。球はかろうじてねらいどおりに転がってゴールする。＊

　この男のやったことはなになのか。かれの体の動作は、球の転がるルートの猿真似なのではない。球にそのルートを転がるよう指図しようとしたのだ。ただし、そうしながらも、それが滑稽な動作だということには思いもおよばず、また「万物に魂が宿っているという原始人の確信」、すなわちこの場合は球に魂が宿っている、ないしは自分の「魂の」力が球の魂と感応し合う関係にあるといった確信をもっているわけでもない。かれはただ、特定の願望を達成するためのたんなるなぞらえ行為をやったにすぎない。多くの「雨ごい師」のわざとらしいしぐさ、太陽と月の運行、雲や風に干渉しようとする天をあやつる者〔ド Wettermacher〕の試みは、しばしばこのようなたんなるなぞらえ行為にほかならず、もっとも初期段階ではおそらくどれもこれもそうであったにちがいない。＊

　はっきりしていることは一つ。なぞらえ行為である限り、それらは本来の意味での呪術ではまったくないということだ。ほんとうに呪術であるためには、ある新しい独特な要因が追加されねばならない。すなわち、人が一般的に「超自然的」作用手段と呼ぶものである。ただし、当初はまだ「超自然的」などというものとはまったく無縁である。この表現はあまりに立派すぎて、素朴な人々には要求するものが大きすぎる。「法則に従った現象の連関」あるいはそのほかの「自然」と規定されているような「自然」の概念は、もっとも至難かつ究極の抽象概念である。この概念がまず理解されるか、すくなくともそれとなくわかるようでなければ、その否定語、つまり「超自然的なもの」は成立しえないだろう。＊

さらにまた、ヴントがやろうとしているような「魂」の力も説明にはならない。なぜなら、第一に、呪術は霊魂信仰と無関係であり、おそらくそれよりもまえに存在していたことが、今日では一般に認められているからである。第二に、呪術の効果をもたらすものはどの部類の力なのか、すなわち「魂」の力なのかそれともなにか別のものの力なのかということではなくて、どのような質の力なのかが問題となるからである。＊

そもそも、呪術的と呼ばれる力の効果に付与されるこの質のなんたるかは、その効果の発揮の仕方が強いか弱いか、非凡か平凡か、魂によるか魂以外のものによるかに関わりなく、「まったく他なるもの」というあの特殊固有の感情要因が決め手となる。この「まったく他なるもの」については、われわれはすでに議論しておいたが、この要因はここではさしあたって「不気味なもの」というかたちで現われる。つまり呪術に潜んでいるのは、不気味な力、不気味なものの力であるということだ。この力が消え去ったところにあるのは、もはや呪術ではなく、技術ないしは手際である。

(二)　死者崇拝についても事情は同じである。これは「魂宿《たまやど》り」の理論、すなわち原始人は命なきもの、したがって死者でも生きており、なんらかの働きをなしうるものと想定していたという理論から生じたものではない。このいわゆるあらゆるものに魂が宿るという説は、それとはまったく別物である「霊魂信仰」とははなはだしく混同され、一緒くたにされているが、ともかくこの説はすべて机上の産物にほかならない。*

そういうことではなくて、本来、死者が人の心に意味あるものとなるのは、唯一、死者が心に「身の毛のよだつもの」と映る場合だけだということである。これは素朴な原始人にも文明人にもあてはまることで、その場合じかに強いられる恐怖感を、われわれは当たりまえのものとして甘受するのに慣れてしまって、つぎの点にまったく気を留めることもしない。すなわち、なにかを「身の毛のよだつもの」と受け取っているときには、ただ死んでいるという事実からは決して説明されえないまったく独自な、あくまで特殊な感情内容が生じているという事実である。死物に対する「自然的に」生じる感情反応は、あきらかに二種類しかない。一つは、腐敗するもの、悪臭を放つもの、顔をそむけさせるものに対する不快感である。もう一方は、死への恐怖、おのれの生きんとする意志が脅かされ阻《はば》まれていると感じて驚愕《きょうがく》することである。この感情は死者、ことに身内の死者を目の当たりにしたときにじかに生じる。＊

だが、この二つの気持ちの要因は、それ自体では「ぞっとさせるような術」ではない。「ぞっとさせるような術」とは新しいなにかであり、われわれのおとぎ話が正しくも語っているように、「習得」されるようなものである。言い換えれば、この「術」は、それとは別の不快感とか驚愕といった「自然的な」心情の作用そのものと相伴って存在していたのでもなければ、そこから分析的にえられるというものでもないということだ。それは完全に独自な性質の「おそれ」である。この「おそれ」についてはじめから断っておくべきことは、ここではある「民族心理学的な」要因、すなわちどこにあっても自明の群集感情として最初から前提されている一般的なものとは無縁だということである。この「術」は猫も杓子《しゃくし》ももてるものではなかったし、今日でもそれは変わらない。さしあたり確かなことは、「術」の所有者は、むしろ実際にそうした感情を所有し、その感情に表現を与えることで、他者のうちにそれを呼び起こす特別な素質をもった者だったということである。死者へのおそれやそれに由来する死者崇拝でさえ、「しつらえられたもの」なのだ。

㈢　さらに念頭に置くべきは、「魂」という表象は、それが成立するために、アニミズムの信奉者が語っているように、なにか空想的なものを媒介とする必要などなかったということである。それに対し、死者がよけいなものあるいは厄介《やっかい》なものとしてあっさりかたづけられるのではなくて、なにか「不気味なもの」として扱われるようになったとき、そのことが一つの決定的な節目、道具がはじめて発見されたことや火が発明されたことよりも決定的な節目であったことは確かである。＊

この点についてじっくり考えてみて、基本的なところははっきり理解していただきたい。そうすれば、この「不気味なもの」が活動し始めたことで、人の心にまったく新しい領域への扉が開かれたということを追感するだろう。「不気味なもの」それ自体は、この領域の最初の「粗野な」局面であるにすぎない。「魂」という表象めいたものの成立は、しかしながらことがらとしては決して重要な問題ではない。肝心なのはむしろ魂との関連において現われる質的な感情要因である。この感情要因にとって、魂が体よりもうっすらとしているとか見えにくいとか、あるいはまったく見えない空気のようなものだとか、そういったことはどうでもよい問題だ。すべてそうとも言えるし、すべてそうではないとも言えることがしばしばで、多くの場合、そうであってそうでないようなものである。＊

「魂」の本質は決して空想めいた、ないしは概念上の見かけにあるのではなく、第一にまた主として、それが「幽霊的存在」、しかも既述したように、かの「おそれ」を引き起こすものという意味での幽霊的存在だというところにある。幽霊的存在もまたもや「自然的」感情からは説明しうるものではない。この幽霊的存在のその後の展開についても同様に説明することはできない。その後の展開とは、つまりいつもひどく怖がられるこれら幽霊的な「あるものども」[二](この語は、この幽霊的存在に実際に付与できる唯一の概念的中身である)がのちに肯定的に敬われ愛される存在になり、それからさらに精霊、半神、〔神として崇められている始祖である〕ピトゥリ、魔神《デーモン》、聖人、神々へと昇進するということである。

(四)「力」(オレンダ)には、ごく自然的な前段階がありうる。植物や石その他の自然物のなかに力を見てとり、それら自然物を所有することでそのなかの力を自分のものにしようとすること、人や動物の心臓や肝臓を食らって、そのパワーや威力を取り入れようとすることは、宗教ではなく科学である。今日の医学も同じ処方をとる。子牛の甲状腺の力が甲状腺腫や知能障害に効くとしても、蛙の脳だとかユダヤ人の肝臓[三]だとかがなにに効果があるのか、われわれの知ったことではない。ここではすべて観察がものをいう。そして、この点に関して今日の医学がまじない師のそれと異なる点はただ一つ、前者がより正確だということ、および実験という手続きを踏んでいるということである。「呪術」「魔術」「超自然的なもの」、端的に言えば「まったく他なるもの」の観念が、「力」のなかに移入されてはじめて、その「力」は宗教の前庭に一歩踏みだすことになり、この「力」の獲得がいわゆる「聖体祭儀」「秘蹟」と呼び習わされているものになるのである。

(五)　火山、山の頂、月、太陽、雲は、素朴な人々からは生きているものとみなされていたが、それは、あらゆるものに魂が宿るということ、あるいは言うなれば「汎意論」〔ド Panthelismus〕という素朴な理論のせいではなく、自分が生きているということ以外に、自分以外のなにものかが生きていると認めるときに、われわれ自身がその場その時で用いている判断の目印とまったく同じ目印による。すなわち、それらのものが――正しいか正しくないかは、これまた観察の厳密さの問題にすぎない――なにか作用したり行動したりしているものと受け取られる場合であり、またその限りにおいてそうである。この目印にしたがって、かの自然物はそれを観察する素朴な人間には、生きたものになりうる。＊

ところが、このこと自体もまだ神話や宗教に直結するわけではない。いかに生きているものであるとしても、山も太陽も月もまだ「神々」ではまったくない。たとえ人間がそれらに対してなにかを望んだり願ったりするようなふるまいをしたとしても同じである。なぜなら、願いはまだ祈りではなく、依り頼みは宗教的である必要はないからだ。こうした自然物が神々となるのは、ヌミノーゼの範疇がそれらのものに適用された場合である。この適用が起こるのは、第一に、人がそれら自然物自体にヌーメン的手段、すなわち魔術によって干渉するとき、第二に、それと同時にその働き方をヌミノーゼとみなすときである。「魂が宿ると考えられたもの」としてではなく、「ヌーメン的と感じ取られたもの」として、もろもろの自然物は宗教の前庭のなかに足を踏み入れ、そののちもろもろの自然神となって実際の宗教の対象となる。

㈥　「おとぎ話」は、空想や物語や娯楽に対する「自然的な」衝動およびその衝動の産物を前提としてもっている。おとぎ話そのものは、しかしつねに「不思議なもの」という要因によって、奇跡および奇跡的できごとや働き、つまりヌーメン的特質によってはじめて一つの物語となる。このことは、神話においていっそう顕著である。

㈦　以上列挙した各要因は、宗教感情の前庭、ヌミノーゼの最初の運動にすぎない。ここでヌミノーゼは〔「自然的な」ものと〕混合したかたちで発現している(これは感情連合の法則によるもので、それぞれケースごとに個別にとりあげて説明することも可能である)。〔ヌミノーゼの運動が〕独立したかたちで本格的に開始するのは、「霊」の観念、あるいは魔神(この場合、「善い」魔神、「悪い」魔神という区別はまだ存在しない)の観

念の成立によってである。＊

この意味でのもっとも典型的なタイプである魔神は、かの奇妙な「古代アラビアの」神々のなかにまだ見出すことができる。もともと可変指示代名詞以外のなにものでもなかったもろもろの地縁的諸ヌーメン（四）〔ド・ラ örtliche numina〕は、「神話がかたちづくったもの」ではない。というのは、それらはほとんどの場合、神話というものをもっていないからだ。それに、それらは「自然神が進化したもの」でも「魂から生じたもの」でもないが、非常に強い影響力をもち、かつ非常に大きな尊敬の対象となっている。じつは、それらは、ヌーメン的感情そのものを対象化したものにほかならない。＊

この地縁的諸ヌーメンにもっとも顕著なことは、それらが大衆一般の空想的所産つまり「民衆心理」に由来するのではなく、預言者的性格をもった人々の直観に由来するということである。なぜなら、地縁的諸ヌーメンは、預言者の最初期の原形である「見者」〔ア kāhin〕を必要としていたからである。見者だけがほんもののヌーメンを体験する。そして、このヌーメンが見者によって「啓示された」時とその場所に、儀礼と儀礼の共同体が成立する。ヌーメンにとって見者は欠かすことができず、見者がいないところにヌーメンはいない。

㈧　「浄」「不浄」には、もちろん自然的意味でのそれもある。自然に不浄なものとは、自然的な強い嫌悪感を引き起こすもの、つまり不快きわまるなんらかのものである。嫌悪感はまさに未開段階において大きな力を人間におよぼしている。「農民は自分の知らぬ物は食べない」[五]。このような嫌悪感はたぶん自然に培《つちか》われてきた賜物そのものであろう。この賜物のおかげでそうした嫌悪感とともに成長していく人間は、多くの重要な生命機能を保護防衛する本能を獲得した。（その後、文化はこの嫌悪感を別の対象へと転移させることで嫌悪感そのものを「洗練する」。すなわち、文化は自然人たちが嫌悪する多くのものから嫌悪される要因を取りだし、そうしてそれをかれらに嫌悪されていない多くの対象に結びつける。この洗練化は、強弱の度合いという点からすると、同時に弱化作用でもある。われわれはもはや原始人のように荒々しく、たくましく、激しいエネルギーで嫌悪することはなくなった。この関連で、今日でも地方の素朴な住民と都会の垢抜けた住民との間にも、あるはっきりした違いを認めることができる。地方人が平気でいられるものでわれわれが忌み嫌うようなものがたくさんある。だが、地方人がなにかを忌み嫌うとしたら、その忌み嫌い方はわれわれよりも徹底している。）＊

　ところで、強い嫌悪感と身の毛もよだつ感じの間には非常に顕著な類似がある。そのことから、相互に類似する諸感情がたがいに引きつけ合うという法則により、どのようにして「自然的な」不浄がヌミノーゼの領域に入りこみ、そこで成長していったかということがあきらかとなる。われわれは問題を解く鍵、すなわち例の〔感情〕連合とこの〔諸感情が引きつけ合うという〕法則をいったん掌握《しょうあく》すれば、ある感情が別の感情を刺激して発生させる実際の生成プロセスをアプリオリに再構成することができる。われわれ自身、今日もなお血を嫌悪する場面でこれを直接に体験している。血が流れている様を見て、われわれはある種の反応をするが、その反応において嫌悪の気持ちと恐怖の気持ちのどちらがより強く働いているのか言うのは難しい。

そののち「おそれ」という、より発展した要因が登場し、そして魔神的《デモーニッシュ》なものと神的なもの、サチェルとサンクトゥスという、より高度な表象が形成された。それにより「自然に」不浄なものが存在していなくとも、あるいはそれを出発点とはしなくても、物事はヌーメン的否定的な意味で「不浄なもの」となることができるようになった。そしてわれわれはここで、かの「感情連合」がどのような作用をおよぼすかをつぎの事実から学ぶことができる。すなわち、ヌーメン的な不浄感は、逆にすぐにまた容易に自然的嫌悪感を呼び起こすという事実、つまり、もともとぜんぜん嫌悪されておらず、ただヌーメン的恐怖しかもたらしていなかったものが、嫌悪すべきものとなるという事実である。実際に、そのように呼び起こされた嫌悪感は、ヌーメン的不浄感が呼び起こしたもともとのヌーメン的おそれがとうに消え去ったあとでも、ずっとそのまま独立して残りつづけることができる。ここから、ときとして社会的嫌悪感、たとえばカーストをめぐる感情を説明することができる。この感情は、かつて全面的に魔神的な根をもっていたが、この根がすでに死に絶えてしまってもなお存続しているのである。

(九) 以上(一)から(八)までの事例は、「前宗教」〔ド Vorreligion〕と呼ぶことができる。ただし、それらがあたかも宗教とその可能性を説明するかのような意味で言っているのではない。むしろ、その事例自体が宗教であるかどうかの説明可能性は、宗教の基本要因すなわちヌーメン的感情の最初の発動にかかっているということである。ところが、ヌーメン的感情は魂の原要因であり、これはそれ自身の固有性から理解されるもので、ほかの要因からは「説明」されえない。ほかのすべての魂の原要因と同様、このヌーメン的感情は、ふさわしいときに人間の精神生活の発展過程において生起し、あとはそのままそこに存在している。これがはじめて出現可能となるのは、疑いもなくつぎのような特定の条件が満たされたときである。すなわち、身体機能の発達、刺激に対する反応と自発性の能力、心のほかの諸能力、一般的な感情生活、外的なものや内的なものを体験し、感動できる能力といった諸条件である。しかしながら、そのような条件はあくまで条件であって、原因でも構成分子でもない。＊

この事実を認めるということは、なにもことがらを空想的なものに、あるいは超自然的なものに押しやるということではなく、ほかのすべての魂の原要因についても言える同じことをヌーメン的感覚についても主張するというだけのことである。快楽あるいは苦痛、愛ないしは憎しみ、光や音の感得、空間・時間感覚などの能力一切、さらにより高度な認識能力と魂のもろもろの力は、――もちろん、諸法則に従い、かつ一定の条件のもとで――発展していき、ふさわしいときに現われるが、それぞれは一個のまったく新しいオリジナルなものであり、ほかから導きだされえないものである。そして、このことが「説明」可能となるためには、その発展の土台となっている精神の豊かな潜在力を前提しなければならない。この潜在力は、各器官の進化と脳の進化という条件が満たされていく度合いに応じて、そうした諸能力の働きのうちに、ますますその本性を現わすようになってくる。以上述べたことは、ことごとくヌーメン的感情についても言えるのである。

㈡　ヌーメン的感情の自発的な発動のもっとも純粋なケースは、㈦で言及したことがらであると思われる。ここに述べたことは、宗教の発展にとってとくに重要な意味をもっている。なぜなら、ここでは宗教感情ははじめから(感情連合の刺激によって)自然物に転移されていない、つまりそれら自然物をヌーメン的だと誤認したりせず、むしろ「突然の激しい恐怖」の場合のように、表象的な対象化をしない純粋な感情として留まるか、あるいは自分で空想的なものを生みだして、その不可解な中味を象徴化するからである。まさにこのような事態はまだある程度は追感・内感が可能であるし、またいかにしてたんなる感情が明確なものとなり、その表象形式の産出へと移行するかも追感または内感しうる。＊

すくなくとも、いきいきとした感性をもっている者なら誰でも、ある時ある場所でなんとも「不気味な」感覚に襲われたという経験をしているはずだ。より厳密な心理学的分析に精通している者は、このような心的状況について、つぎの点に注目するはずである。第一に、この心的状況が特殊固有なものであり、またほかのいかなるものにも由来していないこと。第二は、この心的状況を引き起こす外的なきっかけが、しばしばかなりわずかなものにすぎず、それのせいだとする意識すらほとんどないこと、そしてそのような外的きっかけは、それによって生ずる印象そのものの強さに比してまったく取るに足らないもの、いやむしろ、ここでは「印象」を生むということすらほとんど言えず、せいぜい弾みあるいはきっかけという程度のことしか言えないことが多いというきわめて特殊な状況。それくらいに感情体験はその激しさ、その心を打つ威力において、そのつどの時間や場所の事情そのものが醸しだす印象的なもののすべてをはるかに凌《しの》ぐ。この戦慄、この恐怖はむしろ魂の深みから沸きおこる。かの外的きっかけは、この魂の深みにはどんなに下降しても到達しない。またこの沸きおこる力は、たんなる外的なきっかけより強く、まったくそうだというわけではないが、ほとんどひとりでに沸きおこってくるほどの強さである。＊

そして、ここにはすでに第三の点が言及されている。すなわち、こうしたできごとが生起する場合、特殊固有の独自な表象内容が、たとえまったく不可解で萌芽的なものだとしても、刺激され目覚めさせられたはずだということである。これこそ、慄然《りつぜん》とするという心情運動の本来的理由である。なぜなら、そういうものがなんらかの仕方でまえもって与えられていないと、いかなる心情運動も起こりえないからである。＊

第四の点として、いま言った心的状況は、純粋に「感情」として留まり、その感情の不可解な観念的内容を解明することなく、そのような感情としてずっと存在しつづけることがありうる。この心的状況がこのように解明不可能なものとしての自らの状態を言葉に表わすならば、それはたとえば「なんと不気味なことか」、「この場所はなんと恐ろしいことか」といったような叫びにしかならないだろう。＊

だが、この心的状況は解明可能な場合もある。第一の解明は、まだたんなる消極的表現であるが、たとえば「ここはなんだか変だ」と言うときのそれである。それが積極的表現へと移行する場合、たとえば英語で「この場所にはなにかが出る」（英 This place is haunted〕と言う。ここでは、すでに不分明な観念の基礎部分がよりはっきりと姿を現わし、まだ漠として流動的ではあるが一つの表象として、すなわちなにか彼岸的なもの、ヌーメン的性格をもったある実体、ある作用をおよぼす実在性の表象として、自らをあきらかにしはじめる。この、あの世的なもの、実体、実在性は、その後さらに発展して地縁的諸ヌーメン、「霊」、魔神、エル、バアルその他の姿でより具体化されてくる。

ヤコブは「創世記」二八章一七節で、つぎのように語る。

　ここは、なんと畏《おそ》れ多い場所だろう。
　これはまさしく神の家である。

この一節は、以上述べたことを明白に示す例として、宗教心理学的にはきわめて示唆《しさ》に富んでいる。同節の前半句はあきらかにまだ省察という手続きを経ておらず、まだ感情の自己解明化や自己明確化がなされていない直接的な心情における印象そのものを表現している。そこにあるのは、ヌーメン的原戦慄以外のなにものでもない。そのようなまだまったく非明示的な感情である原戦慄は、確かにある特定の場を「聖なる場所」として別格扱いにし、それを畏れ多い崇拝の場、ある程度発展した儀礼の場にするよう人を促すだけの十分な力をもっていたが、この戦慄は、かならずしもそこに宿っている具体的なヌーメンの表象に転換させられたわけでも、ヌーメンが名を獲得したり、たんなる代名詞以上のものになったわけでもないという印象を与える。ところが、ヤコブの後半の句が語っていることは、もはや原体験だけに留まってはおらず、それが省察され、具体的に解明されたもの、解釈されたものとなっている。

Es spukt hier[六] というドイツ語表現も示唆に富む。この表現にはそもそもちゃんとした主語がない。すくなくとも spukt の形式主語である Es がなになのかはまったく言明されていない。「幽霊」、「霊」、死霊あるいは魂といったドイツ民族神話の具体的表象それ自体はまだこのなかに存しない。この文はむしろただ不気味さという感情そのものを純粋に表現しているものである。それはまだ漠然と暗示するような仕方であるが、なんらかのヌーメン的な、あの世に存在するようなものの表象を自分自身からまさに解き放とうとしている不気味さである。＊

〔「出没する」を意味する〕spuken に代わる、より格調高く、より一般的な言葉がドイツ語にはなく、そのためか同語がたちまちヌーメン的感情の「迷信的」で不純な傍系領域へと偏向してしまうのは残念である。[1] それでもわれわれはこの出没感がかのヌーメン的原体験と類縁関係にあることを追感することができる。このヌーメン的原体験をとおして、かつて見者的な経験を通じてヌーメンに支配された「戦慄すべき」「聖なる」場所、地縁的儀礼の出発点、そこで崇拝されるエルの出生地が発見されたのである。＊

このような原体験の余韻は、「創世記」二八章一七節および「出エジプト記」三章が響かせている。ヤコブとモーセがここで神聖視した場所は、真に「なにかが出る場所」であり、「なんだか変な」場所である。ただこの出没感は、今日の幽霊に対する気持ちが含んでいるような貧弱で低俗な意味はもっておらず、むしろ真のヌーメン的原感情の潜在的可能性と発展可能性のまったき豊かさを内蔵している。ここではある格調高く洗練された出没現象がテーマとなっている。＊

　疑いもなく、今日でもわれわれにとって聖域となるような場所が静寂とほの暗さに包まれているとき、そこでわれわれを捕らえるであろうようなある軽い戦慄は、シラーのつぎの一節、

　そして、ポセイドンのトウヒ林に
　かれは、敬虔なる戦慄をもって入っていった。〔シラー「イビュクスのツル」〕

という詩句の雰囲気のみならず、正真正銘の出没感と究極的には類似しているし、そのような状態のときに感じる微妙な寒気は、われわれが以前議論したあの「鳥肌」と無関係ではない。もし、アニミズムが霊や魔神や神の由来を強引に「魂」に帰そうとするならば、その視線はまちがった方向に向いていることになる。しかしアニミズムが、魂は「出没するもの」であると主張するならば、すくなくとも正道を歩んでいる。

以上のことは部分的に、かつて「格調高い出没」〔ド Edel-Spuk〕の原初的な戦慄を指していた古代世界の各地域の用語が証明している。これらの用語はのちに「おそれ」の最低段階のかたちを表わすものに格下げされることも、その最高段階のかたちを表わすものに格上げされることもあった。そのような用語の一つに、サンスクリットのアスラ〔asura〕という謎に満ちた言葉がある。この言葉はのちにヒンディー語で、低い段階の出没する幽霊的、魔神的なものを表わす術語となっている。が、しかしそれは、古代において『リグ・ヴェーダ』におけるあらゆる神々のうちで最高位の神、すなわち最高神ヴァルナ[七]の別名であったし、ペルシアの「アフラ・マズダ」[八]において、アスラは唯一永遠なる神性そのものの名であった。[2]

また、アドブタ[九]〔サ adbhuta〕という語についても同じことが言える。アドブタとは〔ギリシア語の〕アレトン、すなわち言表不可能なもの、把握不可能なものを意味する。それはさしあたりちょうど「茫然とさせる神秘」〔ラ mysterium stupendum〕に相当する。そさらに、「空き家にいると、アドブタを体験する」という古い言いまわしがある。これは、つまり「ぞっとする」体験で、人のいない空き家にいるとわれわれ自身も体験するようなものだ。ところが、アドブタはまったくこの世を超えた不可思議さとその魅する力を表わす名称、さらに永遠なるブラフマン[一〇]とそれによる救いそのもの、「すべての言葉を超えたもの」を表わす名称でもある。[3]

このアスラやアドブタにあてはまることは、おそらくギリシア語の神〔ギ theós〕にもあてはまるだろう。この語の語幹はたぶん ge-twās の語幹と同じものであろう。ge-twās は中部ドイツ語にまだ存在しており、幽霊や妖怪を意味する。ここでも、本来はヌーメン的・不気味なもの（つまり「格調高い出没」）を表わす古い言葉が、一方では神の尊称へと格上げされ、他方ではたんなる幽霊的なものへと格下げされたように思える。ヘブライ語においても、たぶんかつては同じような展開があったであろう。というのは、エン・ドルの口寄せ女がサウルのために呼びもどしたサムエルの「霊」または死霊が、神のような者、つまりエロヒムという神性そのものと同じ呼び方をされているからである（「サムエル記上」二八章一三節）。

(二)　感情のアプリオリな観念の基礎というわれわれの仮説を根拠にすると、われわれは、最後に、アンドルー・ラング[二]が正しくも注目したあの〔至上神の信仰という〕興味深い事象についても説明できる。[4] これらの事象はなるほど「原始一神教」[三]〔ド der primitive Monotheismus〕という仮説を裏付けるものではない。この仮説は「創世記」第二章の記事〔すなわち、天地創造と人祖物語〕は弁護したいけれども、夕涼みに園を散歩するヤハウェという部分については現代人らしい羞恥を感じる宣教師の護教の産物である。しかしながらこの事象は、アニミズムや汎意論から、あるいは宗教成立に関するその他の自然主義的根拠づけからではまったく謎のままに留まっていることがら、それゆえ無理な仮説でかたづけられてしまうことがらに、われわれを注目させるものである。つまり未開民族のあまたの神話や物語には、ほかの宗教儀式や慣習の高みを絶対的に上まわる特質、すなわち大いなる神々〔つまり至上神〕の表象が存在する。この大いなる神々は、実生活では通常まったく引き合いに出されないが、ほかのすべての神話的所産を凌駕《りょうが》した尊厳、最高度に神的な響きをもった尊厳が、ほとんど無意識のうちに与えられているのである。＊

この大いなる神々に神話的過去があったかどうかは、わかる場合もあればそうでない場合もある。それらに特徴的でかつ不可解な点は、ほかの神々のレベルをはるかに超えたその凌駕性である。有神論的な宣教的説教がもたらされるところでは、そのような大いなる神々は容易に、またしばしば神として再認識され、それらは宣教的説教の言葉を説得力あるものとさせ、その後改宗した者は、自分は神を知ってはいたが敬ってはいなかったなどと告白する。なるほどこのような現象は、ときとして、かつてある高度な有神論的宗教と接触した過去の時代から連綿と続いてきた伝統的影響から説明されうるということは確かであるし、そのことは、この大いなる神々に与えられる名称が証明する

場合もある。＊

しかしながら、そうであったにしても、この事象はやはりじつに奇妙である。もともと野蛮な迷信がはびこるまったく別種の環境にいた「野性の人々」が、そのような「連綿と続いてきた」もろもろの表象を受け入れ、それを堅持するのを可能にさせるものは、いったいなになのか。それは、この人々自身の心にそのような表象に対するある資質、それらの表象を素通りさせず、すくなくともそれらを維持し、他者に伝えるような関心をもつように仕向け、自分の良心のうちにその表象についての証言を感じとり、認めるよう仕向ける資質以外には考えられない。いずれにしても、過去から連綿と続いてきたという仮説は、これら大多数の類例には明らかに当てはまらず、無理矢理こじつけるしかない。＊

このような事例に関係しているのは、あきらかに先行的な予知と先取りである。この予知と先取りは、観念を形成する内的理性的な資質の強力な作用と推進力というものを仮定すれば別に驚くほどのものではなく、むしろ場合によっては期待されるものであり、ごく自然なことである(それはちょうど、文化的にはあまり進んでいない環境にありながら、生まれながらの高度な音楽的素質が推進力となって発揮されるジプシー音楽の高度な演奏技術のようにごく自然なことである)。この内的理性的な資質の作用と推進力を仮定しなければ、予知と先取りは純然たる謎として留まるであろう。

ほかの場合と同様にここにおいても、自然主義的な心理学者が見すごしているか、または無視している一つの事実がある。それはすくなくとも心理学的には興味深いし、自己を鋭く観察するならば、自分のなかに認めることができるような事実である。すなわち、自らの心の内で宗教的な観念がおのずから証明される〔ド Selbstzeugnis〕という事実である。確かに、このおのずからの証明は、文明化された人々の場合よりも、単純素朴な人々の場合の方が、いっそうありうることであるが、しかし多くの文明化された人々でも、落ち着いて客観的に、たとえば自分がかつて受けた堅信の準備のための授業などを思いだせば、自らのなかに再確認するであろう。だが、心がなにを「証明」するのかということは、ふさわしい条件のもとで予感の発動のうちにおのずからあきらかになりうる。＊

他方、原始一神教支持派は、自然主義的な心理学者に負けず劣らず、この事実を軽視している。なぜなら、われわれが言及した諸現象がただただ歴史的伝承や「歴史的原啓示」への不確かな記憶にしか根拠が見出せないとしたら、自ら承認するという要因を伴って、内部からおのずと証明されるということも、それだけありえないものになるからである。[5]

第一八章　「粗野なもの」の諸要因

ほかのものに由来しないという性格とアプリオリ性は、宗教史の始まりおよび宗教の歴史的発展の出発点において生起する「魔神的おそれ」のかの原始的で「粗野な」かつ未発達な動きについてもまったくあてはまる。宗教は宗教自身のなかにその始まりをもつが、それ自身、神話的なもの、魔神的《デモーニッシュ》なものという「前段階」のなかですでに活動している。この原始的なもの、「粗野なもの」〔ド das Rohe〕が呈する状況とは、ここでは以下のような状況を指している。

(a)「粗野なもの」は、ヌミノーゼの個々の要因がただ漸次的に相前後して現われたり目覚めたりする状況を呈する。ヌミノーゼはただ漸次的に、順番に一つ一つゆっくりと開始する刺激の連鎖のなかでしかその全容を開き示さない。だが、まだ全体が顕わとなっていない場合、その散発的に目覚めた最初のそして部分的な諸要因は、本性上、奇異で理解不能で、しばしばグロテスクなものを含んでいる。このことがとりわけあてはまるのは、人間の心情生活において最初に目覚めたと思われるかの宗教的要因、すなわち魔神的おそれである。この要因はそれだけを取りあげて見るならば、宗教そのものというより、宗教とは反対のもののように見える。この要因の随伴要因の一つ一つを取りだしてみれば、これは宗教と関係のあることがらというより、恐ろしい自己暗示、ある種の「民族心理学的」夢魔に似たところがあるように思われ、そしてある種の追跡妄想に罹《かか》っている病人の強烈な空想が生んだ出没体が、ここで問題となっているものの本体であるかのように思える。多くの研究者が、宗教は悪魔礼拝から始まったとか、悪魔は基本的に神より古いといったことを真面目に考えたのも、もっともなことである。＊

このようにヌミノーゼの各側面・要因が段階を追って順に目覚めるということは、また宗教を種や類にしたがって分類することがいかに難しく、さらにそれを試みる者の間でつねに異なる結果が出てしまうという事実の背景にもなっている。なぜなら、ここで分類されているものは、ほとんどの場合、同一の部類における異なる種というふうな分け方になっていないからである。つまり分析される統一体というような視点からではなく、構成される統一体という視点からなされているからである。それはちょうど、巨大な魚が体のほんの一部だけを水面に現わし始めたときに、そこでその曲がった背中、尾びれの先端、水をふきだす頭部をそれぞれ種と類にしたがって分類しようと試みるようなものだ。本来なら、この現象について、そこに現われ出ているものを、その位置と相互関連性から一つの全体の一部をなす肢体であると認識するような仕方で、その本質を理解しなければならない。しかし、これらが一部をなす肢体であることを理解するには、まえもって全体を全体としてまず理解しておく必要がある。

(b)「粗野なもの」は、ヌミノーゼの最初の発動がまだほんのとぎれとぎれでたまにしか起こらない状況、およびその発動が不明瞭であるという状況を呈する。この不明瞭性は、同時に「自然的」感情との誤った取り違え、混同を誘発する。

(c)「粗野なもの」はさらに、ヌーメン的感情が、一般にかつまったく当然に、この世界内部の事物や現象や存在にまず結びつくという状況を呈する。つまり、それらのものはヌーメン的感情の発動を「促し」、同時にこの感情自身を自らにつなぎとめる。主としてこのような状況が根本要因となって、自然崇拝とか自然神格化などと呼ばれるようなものが発生した。ほんの少しずつ徐々に、またヌーメン的感情自身の力に押されて、この世の事物とのこのような結びつきは、時とともに「精神化され」、あるいは最後には完全に切り離されて、今度はこの世を超えた存在そのものを志向する不分明な感情内容が、はじめて独自に純粋なかたちで姿を現わす。

(d)「粗野なもの」は、抑制のきかない熱狂的空想というかたちを呈する。それはまず心を捕え、そして宗教偏執として、ヌーメンにとりつかれた状態として、興奮と半狂乱として現われる。

(e)「粗野なもの」は、きわめて本質的なこととして、自分自身の誤った図式化を呈する。つまり、自分に似てはいるが、実際には自分に属さないものにおのれを埋めこむという状況である。これについてはすでに事例を示しておいた。

(f) 最後にかつもっとも重要なこととして、「粗野なもの」は、合理化、道徳化、洗練化がまだ始まっていない状況を呈する。こうした変化は、ほんの少しずつ徐々に現われてくる。

ところが、内容からすると、魔神的おそれのこの最初の発動でさえ、純粋にアプリオリな一要因である。この点に関し、それは「不気味なもの」という純然たる粗野な感情として、美的感情に比されうる。＊

ある対象が「美しい」と認識される場合と、「恐ろしい」と認識される場合の、この二つの心情体験はまったく異なっているが、つぎの点では一致している。すなわち、わたしはその対象に一つの特性を表わす用語(つまり、意味の特性を表わす用語)を添えるわけだが、この用語はわたしがその種の感覚体験からえたものではないし、えることもできないもので、むしろわたしが自発的に付与するものだという点である。わたしはその対象(美しいものでも恐ろしいものでも)について、ただ感覚で捉えられる明確さと空間的形状を直観的に把握するのみであって、それ以上はわからないということだ。ここにおいて、またそのことゆえに、わたしが「美しい」と認めるその価値の意義がかの対象に帰されるにふさわしいかどうか、あるいはそもそものような価値の意義が存在するのかどうかは、感覚で捉えられる明確さと空間的形状それ自体からはなにも知ることができない。＊

わたしは「美しいものそれ自体」に関するぼんやりとした観念をもっていなければならないし、それにくわえて、それに従属するかしないかの基準となる原理を知っている必要がある。わたしは、この原理にしたがって〔美しいという〕特性を表わす用語を付与する。そうでなければ、もっとも単純な美の体験ですら不可能となる。まったく同じことは、わたしがある対象を「恐ろしい」と認識する場合にも言える。これに類することがらはさらにある。すなわち、美に対する歓喜は、心地よいものに対する快感と類似性をもってはいるものの、後者とはあきらかに質的に異なる点や後者に決して由来しない点がきわだっている。同様なことは、ヌーメン的な特殊なおそれとたんなる自然的恐怖との間の関係についても言える。

「粗野なもの」の状態は、ヌーメンがますます強力に、ますます完全に「啓示される」、つまり心と感情にあきらかにされることで克服される。このことがまったく本質的にあてはまるのは、(f)の項で述べたような合理的要因によって満たされるという状況である。これにより、同時にヌーメンは把握可能なものの領域に入ってくる。だがその際でも、ヌーメンはそのヌーメン的側面において、非合理的な「把握不可能性」のすべての要因を維持しており、それどころか自己を「啓示」すればするほど、ますますこの要因〔の非合理的な把握不可能性〕を強化する。というのは「自己を啓示すること」とは、決して理知的にわかるところに移行することではないからだ。ヌーメンはそのもっとも深い本質からして感性になんらかの仕方で知られ、親しまれ、祝福をもたらし、感動させることができるが、そのためのいかなる概念的理解も悟性にはできない。人は悟性による「把握」ができなくとも、感性をとおして深く内的に「わかる」ことができる。たとえば、音楽がそうだ。音楽について概念的に理解される部分は決して音楽そのものではない。わかることと概念として理解することとは同じではないし、それどころかたがいに排斥しあうことも多い。＊

このように、ヌーメンの神秘に満ちた概念的に解明できない闇が意味するものは、〔ヌーメンを〕知ることができないことないしはわかることができないことでは決してない。隠れた理解しがたい神〔ラ deus absconditus et incomprehensibilis〕は、ルターにとって決して知られざる神〔ラ deus ignotus〕ではなかった。かれは神をあまりにもよく「知りすぎていた」。しかも、その際おじけづいたかれの心は驚愕とおそれに満ちていた。同様にパウロもまったく捉えることができない「あらゆる人知を超える」「平和」（「フィリピの信徒への手紙」四章七節）をよく「知っている」。そうでなければ、これをたたえることはしないであろう。

「人は神を理解できないが、神を感じる。」

と、ルターは言う。[1] プロティノスも同様につぎのように語っている。

もし、それについて(なんらかの仕方で)理解していなければ、われわれはどうしてそれについて語れようか。それがわれわれの(概念的な)認識からは捉えられないとしても、かならずしもわれわれがそれをまったく捉えることができないということではない。われわれがそれを理解するその仕方はつぎのようである。すなわち、われわれはそれについて(表意文字的表現として)語るが、それ自体を(ふさわしく)命名することはできない。だが、われわれがそれについて語りえずとも、それを所有することを阻むものはなにもない。それはあたかも、自分たちはなにか、より高いものを内にもっているとは知っていても、それがなにであるかは(概念的に)「知る」ことがない霊感を受けた者や忘我状態にある者に似ている。かれらは、自分たちに霊感を与え、自分たちを発言へと促したものから、霊感を受けた者自身の（感性的）印象を取りだす。われわれの一者に対する関係もこれと同様である。もし浄化された精神の助けをえて、この一者に向かっておのれ自身を高めるならば、われわれは感じるだろう[2]……。

さらに、古代インドの言葉は、つぎのように言う。

わたしはかれをよく知っている、とは言わない。

わたしはかれを知らない、とも言わない[3]。

このように、「非合理的なもの」は決して「知ることができないもの」「わかることができないもの」ではない。もしそうだとしたら、それはわれわれとはなんの関わりもないものとなり、われわれはそれについて「非合理的なもの」であると言うことさえできないであろう。それは悟性にとって「理解しがたく」「捉えることができず」「把握できない」。しかし、「感性」にとっては経験可能なものである。

第一九章　アプリオリな範疇としての聖なるもの――第二部

㈠　このように、「聖なる」という複合範疇の合理的な要因も非合理的な要因も、どちらもアプリオリな要因である。しかも両者は同じ程度にアプリオリである。宗教は目的論の家臣でもなければ倫理のそれでもなく、またその生命はなんらかの必然的要請に依存しているのでもない。宗教のなかの非合理的なものも〔その合理的なものと同様に〕精神そのものの隠れた深みにそれ自身の独自の根をもっている。

このアプリオリ的性格は、最後の第三の点として、宗教における合理的なものの要因と非合理的なものの要因との結びつき、換言すれば両者の相互補完的一体性の内的必然性についてもあてはまる。宗教の歴史は、ある意味自明なことであるが、これら諸要因がしだいに相互浸透していく事実、たとえば「神的なものの道徳化」といったできごとを報告している。事実、このできごとは感性にとっては「自明なもの」である。その内的必然性は感性そのものにとっては理解できるものである。＊

しかしながら、このできごとの内的な理解可能性は、それ自体一つの問題であり、この問題を解決するには、これら二つの諸要因の本性上必然的な相互緊密性についての不分明な「アプリオリな総合的認識」というものを前提として認めなければならない。というのは、それは論理的な必然性をまったくもっていないからだ。月神や太陽神といったまだ「粗野な」半魔神的《デモーニッシュ》な存在から、あるいは出没する地縁的諸ヌーメンから、いかなる論理的帰結をもって、それが宣誓、誠実、契約の有効性、歓待、婚姻の神聖さ、部族や氏族の義務の擁護者、さらに幸不幸を司り、部族の関心事を共有し、その繁栄をもたらし、その運命と歴史の舵をにぎる神になる、などと言えるだろうか。もともと恐怖や戦慄から生まれたものと思われる存在が神々になる、別の言い方をすれば、人がこの神々に祈り、苦楽を託し、慣習や掟や法律や法典の起源と裁可を帰すという宗教の歴史におけるこの驚くべき事実はいったいどこに由来するのか。また、そういう神々の観念がいったん目覚めてしまうと、いま述べたようなことは、自分たちにとって起こるべくして起こったのだと、しごく単純かつ当然な自明の理として理解されるのはどうしてだろうか。

プラトンの『国家』第二巻の結びで、ソクラテスは言う。

したがって、神とは、……行為においても言葉においても単一にして真実なものであり、みずから実際に変身することもなければ、……他の者を欺《あざむ》くということもないのだ。

そこで、アデイマントスはかれに答えて言う。

あなたの議論によって、私自身もたしかにそうだと思います。〔プラトン『国家』(上) 藤沢令夫訳(岩波文庫、一九七九年)一九〇頁〕

この会話文においてもっとも重要なことは、神の概念の崇高さや純粋さでもなく、またその高度な合理化や道徳化でもない。そうではなくて、ソクラテスの側においては、かれの発言の一見「独断的」と思われる調子である。というのは、かれには自分の命題を根拠づけるための努力の跡が一切見られないからである。一方、アデイマントスの側においては、かれにとっての新しい事実に対するあまりにもあっさりとした、しかし確信に満ちた承認、しかも納得したという意味での承認である。かれはソクラテスを信じたのではなく、悟ったのである。つまり、すべてのアプリオリな認識のしるしとは、ある主張が言葉にされ理解されるまさにそのとき、その主張の真なることが自ら確信をもってわかるということである。＊

ここでソクラテスとアデイマントスとの間に起こったことは、宗教の歴史でたびたび繰り返されている。アモスもヤハウェを普遍不屈の義そのものの神として宣べ伝えるとき、やはりなにか新しいことを語るわけだが、それについて証明することも、そのためになにかの権威を引き合いに出すということもしない。かれはアプリオリな判断、つまり宗教的良心それ自身に訴える。そして、事実この良心が証明をする。ルターもまたそのような神的なものについてアプリオリな認識をよく心得ており、また主張している。なるほど、通常、かれは憤《いきどお》りをもって淫婦なる理性を批判する。つぎはその一例である。

城や家を外から眺めて、その主人や家主がどんな人かを察知するように、神を外側から、その働きと支配において眺めるとき、そこでえられる知識は後経的〔ア a posteriore〕なものである。ところが、アプリオリに内部から、神が神としてあるいはその内在的本質においてなにであり、いかなるものかということを、人間の知恵はいまだに見抜くことができないでいる。それについては誰も知ることができず、語ることもできない。というのは、それについての啓示は、聖霊によるからである。[1]

（かれはここで、人は「家主」をアプリオリに察知しているのか、まったくそうではないのかという点を見すごしている。）だがほかの箇所で、かれは自ら一般的な人間理性が、神が「神としてあるいはその内在的本質においてなにであるか」という認識をもっていることを大いに認めている。

しかし、自然的理性そのものは、たとえ聖書がなくとも、自己固有の判断で納得してこの見解を受け入れざるをえない。なぜなら、すべての人々は、理性がそれにつ

> いて語るのを聞くやいなや、自分の心のなかにつぎのような見解が書き記されているのを見出し、その見解の妥当性を意に反して認めるからである。すなわち、第一に神は全能であり、第二に神はすべてを知っており、予知し、誤ることも欺かれることもありえないことである。この二点は、心と感覚から認められているので、……[2]

この発言で興味深いのは、自己固有の判断で納得して〔ラ proprio suo iudicio convicta〕という表現である。というのは、この言い方は認識をたんなる「生得観念」[1]あるいは超自然的に吹きこまれた表象と区別しているからである。これらはただ「思考」しか生むことができず、「固有の判断による納得」を生むことはできない。一方、「それについて語るのを聞くやいなや」〔ラ cum audiant eam tractari〕とは、「あなたの議論によって、私自身もたしかにそうだと思います」と言ったアデイマントスの体験とちょうど合致している。[3] ルターは卓上説話でつぎのように語る。

> 神への知は神からすべての人間精神に刻みこまれている。神おわします、ということを芸術や学問に関する知識がなくとも、たんなる自然本性の指導のもとに、すべての人間が知っている。万物を創造したのはなんらかの神的なものであるということを信じないほど野蛮で未熟な民族は存在したためしがない。だから、パウロは言

う。神の見えざるもの、すなわち神の力と神性は、世の創造以来、被造物によって理解できる仕方で見られている。だから、神がいるということをすべての異邦人は知っている。かれらがどんなにエピクロス主義に漬かっていようと、どんなに神はいないと主張しようとしても。そのような拒否そのもののなかでこそ、神おわしますと告白してはいないだろうか。やはり誰も自分がまったく知らないことを否定することはできない。……したがって、たとえ全生涯をひどい悪徳に費やし、まるで神がいないかのように生きた者が多くとも、神がいるということを証言し、肯定する良心を心から放逐できた者はひとりもいない。また、たとえこの良心がしばらく邪悪でまちがった考えに抑圧されていたとしても、再びもどって、最後の息を引きとる際には、自己の非を悟るに至る。[4]

これは、宣教師らがたびたび経験するようなことがらである。ひとたび神的なものの一性や善性といった諸観念が表明され理解されると、これら諸観念は、聞き手に宗教的感性がある場合、しばしば驚くほどすばやくその聞き手の心に固着する。その際、これまでもっていた固有の宗教的伝統は、それら諸観念の内容に合うよう調整させられることがたびたびある。あるいは、その新しい教えに反発すると、自己の良心の著しい圧迫感が生じる。わたしはそのような経験を、チベットおよびアフリカの黒人のなかで宣教師をしている者たちから知らされた。この経験がそもそもどれほど特別なものかという疑問を解く上でも、また神観念の合理的要因と非合理的要因の本性的内的相互緊密性についてのアプリオリな認識という点からしても、これと同様な経験を収集することは意味のあることであろう。＊

そもそも宗教の歴史そのものがこの点について異口同音に証言している。というのは、ヌーメンのさまざまな「野卑な」領域でのその道徳化がいかに不十分なものであったとしても、その痕跡はいたるところに見出されるからである。そして、宗教がその最初の粗野な状態から抜けだして、高度な宗教へと高まったところでは、この非合理的なものと合理的なものとの融合のプロセスがいたるところできわめて強力に始まり、進行した。それにしても、神々の姿形にまつわる空想の産物がいかに種々異なった素材から出発したか、そしてこの空想の産物がどれほど種々異なった人種、資性、社会的・国家的情勢のもとで発展してきたかということを考えてみれば、かかる融合のプロセスの普遍性はいっそうきわだつ。＊

以上はすべて、人間の精神のうちに普遍的かつ必然的にアプリオリな諸要因が存在していること、換言すれば、アデイマントスのように、われわれもごくごく素朴かつ自発的に、ソクラテスの「神とは行為においても言葉においても単一にして真実」との言葉に、なにか自明なものとして、納得できるものとして同意するときに、われわれ自身の宗教的良心のうちに直接再発見するものがあることを示すものである。

(二)　宗教史が展開していくなかで、合理的要因がアプリオリな原理にしたがい、非合理的な要因と結合することで、合理的要因は非合理的要因を図式化する。このことは、聖なるものの合理面全般の非合理面全般への関わり全体について言えるが、さらに詳細に見ると、これら両側面のそれぞれを構成する一つ一つの要因についても言える。

(a)　ヌミノーゼの撥《は》ねつけるような要因である「戦慄すべきもの」は、正義、道徳的意志、不道徳の排除という合理的な観念によって図式化され、そのような図式化により、かの要因は聖書とキリスト教の説教が宣べ伝える「神の怒り」となる。ヌミノーゼの惹きつけるような要因である「魅するもの」は、善意、憐れみ、愛という合理的観念によって図式化され、そのような図式化により、この要因は「恵み」という内容豊かな包括概念となる。これは聖なる怒りと対照的なもの同士の調和をなすとともに、この怒りと同様、ヌーメンの特質により神秘主義的色彩を帯びている。

(b)　一方、ミルムという要因は、神性の絶対性およびそのすべての合理的な特性を表わす用語の合理的観念によって図式化される。驚くべきものと絶対性というこの二つの要因間の類比関係は、たぶん一見しただけでは、(a)ほどにはすぐ理解していただけないで

あろう。ところが、この類比関係も非常にはっきりしている。＊

神に関する合理的な特性を表わす用語が、被造の精神に関する同内容の特性を表わす用語と異なっている理由は、前者は後者のように相対的なものではなく、絶対的なものだということによる。つまり、この相違は内容によるのではなく形式による。人間における愛は相対的であり段階的である。人間の認識もその善性も然り。しかし、神の愛と認識、そのほか神について概念として言い表わされうるものはことごとく人間のそれらと同じ内容でありながら、その形式は絶対的であるという意味で別ものである。特性を表わす用語のこの形式要因こそ、同じ内容を示しながらも、それらの表現を神的なものとして別扱いする。しかし、形式要因なるものは、それ自身神秘的なものでもある。この神秘的なものは、本書七五頁ですでに見たように、「まったく他なるもの」がとる形式である。＊

両要因のこのあきらかな類比関係に、さらにつぎの類比関係が加わる。われわれの理解力は相対的なものしか把握しない。この相対的なものに対置される絶対的なものは、頭に思い浮かべることはできてもそれについて考えを巡らすことはできない。それはわれわれの思いの範囲内にはあるが、理解力の限界を越えている。したがって、それはそれ自体としてはまだ真の神秘的なものではないが、本書五九頁以下で論じたように、神秘的なものの真の図式ではある。絶対的なものは把握困難であるが、神秘的なものは把握不可能である。絶対的なものは、理解力の限界を越える。といっても、それは絶対的なものの質それ自体によるものではない。質そのものは、われわれが熟知しているからだ。理解力の限界を越えるのは、質の形式による。しかし、神秘的なものは思惟《しい》されうるすべてのことがらの埒外《らちがい》にあり、同じようにその形式、質、本性において「まったく他なるもの」である。＊

このように、ヌミノーゼにおける神秘的なものという要因についても、非合理的な要因とそれの合理的図式との間にはきわめてはっきりとした類比関係が存在し、この類比関係は発展していく。

ある宗教において、非合理的な要因がつねに目覚め、いきいきと保たれているという事実は、その宗教が合理主義に陥ることを防いでいる。宗教が合理的要因を豊富に内包しているという事実は、その宗教が狂信ないし似非《えせ》神秘主義に堕したり、そこに居座りつづけるのを防ぎ、それをはじめて質の高い宗教、文化的な宗教、人類の宗教とせしめる。この両要因がそろって存在し、健全で完璧な調和のうちにあるということが、一つの宗教の卓越性を計る尺度であり、しかもこれが本来宗教的な尺度である。＊

キリスト教は、この尺度において、地上に存在するほかのもろもろの姉妹宗教を断然優越している。深い非合理的な基礎の上にキリスト教の純粋で明確な諸概念、諸感情、そして諸体験の明るく輝く建物が聳《そび》え立っている。非合理的なものは、その建物の基礎、外枠、骨組みにすぎないが、絶えずキリスト教にその神秘的な深さを保たせ、この宗教に神秘主義の荘重な響きとその投影を与える。しかもその際、キリスト教は、その宗教たる身分を神秘主義そのものに移し変えて肥大化していく、ということにはならない。＊

このように、キリスト教はその諸要因の健全な調和的関係のなかで、典型的な姿を形成している。誠実公正に感性という側面を宗教の比較に取り込み、かつ、キリスト教において、特別で卓越した仕方で、人間の精神生活の一要素、ほかの領域にも類似するものをもっている要素である「宗教」が成熟を見たということを認識すれば、この典型的な姿はそれだけいっそういきいきと感性に訴えるものとなる。

第二〇章　顕外化した聖なるもの

感覚を越えるものをただ信じることと、それをさらに体験することとは別である。聖なるものについての観念をもっていることと、さらにそれが働いているもの、作用するもの、働きつつ現われるものだと気づき、聞き分けることとは別である。＊

この第二番目のことがらが可能であること、つまり内的な声、宗教的良心、心のなかで静かにささやく霊、予感や憧れが聖なるものを証《あかし》するばかりではなく、特別なできごとや機会、人物、また自己啓示の行為による証において、聖なるものと出会うこともできるということ、したがって神的なものについての霊から来る内的啓示とならんで、外に現われる啓示があるということは、すべての宗教の、そして宗教そのものの根本的確信である。この知覚可能な自己啓示において聖なるものが、このようにできごとをとおして示されること、そのように顕外化することを、宗教言語では「しるし」〔ド Zeichen〕と呼ぶ。＊

もっとも原始的な宗教の時代からずっと、人間のなかに聖なるものの感情を刺激し、掻《か》き立て、噴出させることのできるものは、すべていつもしるしとして通用していた。それらは、すでにわれわれが論じてきたすべての要因や状況を含んでいる。すなわち、恐ろしいもの、崇高なもの、強大なもの、特異かつ驚かせるもの、そしてとくに、不思議なもの、奇跡的なものとなった理解しがたく神秘に満ちたものである。＊

ところが、これらはみな、すでに見たように厳密な意味でのしるしではなく、宗教感情が発動するためのたんなる契機・原因であり、それらが原因となりうるのは、その状況がみな聖なるものに類似しているというただ一点の動機による。それらが聖なるもの自身の実際の顕外化として解釈されたということは、聖なるものの範疇《はんちゅう》が、それと見かけ上類似しているものと取り違えられたということであり、その顕外化した聖なるもの自身の真の「想起」〔ギ anamnesis〕、つまり真の再認識にはまだなっていなかったことを意味する。だから、それらは宗教が高度に成長し、純粋に宗教的判断ができる段階になって、再び反発を受け、全体としてあるいは部分的に不十分なもの、ないしはまったくふさわしくないものとして排除されることになる。＊

これときわめて近似した現象が、もう一つ別の判断領域にも見出される。すなわち趣味〔ド Geschmack〕という領域である。趣味がまだ粗野な状態でも、美しいと感じる感覚またはその予感はすでに動いている。この感覚または予感はすでにアプリオリに具わっているぼんやりとした美しさの概念から発生しているはずである。さもなければ、そのような感情はまったく存在しえないはずだから。この粗野な趣味は、そのようなぼんやりとした美しさの概念を用いるが、そこではさしあたって既述のようにただ「取り違え」、つまりあるものをぜんぜん美しくないのに美しいとみなす結果そうするのであって、ほんとうの正しい想起からではない。＊

しかし、そのようなまちがいはあっても、そこで用いられている原理そのものは、(まちがって)美しいと判断された事物のもつ、美しさそのものに多かれ少なかれ類似したある種の要因である。こうしていったん趣味ができあがってしまうと、それは宗教の場合と同様、のちに至って、美しさそのものではなくただそれに似ているにすぎないものを激しい反感をもって排除し、正しい眼識をもって判断することができるようになる。言いかえると、趣味が内蔵する美の観念ないし尺度に合っているものが実際に「顕外化している」その現われを美しいと認めることができるということである。

予覚の能力

この顕外化した聖なるものを真なるものとして認識し承認することのできる能力を、われわれは予覚[二]〔ド Divination〕と名づけよう。こういうものは存在するのだろうか。あるとしたら、どのような種類のものであろうか。

超自然主義理論[三]にとっては、これはごく簡単にかたづく問題である。そこでは予覚、すなわちあるものを「しるし」として認識するという事態は、「自然的に」説明しえない、つまり自然法則では説明しえないできごとに遭遇するということにおいて成立する。そのようなできごとが起こるとしよう。さて、できごとにはなんらかの原因がなければ起こりえない。しかしその原因が自然的なものではないとしたら、それは超自然的なものでなければならず、まさにその超自然的な原因を示すしるしが、すなわち当のできごとである。予覚とその「しるし」についてのこの理論は、堅固な概念からなる正真正銘の理論であり、厳密な、かつ厳密に考えられた証明である。これは俄然、合理主義的である。そして、そこでは予覚能力として、概念と証明における理解力と省察力が要求される。超自然的なものは、事実から論理的に証明されうることがらと同じような確かさおよび厳密さでもって証明される。

この見解に対して、あるできごとが自然的な原因からは生じなかった、つまり自然法則に反していたという事実を確認する可能性はわれわれにはまったくないのだと言っていちいち反論するのは、ほとんど無駄なことである。神との出会い、神の発見という宗教に存するこのもっとも繊細な部分をこのように硬直化し物化することに対しては、宗教感情そのものが反発する。なぜなら、証明を強制されたり論理的ないし法的手続きが誤用されたりすることがまったくないような場があるとすれば、または理論や概念にとらわれず、心の奥底から自由な発意に根ざして認め受け入れる自由があるとすれば、それは人間が自分自身に、あるいはほかの誰かに起こるできごとのなかに、また自然や歴史のなかに、聖なるものが作用しているということを意識しているところにほかならないからである。

＊

合理主義から生まれ、合理主義を生み、真の予覚を阻むばかりか、それに熱狂、似非《えせ》神秘主義、ロマン主義の嫌疑をかけるそのような理づめの態度と衝突するのは「自然科学」でも「形而上学」でもなく、成熟した宗教感情そのものである。真の予覚は、自然法則やそれと関連するしないに一切関わりがない。それが問うているのは、できごとであろうが人であろうが物であろうが、そういった現象が発生することではなく、現象の意味、つまり聖なるものの「しるし」としてのその現象の意味である。

予覚能力は教化的・教義的な言い方では「内なる聖霊の証明」(ラ testimonium spiritus sancti internum)という美《うるわ》しい名称のもとに身を潜めている(この証明は聖書を聖なるものとして承認するということに限定されている)。もし、予覚能力そのものを予覚によって理解し判断するならば、つまり永遠なる真理そのものについての宗教的観念によって理解し判断するならば、この名称は唯一正しい名称、しかも比喩的な意味以上に正しい名称である。しかし、われわれはここでこの「能力」について単純に心理学的表現で語っているので、心理学的に論じなければならない。

さて、神学の領域で、この予覚能力そのものを発見し、超自然主義と合理主義に対抗して、これに理解を示したのはシュライエルマッハーの『宗教論』(一七九九年)、ヤーコプ・フリードリヒ・フリース[四]の「予感」〔ド Ahndung〕に関する説、およびシュライエルマッハーの同僚でフリースの弟子デ・ヴェッテ[五]で、かれの場合は「神の世界統治の予感」としての歴史における神性の予覚に特別な関心を示した。わたしが編集出版したシュライエルマッハーの『宗教論――宗教を軽んずる教養人への講話』[1]の一七頁の末尾で、わたしは、シュライエルマッハーの発見についてより詳細に論じておいたし、拙著『カント・フリースの宗教哲学とその神学への適用』[2]のなかで、フリースやデ・ヴェッテに見出されるような「予感」の説についてより正確な理解を提示した。さらに詳しい議論については、これら二書を参照されたい。ここではこの学説の特徴を明確化する目的で、つぎの諸点を手短にまとめてみたい。

シュライエルマッハーの念頭にあるのは、本来は、なによりもまず自然と歴史における大いなる生命全体と現実をまえにして沈潜する観想〔ド Kontemplation〕の能力である。

しかしながら、我を忘れ、深く沈潜しつつ「宇宙」〔ド Universum〕の諸印象に心が自らを開くと、心はあるなんらかのものについての直観と感情を体験することができるようになる、とかれは教える。このなんらかのものとは、経験的現実のいわば「無制約な余剰部分」〔ド ein freier Überschuss〕を言う。＊

この余剰部分は、学問においてなされているような世界と世界に関連する諸事物の理論的認識では把握されないが、直観〔ド Intuition〕によってはきわめてリアルに把握・体験できるものである。この余剰部分は、それ自体こうした個々の直観のなかで自らを形成する。この個々の直観をシュライエルマッハー自身は「諸直観」〔ド Anschauungen〕と呼んでいる。この諸直観もまた叙述可能な表明や命題へとかたちを整える。こうした表明や命題は、確かに理論的な表明と類似してはいるが、その無制約的でまったく感性的な性格により、後者とは明確に区別される。これら諸直観は、それ自体としては手探り的なもの、暗示的なもの、類比でしかわからないもので、厳密な意味で「教義の表明」としては利用できず、体系化することも推論上の前提命題として用いることもできない。それらは本性的に類比的であって、それ自体で完結した性格のものではない。そのような制約を受けているが、それでもまちがいなく真実性をもった性格のものである。したがって、シュライエルマッハーがいかに反対しようと、これら諸直観を「認識」と称す

べきであろう。ただし、これも直観的感性的認識であって、考えてえられるような認識ではない。＊

さて、その認識の中味であるが、それは時間的なもののなかに、かつ時間的なものを手がかりに、すべてを見通す永遠なるものを把握し、また経験的なもののなかに、かつ経験的なものを手がかりに、経験を越える事物の根拠と意味とを把握することである。それは、神秘と予感に満ちた実在にうすうす感づくことである。注目すべきことに、シュライエルマッハー自ら、直観と感情というかれ流の主要概念のかわりに、ときとして「予感」〔ド Ahnden〕という表現も使用し、そのためにはっきりと預言者的な予覚と宗教的な意味での「奇跡」の、つまり「しるし」の認識を引き合いに出している。

シュライエルマッハーは、感情について論ずるにあたり、感情という議論の対象を事例によってあきらかにしようとすると、たいていの場合、より高い目的の印象、すなわちわれわれにとっては予感の対象となる究極的神秘に満ちた世界の合目的性という印象に行きつく。この点で、かれは、予感の能力をまさしく「世界の客観的目的論」を予覚する能力として規定するフリースの所論とまったく一致している。デ・ヴェッテはこの点についてさらに徹底した論究を試みている。＊

ところが、この合理的であるはずの要因が、シュライエルマッハーの場合、永遠の神秘、世界の根拠という非合理的なものの基盤に深く根をおろしているのである。このことはかれの体験の自己解釈が、つねに手探り的で決して満足を知らないことでわかるし、とりわけそのことが強くきわだつのは、シュライエルマッハーが、自然という側面で、そのような印象を合理的・理知的・目的論的思考を機軸として解釈されうる世界の普遍法則性によって体験するよりも、むしろ自然が謎に満ちた「例外」として現われ、それによってわれわれの理解を越える事柄についての意味と価値を暗示するもので体験する場合である。[3]

シュライエルマッハーがここで前提としている能力は、あきらかにカントがその第三批判[六]において分析している「判断力」に類似している。カントはこれを「美的」判断力として、「論理的」判断力と対置させている。が、だからと言って、美的判断力によって下された諸判断は、その内容からして、必然的にあるいはたんに「趣味」の判断だと帰結してはならない。カントがこの「美的」という特性を表わす用語を用いているのは、さしあたって、きわめて一般的に、論証的概念的な思考・推論・帰結として理解する能力から感性的に判断する能力一般を切り離して、その後者の判断に見られる特色として、美的判断は論理的判断と違い、知的に明瞭な原理ではなく、「不分明な」原理によってなされること、この原理は概念的命題をもって解明しえず、ただ「感じとられる」種類のもの、ということを言おうとするためである。かれはそのような純粋に感性から発する判断の「不分明な」原理のために、ときとして「解明しえない概念」〔ド unausgewickelte Begriffe〕という呼び方を用い、こう呼ぶことで詩人のつぎの言葉とまったく同じことを言おうとしている。

　汝は不分明な感情の力を呼び覚ます。
　こころのなかに不思議にも眠っていたその力を。〔シラー「ハプスブルクの伯爵」〕

あるいは、

　心のうちなる迷路を
　人知れず
　また人に考量《はか》られることもなく
　暗夜ひそかに去来するものを〔ゲーテ「月に寄す」山口四郎訳、『ゲーテ全集』第一巻（潮出版社、一九七九年）五八頁〕

この場合、純粋に感性から発するこのような判断は、「論理的」判断力に劣らず、客観的妥当性を要求する。

　このことは、通説とは異なるが、「趣味判断」[七]〔ド Geschmacksurteile〕にも当てはまる。趣味判断の一見主観的で、純粋に個人的な意味合いは、「趣味については、論争を許さず」[八]〔ラ de gustibus non disputandum〕という格言にも現われているが、それは、趣味にはその磨かれ方、成熟の仕方にさまざまな段階があり、それらを相互に比較すればたちまち喧嘩《けんか》となり、そこに一致はありえないということを言おうとしているにすぎない。とはいえ、趣味が成熟し、磨かれていく度合いに応じて、趣味判断もしだいに一致の度合いを増していく。そこには、論ずること、教えること、正しく理解すること、確信すること、納得させることの可能性も生まれてくる。それと同じ可能性は、純粋に感性的印象から発するすべての判断に存する。そこでも、人は自分がなにをどのように感じているかを「論じること」も、他人に「その感じをわからせる」こともできるし、純粋で真実な感性が育つよう自分自身を鍛えあげることも、他人をそのように指導することもできる。論理的に納得させる分野での議論と確信に対応するものは、この〔感性による判断の〕領域においてはこれにあたる。

シュライエルマッハーの偉大な発見には、欠陥が二つある。その一つは[九]、この予覚能力を、よく吟味せず単純に一般的なものとして前提しているということである。この能力は宗教的確信を有する者なら誰でもかならず備えているはずだ、という意味における一般性でさえまちがいである。確かにこの能力をそもそも理性的精神の能力の一つに数え、しかもそのもっとも深いもの、特殊固有のものとみなしている点でシュライエルマッハーはまったく正しいし、そういった意味では、われわれは人間を「理性的精神」と定義しているわけだから、この能力を一つの「一般的人間的」要因とも呼んでよい。だが、一般的人間的なものは、一般的かつすべての人間に現実態として〔ラ in actu〕所有されているわけでは決してなく、多くの場合、とくに恵まれた個人の並外れた天分と素養というかたちでのみ表に出る。（シュライエルマッハーは、『宗教論』の第一講話[4]において「仲介者」の本質と課題について論じるなかで、このことがら自体の正しいあり方の輪郭をうまく示している。）現実態としてこの予覚能力をもっているのは、予覚者的性質をもっている者だけである。超世界的なものの印象を受容しそれを担っているのは、つねにその特権を有する者、「選ばれた者」であって、合理主義が考えているように、人間一般ではないし、あるいは近代の民族心理学が考えているように、相互に作用をおよぼしあう同質主体からなる無差別な人間集団でもない。

ところで、予覚を発見したシュライエルマッハー自身が、そもそも予覚者的性質をもっていたかどうかは疑わしい。もっとも、本人はその第一講話で、自分がそうであったと主張してはいるが。いずれにしろ、かれと同時代の人で、この賜物に関しては、かれをはるかに凌《しの》ぐ人物がひとりいる。ゲーテがそれだ。ゲーテの人生においては、活発に働く予覚が重要な役割を演じている。＊

この予覚が表現されているのは、奇妙なことに、魔神的《デモーニッシュ》なものに関するかれの見解においてである。これは『詩と真実』第二〇章およびエッカーマンとの対談において非常に強調され論じられている。これを簡単に見てみよう。

魔神的なものについてのゲーテの表象は、それがすべての「概念」、換言すれば「悟性と理性」を超越しており、したがって、そもそも表現できず「把握不可能」だというところにその最大の特徴がある。

「魔神的なものとは、」と彼はいった、「悟性や理性では解き明かしえないもののことだ。」〔J・P・エッカーマン『ゲーテとの対話』(中)　山下肇訳(岩波文庫、一九六九年)二六一頁〕

「〔それは〕好んでうす暗い時をえらぶものさ。ベルリンのような明るい散文的な都《ま》市《ち》にあらわれる機会はめったにあるまいね。」〔同書二九一頁〕

「文学には、」とゲーテはいった、「まったく魔神的なものがある。しかも無意識な作品にはとくにそうだ。そういう作品には、いっさいの悟性も理性も、寸たらずで役に立たないのだが、だからまた、思いもおよばぬほどの影響をあたえるのだ。

そういうものは音楽に最も著しい。なぜかというと、音楽はいかなる悟性も近づきえないほど高いところにあり、また音楽からはすべてのものを支配するような、何びとにも説明できない力が生ずるからだ。だから、宗教上の礼拝でも、音楽は欠かすことができない。それは人々にふしぎな力をおよぼす主要手段の一つなのだ。」〔同書二六五頁〕

「魔神的なものは」と私はいった。「出来事にもあらわれはしないでしょうか？」

「とくによく現われる。」とゲーテはいった、「しかも、われわれの悟性や理性では解き明かすことができないすべてのものにあらわれるものだ。そもそもそれは、まったくさまざまな方法で自然全体にわたり、つまり目に見えるものにも、見えないものにも、あらわれるのだ。生物の多くもまったく魔神的な存在であり、部分的に影響されているものも少なからずある。」〔同書二六二頁〕

ここには、われわれが見出したヌミノーゼの諸要因、すなわちまったく非合理的なもの、概念では捉えられないもの、神秘的なもの、魅するもの、戦慄すべきもの、活力あるものが、そのまま現われていることに気づく。「被造物」におけるその反響はヨブを思いださせる。その反面、ゲーテの直観は、ヨブの神秘についての直観にははるかにおよばない。なぜなら、ゲーテは「ヨブ記」の警告にもかかわらず、神秘を合理的なもの、理性、諸概念、すなわち人間的目的のために立てられた諸概念によって測っているため、かれにとっては、非合理的なものとは、意味と無意味の矛盾対立、プラスにするものとマイナスにするものとの矛盾対立となってしまっているからである。かれは、ときにこの非合理的なものを知恵に近づけることもある。つぎの言葉がその例である。

「私とシラーが知り合ったというのも、じつはまったく、こういう魔神的なもののなせる業《わざ》だったよ。われわれは、それ以前でも、それ以後でも、知り合いになろうと思えばなることができた。しかし、ちょうど私がイタリア旅行を終え、シラーが哲学的思弁に倦《う》みはじめたちょうどその時期に、二人が知己となったということは、意味深長であり、二人にとってなにより大きなみのりをもたらしてくれたのだ。」〔同書八四頁〕。

また、非合理的なものを神的なものに近づける場合もある。

「これと同じようなことが私の生涯にはしばしばおこったよ。そういう場合には、より高次な作用を、そして魔神的なものを信じるようになり、あえてそれ以上穿《せん》さくせずに、それを崇拝するものだね。」〔同書二四四頁〕

いずれにせよ、それはつねに「活力」であり「強大」であって、性格の激しい圧倒的な力を帯びた人間のうちにはっきり現われる。

「ナポレオンは、」と私はいった、「魔神的な人だったろうと思います。」

「完全にそうだった。」とゲーテはいった、「しかもこの上なくそうだったので、彼にくらべられるような人はほとんどいないくらいだ。先代の太公もまた、魔神的なお方だったよ。休むことを知らぬ無限の行動力にあふれておられたので……」……「メフィストーフェレスも」と私はいった、「魔神的な特色をもっておりませんか？」
「いや、」とゲーテはいった、「メフィストーフェレスはあまりにも消極的なタイプだ。魔神的なものはあくまでも積極的な行動力の中にあらわれるものなのだ。」（同書二六一—二六二頁）[二]

このようなヌーメン的人物の印象を、ゲーテは『詩と真実』一二六頁において、よりうまく描写しているが、そこではとくに「恐ろしいもの」、われわれのいう「戦慄すべきもの」およびそれと同時に「強大なもの」がきわだっている。

しかし、この魔神的なものがもっとも恐ろしい威力を発揮するのは、それが誰か一人の人間に、圧倒的な力をもって現われる場合である。生涯のあいだに私は、ある時は私の身辺に、ある時は遠くに、何人かのこういう人を観察することができた。これらの人たちは、かならずしも知力や才能においてもっともすぐれた人物であるとはかぎらず、また心の温かさによって人に好まれることも稀である。[6] しかし、彼らからは巨大な力が発し、彼らは信じられないほどの力を、あらゆる被造物のうえに、いや、それどころか、四大《エレメント》のうえにさえ及ぼすのである。このような影響力がどれほど遠くにまで及ぶものであるかは、誰にもいうことができない。〔『詩と真実』河原忠彦・山崎章甫訳、『ゲーテ全集』第一〇巻（潮出版社、一九八〇年）三二四頁〕

『詩と真実』一二四頁にある対立するもの同士の連鎖は、非合理的なものが先鋭化して逆説と二律背反に転じるしだいについて、われわれがさきに試みた論述を思いださせる。(三)ゲーテはこの対立するものを列挙するなかで、魔神的なものの作用の仕方が非合理的なものであることを読者に感じさせようと努めている。

〔かれは〕……矛盾のうちにのみ現われ、それゆえに、いかなる概念によっても、ましてや、いかなる言葉によっても、とらえることのできないものが見いだされると思った。それは神的なものではなかった。それは非理性的であるように思えたからである。それは人間的ではなかった。それは悟性をもたなかったからである。それは悪魔的ではなかった。それは善意をもっていたからである。それは天使的ではなかった。それはしばしば悪意の喜びを気づかせたからである。それは偶然に似ていた。それはなんらの連続をも示していなかったからである。それは摂理に似ていた。それは因果関係を暗示していたからである。われわれを局限づけているいっさいのものを、それは貫き透すことができるように思えた。それは、われわれの存在を構

> 成しているさまざまな必然的要因を、思うままにあやつるように思えた。それは時間を収縮し、空間を拡大した。それは不可能なもののみを喜び、可能なものは嫌悪の念をもって自分から遠ざけるように思えた。〔同書三一二―三一三頁〕
>
> あの魔神的なものは、あらゆる有形無形なもののなかに現われうるばかりでなく、動物においてもきわめて顕著に表明されるものではあるが、[7]とくに人間とはもっとも驚くべき関連をもち、道徳的世界秩序にたいして、それと対立するものではないにしても、それを縦に貫く一つの力を形成する。したがって、一方を縦糸、他方を横糸とみなすことができるのである。〔同書三一四頁〕

ヌミノーゼの予覚が、心情へのとてつもなく強烈な印象を伴って体験されたこと、しかもあきらかに一度ならず再三にわたって、ほとんど習慣的に体験されたことを、これ以上鮮明に表現するのは無理であろう。＊

ただし、ゲーテの予覚は、ヌミノーゼを、預言者ヨブと同じような仕方では捉えておらず、また非合理的なものと神秘的なものが同時に深い価値と聖なる自己権利として体験され、たたえられているようなヨブの体験の高さには達していない。かれの予覚は心情から来るものであるが、その心情はこの深さにしてみれば十分に深いものではなかった。よって実生活が奏でる旋律に対して非合理的なものが奏でる対位旋律は、ただの不協和音としてしか心情に響かなかった。つまり、明確にはわからなくとも、本物の和音としてははっきり響くことはできなかったのである。それはなるほど本物の予覚であるが、ただし「異教徒」ゲーテ――かれ自身、ときおり、好んで自分をそう考え、そのように呼んでいた――の予覚だ。＊

実際、かれの予覚は魔神的なものという宗教の前段階で活躍しており、神的で聖なるもの自身の段階においてではない。かれの言う魔神的なものは、高度に洗練された心の持ち主の心情生活においては、ただ混乱させ、光や温かみを与えるよりむしろ幻惑させるような反響を伴って出現している。その種の魔神的なものが、ここではよく追感できるような仕方で描かれている。ゲーテは神的なものについてのかれ固有の高度な概念と、この魔神的なものの体験とを調和させる術を知らなかった。そこで、エッカーマンが話題をそちらの方にもっていくと、かれはそれをかわしつつ答える。

「神のごときものという理念には、」と私はこころみにいった、「私たちが魔神的なものとよんでいる能動的な力はないようにみえますが。」

「きみ、」とゲーテはいった。「われわれが神のごときものの理念について、いったい何がわかるだろう。そしてわれわれの狭い概念で、最高の存在について、いったい何をいえばよいのだろうか。たとえ私が、トルコ人のように百の名をつらねても、まだ足りはしないだろうし、あの無限の特性にくらべたら、何もいわなかったのと同じことさ。」〔J・P・エッカーマン『ゲーテとの対話』(中) 山下肇訳(岩波文庫、一九六九年) 二六六―二六七頁[三]〕

話の水準はだいぶ低いが、それはそれとして、ここにはシュライエルマッハーがもくろんでいたものが、そのまま正確に現われている。すなわち、「直観と感情」である。ただ、ゲーテの場合はなるほど神的なものについての直観と感情ではなく、自然とできごとにおけるヌミノーゼのそれであり、それも予覚者的性質をもった人によってもっともいきいきと体験される種類のものである。＊

しかし同時にこの予覚がどのような原理のもとに働くのかは、すでに見たようにぜんぜん言及されていない。なぜならば、ゲーテはじつに多くの事例をあげて説明はするものの、そもそも魔神的なものとはなになのか、なにがそれを感じさせるのか、また、それは変化と矛盾に富んだ現われ方をするが、そうしたなかでどうしてそれを同一のものとして認識するのかといった疑問をあきらかにできないからだ。あきらかなのは、かれが自らの体験において「むきだしの感情」から、つまりある不分明なアプリオリの原理から導かれていたということである。

第二一章　原始キリスト教における予覚

われわれは、前章でシュライエルマッハーの予覚論に見られる第一の欠陥について言及し、それについて詳論した。残るもう一つの欠陥とは、なるほどかれは世界と歴史に対する予覚について、非常に心のこもったありありとした描写の仕方を心得てはいるが、その予覚にもっともふさわしく、かつもっとも好都合なあるものについては詳細明瞭には述べず、ほんの少し暗示するに留まっていることである。そのあるものとは宗教の歴史そのもの、とりわけ聖書の宗教の歴史およびその頂点であるキリスト自身にほかならない。＊

確かに、シュライエルマッハーは『宗教論』の最終講話で、キリスト教およびキリストについて大いに力説してはいるが、キリスト自身はそこでは予覚の主体でしかなく、その本来の対象となっていない。このことは、シュライエルマッハーののちの著作『信仰論』においても同じである。同書においても、キリストの意義とは本質的に、キリストが「われわれをかれがもっている神意識の力強さと至福に与《あずか》らせる」ということに尽きている。実に貴重な考えであるが、キリストの中心的な意義、キリスト教の共同体がかれに正しくも帰しているあの意義にまでは至っていない。その意義とは、かれ自身が「顕外化した聖なるもの」であること、すなわち、その存在、生涯、生き方のなかに自己啓示する神の働きを、われわれ自身が自発的に「直観し、感じる」ということである。なぜなら、キリスト者にとってつぎの問題は重要だからである。すなわち、キリストの人格と生き方から予覚つまり顕外化した聖なるものをじかに捉えることができるかどうか、聖なるものの「直観と感情」をえることができるかどうか、換言すれば、その聖なるものがキリストにおいて独自に体験できるかどうか、またそれによりキリストが聖なるものの真の啓示であるかどうかという問題である。

ところで、非常によく試みられている「イエスの自己意識」に関する諸研究は、われわれにはなんの役にも立たない。これは苦労ばかり多く根本的には不可能な企てである。不可能というのは、この研究のために福音書が報告する証言資料が十分ではないばかりか、まったく不適切でもあるからだ。イエスが宣べ伝え、発言する内容は、「神の国」およびその至福と正義であって、かれ自身のことではない。「福音」とは、イエスの第一にして率直な理解にしたがえば、「神の国のメッセージ」、まさに神の国の福音である。イエスの語りに、かれ自身のことに関する発言はほんのわずかしか登場しない。だがかりにそうでなかったとしても、それどころかかりにイエスの発言のなかに、かれ自身に関する詳細な理論が発見されたとしても、それがいったいなにの証明となろうか。＊

熱狂的宗教者が自己証言を最高の手段として用いるのは珍しくなく、そのときの自分自身に対する信念は疑いもなく強い。そして、内容はともかく、自己に関するあらゆる時代の預言の自己証言は、その形式から見ると、たいていは時代思潮や環境、周辺世界の神話的ないし教義的装備に依存しているし、その当の預言者たちあるいは霊感者や教師らがそのような自己証言を自分自身に当てはめる場合、そこに出てくるのは一般的に、自分の使命感、それに伴う優越感、および自分に対する信仰と従順を要求する意識だけである。こういうことは、人間が心のなかの呼び声を聞いて立ち上がるという場面では、最初から自明なことである。自己証言をいくら並べ立てても、いまわれわれが述べているような問題の解決は出てこないであろう。そういう自己証言に接すれば、権威への信仰を呼び覚ますことはあっても、「わたしたちは自分自身で、あなたがキリストであるとわかったのです」（「ヨハネによる福音書」四章四二節参照）という一文が示しているように、自分自身で体験すること、自発的に納得し承認するというところには結びつかない。

いずれにしても、この告白にあるような承認を、自発的で固有な予覚あるいはすくなくともそれと思《おぼ》しきものに基づいて、初代教会共同体がキリストに与えたことは疑う余地がない。この予覚に基づく承認がなかったとしたら、共同体の成立はまったく理解できないであろう。たんなる宣教、たんなる権威主義的な自己証言からは、自己主張に対するあのような強固な確信、あのような強烈な衝撃、あのような衝動と力は生まれなかったであろう。キリスト教共同体の成立に不可欠であったもの、その本質的特徴として共同体のなかに明確に認識されうるものとは、そのような確信、衝撃、衝動、力である。

この点を見落としてしまう恐れは、一面的に文献学的手法・文献学的再構成および現代の洗練された文化と精神のなかで衰退してしまった感性と感情能力のみで、キリスト教共同体の成立という現象にアプローチしようとする場合に生じる。これらの方法と手続きにくわえて、今日でもまだ見出しうるような生きた事例を参考にして、本来的で純粋な宗教小集団や共同体がどのようにして発生するか、具体的、直感的な理解を試みる方が有益であろう。そのためには、現代でもまだ宗教が野性的本能的で素朴な運動・衝動として生きているような場所と機会を探す必要があろう。＊

イスラーム世界やヒンドゥー世界の辺境地域には、いまでもこの点について学ぶことができるものがある。モガドールとマラケシュの広場や通りには、おそらくいまでも共観福音書が報告している内容と奇妙な類似性をもつ光景を見つけることができるであろう。「聖者」――たいていは非常に変わり者だが――がときおり現われ、かれらの周りを民衆が行き来する。かれらの言葉を聞き、その奇跡を見、その生涯と行動に注目するためである。結束の緩やかなあるいは固い信奉者の集団が発生し、かれら「聖者たち」をめぐる「語録集」、物語、伝説が作られ、収集される。[1] 兄弟団なるものが成立するか、既存のものがさらに拡大して新しい集団となる。中心にはしかしいつでもその人自身、つまり生存していたころの「聖者」がいて、その運動の担い手は、つねにかれの個人としての人柄と印象がもつヌーメン的性質と力である。＊

この辺の事情に通じている者は、これら「聖者たち」の九八パーセントは山師だと断言している。ということは、二パーセントはそうではないということになる。これほどにいかさまを誘発しやすく、それをやすやすと生みだすような状況にあって、この二パーセントという数字は驚くほど高い数値である。この数値は、宗教集団成立の実際の状況を知る上で非常に参考となろう。肝心なのは、そのような「聖者」や預言者がその取り巻き集団の体験するところによれば「ただの人」〔ギ psilòs ánthrōpos〕以上の者だということである。かれは神秘に満ちた奇跡的存在であり、なんらかの仕方でより高い次元の秩序とヌーメンそのものの側に属している。かれ自身は自らについてそのような人物としては喧伝《けんでん》しなくとも、人はかれをそのような人物として体験している。そのような体験は、粗野で、しばしば自分を欺《あざむ》いている場合もあるが、いずれにせよ強く深いものであるはずで、そういう体験からしか宗教的共同体は生まれないのである。

確かに以上のような例は類比のサンプルとしてはきわめて不十分であり、かつてパレスティナで起こったところのものからははるかに隔たっている。だが、聖者とされる人物においてほんとうに聖なるものそのものを体験した、ないしは体験したと思いこんでいるという事実によるだけであのような運動が可能となっているのであれば、初代キリスト教の共同体の場合はなおさらそうであったに違いない。実際そうであったことは、最初期の共同体の心的態度と確信がことごとく証明している。そういった心的態度と確信はこの共同体固有のわずかな史料から全体として直接窺《うかが》い知ることができる。またさらに共観福音書におけるイエス像に関するわずかな描写にも、個別にこの点をはっきり確認させるものがある。*

そのような例としてたとえば、すでに引き合いに出したペトロの大漁〔「ルカによる福音書」五章八節参照〕や、カファルナウムの百人隊長〔「マタイによる福音書」八章八節参照〕のエピソードがあげられる。これらは体験された聖なるものに対する思わず知らず生じた感情反応を暗示している。とくに「マルコによる福音書」一〇章三二節がその典型である。

イエスは先頭に立って進んで行かれた。それを見て、弟子たちは驚き、従う者たちは恐れた。

これは、ヌミノーゼの印象がどれほど強烈にこの男からじかに発せられていたかをじつに素直に報告している。いかなる巧みな心理描写も、この簡潔にして含蓄に富むみごとな言葉ほど深い印象を与えることはできないであろう。のちに「ヨハネによる福音書」二〇章二八節に言われたこと〔「わたしの主、わたしの神よ」〕は、われわれにはおそらく、弟子たちの最初の単純素朴な体験からははるかに隔たった、ずっとあとの時代の定式化された表白のように思える。「マルコによる福音書」一〇章三二節の方がよほど心に響くものがあるのは、そこではまだ感情がいかなる定式化も拒絶しているからである。とはいえ、後代の定式化へのまぎれもない根拠はすでにここに見出される。＊

この箇所のようなヌミノーゼの印象を暗示する記事は、福音書の物語においてはいわばほんのついでに見出されるにすぎない。そのようなものに福音書記者自身は興味がなく、関心はもっぱら奇跡報告にある。だが、それだけよけいに、こうした記事はわれわれの興味を引く。似たような体験であっても、報告のなかに痕跡を留めなかったものはいくらもあろう。そこに語るべき奇跡がない上、ことがら自体が福音書記者にはあまりにもあたりまえすぎたからだ。＊

ヌミノーゼの印象を暗示するものとしてさらにあげられるのは、魔神的《デモーニッシュ》なものに対するイエスの優位性への信仰やすみやかに伝説化に向かう傾向であり、またイエスの親族がかれを「憑《つ》かれた者」とみなしたという事実である。後者は、イエスが「ヌーメン的」印象をもっていることの無意識的な承認を暗示している。＊

ヌミノーゼの印象を暗示するものとしてとくに顕著なのは、かれの信奉者仲間にとってイエスが「メシア」すなわちヌーメン的存在そのものであるという、自発的に始まった印象に根ざす信仰である。この信仰は教えられたからではなく、経験によって獲得された信仰である。この信仰が印象に根ざすもの、体験に根ざすものであることは、ペトロがなした最初のメシア信仰告白〔「マタイによる福音書」一六章一六節参照〕に対するイエスのつぎの応答〔同一七節〕から非常に鮮明に読みとれる。

あなたにこのことを現したのは、血肉ではなく、わたしの天の父なのだ。

イエス自身がこの信仰告白に驚いているのである。これはペトロの告白が権威に基づいて教えられたものではなく、自分で見出したもの、発見であったということ、つまり、この告白は一つの印象から発したということの証拠である。その印象とは、血肉でも「ことば」でもなく、「わたしの天の父」自らがじかに教える場としての心情、その心情の深みに由来する証言に出会って生じたものである。

というのは、この要素はむろん不可欠なものだからである。この内側から発する証言がなければ、どんな印象も効力を失うか、あるいはむしろ「印象」そのものが実際に生じえない。したがって、キリストから受ける印象に関する教えはみな、もしそれがこの第二の要因、つまり聖なるものを体験するために不可欠な素質、換言すれば、精神内に具えられたアプリオリで不分明な認識としての聖なるもの自身の範疇を考慮しなければ、不十分である。＊

「印象」は印象を受けとめることができるものを前提とする。だが、もし心がたんなる「まっさらな蠟板《ろうばん》」であるとすれば、それは印象を受けとめるものではありえない。なぜならば、ここで言おうとしている意味での印象とは、感覚論者たちの主張するような、心になんらかのものを感知させ、それを自身の痕跡として残すといういわゆるたんなる「刻印」〔ラ impressio〕ではないからである。誰かの印象をえるということは、むしろ、その人のうちに固有の意義を認め、承認し、その意義に心が捕えられ、それに屈服することを意味する。しかし、このことが可能なのは、自分の内側から発する認識要因、理解要因、評価要因、すなわち「内なる霊」があるからである。＊

シュライエルマッハーによれば、「啓示」は、それに迎え応ずる「予感」を必要とする。音楽は音楽的な人にしか理解されないし、その「印象」を受けるのもそういう人だけである。本物の印象とはそれがいかなる部類のものであれ、印象を与えるもの自身となんらかの近い関係にある固有で独自な種類の親性を必要とする。ルターがかつて言ったように、「言葉に適《かな》うもの」〔ラ verbo conformis〕だけがその言葉を理解する。霊が内部で教えることなしには、誰もその言葉を理解しない。あるいはアウグスティヌスが『告白』一〇巻六章で言っているごとくである。

しかし外部から受けたその音声を内部において真理と比べ合せるもののみが、その音声を了解するのである。[2]〔服部英次郎訳、前掲書一六頁〕

第二二章　今日のキリスト教における予覚

原始教会がキリストのうちに聖なるものを体験したのか、しえたのかという問題よりも、われわれに重要なのは、そのことがまだわれわれにも可能なのか、換言すれば、教会共同体のなかでそれをとおしてわれわれに伝承されたキリストの功績、生涯、行為の全体像が、われわれ自身にとって啓示の価値と力を有するのか、はたまた初代教会の遺産をただ食いつぶして生き永らえ、権威と他人からの証言に基づいて信じるしかないのかという問題である。＊

もし内から発するあの予感的な理解と解釈、心情における聖なるものの範疇の素質自体を基盤としてはじめてなりたちうる、あの霊の証言がわれわれのなかになければ、この問題はまったく絶望的となろう。当時すでに、これがなくては直接に現前するキリストを理解することもその印象を受けることもできなかったのであれば、ましてなんらかの形で仲介された伝承がそのような理解と印象をもたらすことなどありえようか。だが、もし既述したことを前提とすることができるならば、事情はまったく異なってくる。この場合、断片的なことがら、種々の不確実さ、伝説的なものとの混合、「ヘレニズム的なもの」による粉飾は、われわれには問題とはならない。なぜなら、霊は霊に属するものしか認識しないからだ。

この内部原理――この原理は宗教的表象で「ともに証《あかし》する霊」と呼ばれよう――の促し、解釈し、予感のうちに発する働きについて、遠い辺境の宣教地で働いているひとりの有能な宣教師の報告は、わたしに多くのことを学ばせた。その報告によれば、かれ自身もたびたび驚かされるそうだが、難解な外国語で不十分に、いつもほのめかすことしかできず、しかもまったく別世界の概念を使って伝えようとするみ言葉の宣教でも、ときとして驚くほど深く内的に理解されることがあるということだ。ここでもそうした最良の結果をもたらすのは、聴衆自身の心から発する予感的な把握である。＊

ここに、いや疑いもなくここだけに、われわれはパウロの問題を理解する鍵を手にしている。この教会の迫害者には、キリストの本質と意義およびその福音は、ただとぎれとぎれで断片的かつ戯画的にしか知らされていなかった。ところが、内からの霊がかれに一つの認識を押しつけた。かれはダマスコ途上でこの認識に屈服した。この霊は、かれにキリストの出現について深く理解することを教えた。それだからこそ、われわれはヴェルハウゼンとともに、パウロほどキリスト自身を完全にまた深く理解した者はいないということを認めねばなるまい。

キリストにおいて聖なるものを体験することが可能で、それがわれわれにとっておのれの信仰の支えになりうるとすれば、あきらかにそのための第一にしてかつ自明な前提とは、キリストがなした最初の直接的な働きそのものが、われわれにいまもなお直接に理解できる種類のものであり、その価値にふさわしく体験できる種類のものであるということ、またその働きから、かれこそ「聖なるもの」だという印象がじかに芽生えてくるということである。＊

ところが、ここには一つの難問、もしこれが解決されないと、問題全体がはじめからご破算になってしまうような難問が頭をもたげてくるように思われる。すなわち、われわれが今日キリストにおいて、またキリスト教において所有していると思っているものが、そもそもキリストが本来意図し達成しようと考えていたもの、およびかれの最初の共同体がかれ自身の働きとして経験したものと、いまなお同一のものであるのかどうかという問題である。これは、キリスト教が実際にそれ自身に固有の「原理」、すなわち歴史的には発展しうるとしても、その本質はつねに同一でありつづける原理、そうして今日のキリスト教と最初の弟子たちの信仰とをたがいに同一尺度で測ることができ、また本質的な点で中味は同じだと言わせるような原理を所有しているかどうかという問題でもある。

キリスト教は、そもそも厳密な意味でイエス教〔ド Jesustum〕であろうか。この質問はさしあたりつぎのように言いかえることができよう。すなわち、われわれが今日キリスト教として知っている特殊固有の信仰内容と感情内容をもつ宗教、歴史的に偉大なものとして存在し、ほかの諸宗教に比してきわだち、現代人の心情と良心を高揚させ、動かし、責め、祝福し、引きつけて突き放すようなこの宗教は、その本性上、イエス自身がガリラヤという辺境の地で奮起した人々の小さな群れのなかに呼び覚まし創設した「かくも単純な」つましい宗教や宗教性と同一のものだろうか。この宗教が当時とくらべて著しくその色合いや形を変えたこと、大きな変容・変化を被ったことは一般に認められている。だがそのような一連の変化現象の裏に、持続する本質というもの、発展することはできるが自分のなかでは一つのものとして留まる同じ「原理」というものがいったいあるのだろうか。そもそも発展というものがあるのだろうか。もしなければ、あるのは変化・変容なのか、それともある者から堕落だと嘆かれ、ある者から歓迎すべき補完として賛美され、ある者からは、単純な歴史的事実として記録されたまったく別のなにかが流れ込んだのだろうか。

今日われわれのまえに事実として存在する偉大な「世界宗教」たるキリスト教は、疑いもなくその要求されるところのもの、またそれが約束しているところのものによれば、本来的かつ第一義的に「救済宗教」である。救い、しかもあふれるばかりの救い、「世」の、世のしがらみのなかにある存在の、さらに言えば被造性そのものの解放と克服、神から遠ざかっているものおよび神に敵対するものの克服、罪の負い目とその奴隷状態からの救済、和解と贖罪《しょくざい》、したがってまた恵みとその教え、霊と霊の分与、再生と新しい被造物。こういったことが今日のキリスト教に特徴的な内容であり、この内容はいかにさまざまな教派、宗派、分派にわかれていても共通である。＊

この内容により、キリスト教はもっとも厳密な意味で「救済宗教」そのものとして特徴づけられる。この点で、救いと滅びの鋭い二元対立を教える東洋の偉大な諸宗教と完全に比肩する関係にある。しかも、救いの必要と実現の主張において東洋の諸宗教にひけをとらないどころか、この概念の重要性においても、その内容の質から言ってもそれらより優れていると自負している。今日のキリスト教がこのような要素にその「原理」と本質を有しているのはもはや疑いようがない。だが問題は、このような強大な心情内容が、実際にあの単純素朴なイエス宗教の「原理」だったのかということである。まさにこのイエス宗教を創設したということが、キリストの第一にして直接の功績とみなされねばならないはずだが。

われわれは、この問いに対して「然り」と答える。ただし、その際にわれわれは神の国に関する一つの譬《たと》えを用いよう。この譬えは、じつはキリスト教の原理そのものにもみごとにあてはまる。すなわち、からし種とその成長した木の譬え〔「ルカによる福音書」一三章一九節参照〕である。この譬えは変移を言おうとしている。木は種とは異なる。しかし、この変移は転換ではなく、潜在的可能性から現実態への移行であり、まさに発展であって、「変化」や「後成」ではない。このような意味で、われわれは以下のように言おう。

イエス宗教はしだいに救済宗教に変化するのではない。イエス宗教は出現した当初から素地として救済宗教であり、しかももっとも厳密な意味でそうである。このことは、たとえのちの時代に生まれたそれに関わる神学用語がまだなかったとしても明々白々な事実である。できるだけ歴史的に醒《さ》めたまなざしで、かつ可能な限り単純に、イエスが宣べ伝えたことの本来の性格を規定しようとすれば、二つの根本契機が見えてくる。＊

第一は、本来的かつ終始一貫して神の国の説教だという契機。しかもそれは副次的要素としてではなく、根本理念としてそうである。第二は、イエスの福音を特徴づけるファリサイ派への反発とそれと結びついた罪の赦《ゆる》しに基づくこどものような心、こどものようなあり方を理想とする敬虔《けいけん》という契機。事実、のちにキリスト教の「救済的性格」

として、恵み、選び、霊および霊による刷新《さっしん》という個別の教えで説明されることがらすべてが、この両契機において原理的に語られているのである。これら個別の教えは、もっとも単純なかたちで、あのイエスの最初の共同体も体験し所有していた。この点をより明確にしてみたい。

「救済宗教」について論じることは、すくなくとも高度に成長を遂げている宗教を念頭に置いている場合なら、そもそも贅言《ぜいげん》である。というのも、そのような宗教は国家的ないし私的世俗的幸福との他律的関係から分離・独立して、自らのうちにそれぞれ固有の豊かな至福の理想を発展させており、この理想は一般的表現を使えば「救い」と呼んでもよいからである。＊

ますます熱心にかつますます意識的に、このかたちの「救い」に到達しようと努力するのが、インド諸宗教の発展の姿であり、それは『ウパニシャッド』の汎神論における完全なる神化思想から始まって、(見かけ上は否定的な)仏教の涅槃《ねはん》の至福に至るまでそうである。西暦紀元前後にエジプト、シリア、小アジアからローマ世界に流入してきた特定のいわゆる救済諸宗教も「救い」を目指している。さらに、比較を通じて鋭く観察するとあきらかになるように、ペルシアの宗教においても、終末期待という姿のうちに同じような「救い」への宗教的欲求が働いており、解脱《げだつ》〔サ Moksha〕や涅槃へのあこがれと同様なかたちを獲得している。「救い」へのあこがれとその体験はイスラーム教でも顕著であり、それは天国の喜悦への「期待において」のみそうであるわけではない。むしろ、イスラーム教においてもっとも重要なことは、イスラームそれ自体、つまりアッラーへの帰依《きえ》であり、これはアッラーに対して意志を捧げることのみならず、同時におのれの願望や努力がすべてアッラーにおいて実現されることを言う。「救い」とはこのような状態を指し、これは一種の陶酔状態で所有され享受され、それが深まるとまったく神秘的な至福の熱狂的境地となりうる。

さて、このようにすべての高度な宗教の基礎をなしている救いの理念は、キリスト教の神の国の信仰、神の国に対するあこがれ、神の国の相続において、まったく見紛《みまが》うことなく、より強調されたかつ質的に優れた仕方で顕在化している。その際、イスラエルにおけるこの理念の出発点は純粋に政治的なものであって、それがしだいに現実の基盤から解き放たれ、最終的にあのような超越的な内容へと高まったのか、あるいはそもそもその出発点から宗教的動機が生んだものとして存在していたのかという問題はどうでもよい。宗教的衝動をつき動かす素材が、最初は地上的世俗的なものであることはよくあることだ。＊

終末的欲求、すなわち最終的究極的救いへの欲求が決してやまないこと、つねにまえへまえへとつき進むこと、おのれの出自からの自己解放と自己高揚、これらがまさに宗教的衝動の典型的な現われ方であり、これらがこの衝動の内的な本質をあきらかにさせている。その内的本質は、真の救済への衝動にほかならず、またまえもって感得されるあふれんばかりの「まったく他なる」財産の予感と先取りにほかならない。この財産とは「救い」であり、ほかの諸宗教で追求される救いの宝と比肩《ひけん》されるばかりか、それらに勝《まさ》ってさえいる。その勝り方は、「神の国」で見いだされ、「神の国」に占有されている「神の国」の主自身が、ブラフマン、ビシュヌ、オールマズド[二]、アッラーに勝り、また涅槃、独存[三]〔サ kaivalyam〕、道〔Tao〕その他さまざまにあげられうるかたちでの絶対なるものに勝っているということと表裏一体をなしている。＊

神によっていつか実現される救い、しかしすでにいまここで経験される救いこそ、徹頭徹尾、福音の意図するところのものである。前者の意味での救いは、神の国の到来という確約として実現され、後者の意味での救いは、人が神の子であるということを心情的に体験することによる。この心情体験は、福音がその共同体の魂にもっとも直接的な所有物として注ぎこんだものである。この共同体が、この救いを質的に完全に新しいもの、いままで聞いたことのないもの、あらゆる尺度を超えたものとして明確に意識していたことは、律法と預言者はヨハネのときまでであり、しかしいまや神の国は力をもって到来するという〔「マルコによる福音書」九章一節参照〕、そしてヨハネも「律法と預言者」のひとりにしか数えられていないというイエスの言葉に反映されている。

もし、この新しさをもっとも簡潔にまたもっとも真相を穿《うが》つ言葉で述べようとするなら、「ローマの信徒への手紙」八章一五節の言葉を、もしまだそこになかったとしたら、発明すべきであろう。

あなたがたは、人を奴隷として再び恐れに陥《おとしい》れる霊ではなく、神の子とする霊を受けたのです。この霊によってわたしたちは、「アッバ、父よ」と呼ぶのです。

パウロはここで、イエスが開始したことのねらいと核心を理解していた。古いものとの決別、新しい宗教、その宗教の原理と本質とをきわめて精確に把握していた。そして、この「原理と本質」は、ガリラヤ湖のあの最初の漁夫たちのそれであり、キリスト教の全歴史を通じて変わらないものである。この原理と本質とともに、罪と負い目に対する新しい立場および律法と自由への新しい立場が与えられ、この原理と本質とともに、原則的に「義認」、「再生」、「刷新」、霊の賜物、新しい創造、神の子としての祝された自由が与えられた。言葉が「精神」に呼びかけ、後者が前者に応ずるやいなや、これらの、あるいは類似の表現や教えやそれに関連する深い思弁が現われてくるのは不可避であった。[1] そのようにキリストの最初の直接的な功績は、今日もなお明白に理解可能なように、神ならびに神の国に対する信仰の覚醒によって、将来への期待といまここでの所有というかたちで救いの業《わざ》を行ない、救いを授与するということである。＊

では、こうしたキリストの生涯の功績に対する「予覚」は、どのようにしてわれわれのようにかけ離れた時代に生きる人間のうちにも、目覚めることができるのだろうか。どのようにすれば、われわれもキリストにおいて「顕外化した聖なるもの」を体験することができるであろうか。

法則や概念にもとづく証明によって、つまり論証的な仕方によってでないことははっきりしている。因子qに因子yをプラスするとイコール啓示である、などという形式で概念的な目印を示すことはできない。だからこそ、われわれは「予覚」または「直観的把握」という言い方を用いているのだ。キリストにおける「顕外化した聖なるもの」の体験は、むしろ純粋に観想的に、すなわち対象の純粋な印象に向かって心がひたすら開け放たれている状態で可能となる。＊

そのためには、イエスが宣べ伝え、実行したその内容と結実を、かれの人格と生涯の全体像と結びつけ、ついで全体を、不思議に満ちた長い準備期間としてのイスラエルとユダの宗教史、離合集散しつつイエスに向かってつき進む多様な発展経路の相互作用、「時が満ちる」という要素、また周辺世界と対照をなすものおよび並行するものが引き

起こす魅力や強制力と合わせて眺めなければならない。＊

それと同時に、ほかならぬそこで感じとれる非合理的なものそれ自身の奇妙な土台・緯糸、その働きの浮き沈みにも注意を向けなければならない。さらに世の救いを左右する非合理的なものの霊的内容がますます顕わになったという事実、同時に抵抗する潜勢力が謎めいたかたちで増大したという事実、ヨブの問題が個人としての義人の受難と敗北のみならず、人間と人類がもっとも関心をもつ重要な人物の、いな、もっとも重要な人物の受難と挫折という計り知れない規模に増幅したという事実、そして、最後にゴルゴタの上に非合理的な神秘主義の雲がのしかかったという事実に注意を向けねばならない。＊

このように観想に沈潜することができ、印象に対して心を全面的に開け放つ者には、名状しがたい基準をもつ内的な尺度にしたがって、聖なるものの「再確認」、「時間的なものにおける永遠なるものの直観」が、紛れもなく感情内で生じてくるに違いない。われわれがこれまで理解し記述しようとしてきたように、もし永遠なるもの、聖なるものが、合理的なものと非合理的なもの、目的論的なものと定義不可能なものという各要因の混合・相互浸透のなかに存するとするならば、まさに、ここ、に、お、い、て、こ、そ、〔すなわちイエスにおいてこそ〕、それはもっとも力強くもっとも具体的な仕方で現われている。

ある意味、まさにわれわれのちの時代の人間こそ、この顕外化した聖なるものを把握するという点で、不利であるどころか有利な立場にある。なぜなら、聖なるものの把握は、これを「神の世界統治の予感」という意味にとっても、本質的につぎの二つの契機、すなわち、一つめに、このイスラエルの驚きに満ちた精神史を、預言者たちの活動、その宗教およびこうした文脈におけるイエスの登場といった総合的連関で見晴らすという契機、二つめに、キリスト自身の生涯と功績を全体的な視点から見晴らすという契機にかかっているからである。この二つを総合的に見晴らすことは、かけ離れた時代に生き、かつ鋭い歴史的洞察力をもつわれわれの方が当時の人々よりもはるかに完璧になしうる。＊

このようないわゆる「旧約からキリストまで」の大きな文脈のなかで観想に沈潜する者は、ここに永遠なるものがなにかの作用をもたらしつつ出現し、同時に一つの完成へとつき進んでいるといった感覚を、ほとんどいやおうなく覚えるはずである。この文脈のなかでさらに、旧約の成就と結末を、この偉大なる状況を、この力強い姿を、この揺るぎなく神に基礎を置く人格を、この確固不動と神秘に満ちた深みに根ざす自らの信念と行動に対する自信と確信を、この霊的で至福に満ちた内容を、この闘いを、この信義と献身を、この受難と最後にこの勝利の死を見る者は、つぎのように判断するはずだ。

これは神的である、これは聖なるものである。もし神がいるなら、そして自らを啓示したいと欲するならば、まさにこのように神は啓示なさるはずだ、と。

判断するはずだ、と言ったが、それは論理上の強制からでも、概念的に明白な前提からでもなく、前提から導きだされえない直接的な純然たる承認による判断、「説明しがたい前提」にしたがうまったく解きがたい真理の感情から来る判断である。これこそまさに宗教的直観としての真の予覚にほかならない。

そのような直観からは、さらにわれわれに不可欠の、かつ原始教団の解釈や権威に依らないさらなる一連の直観、すなわち教理学をさらに発展させることとなるキリストの人格、業、言葉についての直観が発生する。それは「救済史」一般の直観および預言による準備とその成就の直観である。具体的には、預言者、律法および「詩篇」が自らを越え出て指し示すすべての使信、つまり「旧約」が目指し希望のうちに先取りしていたいっさいのものが純粋現実態となったイエスが「メシアであること」、それまでのすべての発展の頂点かつ完璧な究極段階であり、イスラエル民族の発展の意味と目的であったイエスが「メシアであること」、その出現によってイスラエル民族の発展がその固有の存在意義をまっとうし、その歴史的課題を満たしたあのイエスが「メシアであること」の直観である。＊

それはイエスにおける神の似姿、神の表出の直観である。というのも、かれの闘いと勝利、かれの救済者としての探求と愛の行為のなかに、かれを遣わし、かれを立てる方の本質が刻印されたものが「予感される」からだ。それは選ばれた者、召された者、神性そのものの権限を与えられた者、さらに言えば、人間のうちに最終的に語られた啓示の言葉、ただ神からしか理解できず、神にしかできない啓示の言葉を表出する者としての「神の子であること」の直観である。＊

それは、かれによって「新しい契約がもたらされたこと」の、かれによって神の子たる身分にあげられたことの、かれによって和解が成立したことの直観であり、さらに神に嘉《よみ》される捧げ、犠牲としてのその生死をかけた業の意義の直観である。＊

以上あげたものばかりでなく、さらにまた「保護し」、「贖《あがな》う」仲介者の直観がある。被造物と創造者との間の、俗なるものと聖なるものとの間の、罪と聖性との間の溝は、キリストの福音に由来するより高い認識によって狭められるどころか、ますます広げられ、この認識に呼応する感情の自発的な発動から、ほかの場合と同じようにここでも、聖なるもの自身が啓示されている福音そのものが、同時に聖なるものに近づくための手段、拠《よ》り所《どころ》として受け取られるからである。

このようなさまざまな直観が、キリスト教の教義のなかに現われるということ自体は非難すべきことではない。そうなるのはむしろ必然である。非難すべきは、かかる諸直観が予覚に由来する自由な直観という性格を有していることを見落として、それらを教理化し理論化することであり、それらが概念的には解くことのできない感情の表意文字的表現であることを見落として、このような表意文字的表現を神の体験という一事しか占めてはならない宗教的関心の核心部に、不当にももちこむほどに強調することである。

「顕外化した聖なるもの」の真の予覚が起こった場合に、「伴うしるし」〔「マルコによる福音書」一六章二〇節参照〕と名づけてもよい要因も重要な意味を帯びてくる。この「伴うしるし」とは予覚の根拠そのものではなく、それが起こったことの確認を意味する。それは、イエスの歴史的姿のうちに見出される自然や環境を支配する卓越した霊的生命、霊的力という要因である。このような確認としての要因は、一般の精神史および宗教史にその類例をもっている。たとえば、イスラエルの大預言者らの職業的才能においては、それらは幻視的直観とか預言的先見として現われ、キリストの生涯においては、至高の力にまで高められた「霊の賜物」として現われる。こういったものは「奇跡」ではまったくない。それらは精神の力であり、身体に強制力を行使する意志のように「自然的」であり、その意味でもっとも自然的なものだからである。ところが、それらが出現するのは、あきらかに精神自身がその最高の状態、最高の活力へと高められている場合であり、もっともそれらが期待されるのは、精神がその永遠の根拠自身にもっとも緊密に一致している場合、つまりまったくその根拠に根ざし、それによってその固有の最高の能力を発揮する自由がある場合である。まさにそれゆえに、かかる要因の存在と出現は、いま述べたような状況にしてみれば、つまり純然たる予覚の結果にとっては「伴うしるし」でありうる。

最後にもう一つあきらかなことは、とりわけ強い宗教感情の評価と直観の対象となるべきものは、まさにキリストの受難と死だということである。そもそもかれが世に遣わされたこと、およびその後のかれ固有の生き方が永遠なる愛の意志の反映、その自己啓示として見られるならば、その究極の忠実さと愛の成果はかれの受難のなかに存する。＊

十字架は永遠なる父の鏡〔ラ speculum aeterni patris〕そのものである。しかも、たんに「父の」、たんに聖なるものの最高度に合理的な要因の鏡なのではなく、聖なるものそのものの鏡である。なぜなら、キリストがそれまでの宗教的発展の総括、終結だという意味は、「第二イザヤ書」とエレミアから始まりヨブと「詩篇」にまで一貫して謎めいた仕方で受け継がれてきた旧約のあのもっとも不可解な問題、すなわち義人のいわれのない苦しみの神秘が、イエスの生涯、受難、死において典型的な仕方で繰り返され、それが絶対のものにまで高められているという点にあるからである。「ヨブ記」三八章は、ゴルゴタの予告であり、すでにヨブに与えられていた「問題」の解決がゴルゴタにおいて繰り返され、凌駕《りょうが》されている。ただ、この問題の解決は、すでに見たように、全面的に非合理的なかたちでなされたが、それでもやはり一つの解決であるには違いなかった。義人の苦しみはすでにヨブにおいて、神の彼岸性・神秘性についてのきわめて現実的、かつ身近でわかりやすい啓示の、典型的な特殊例としての意味を獲得した。だが、永遠なる神秘のモノグラムであるキリストの十字架は、その「成就」である。＊

そのような意味の合理的側面と非合理的側面の絡み合いにおいて、啓示されるものと予感されはするが啓示されえないものとの混合において、究極の愛と戦慄すべきヌーメンの怒りとの混合において、キリスト教の宗教感情は「聖なるものの範疇《はんちゅう》」をもっとも活発に働かせ、かくして宗教史上に見出されるもののなかではもっとも深い宗教的直観を生みだした。

諸宗教を比較して、どの宗教がもっとも完璧なものかを確かめたければ、まさに以上の点を念頭に置くべきである。どれだけ文化に貢献したかとか、宗教以前に、また宗教を抜きにして設定しうると考えられている「理性の限界」や「人間性の限界」をどれだけ際立たせているかとか、またいかに宗教らしく見えるかとかいったことは、根本においては宗教の宗教たる価値を計る尺度とはなりえない。宗教の本来的な核心部分であるところのもの、つまり聖なるものの観念それ自体、および個々の宗教がこの観念をどれほど正当に評価しているか。これのみが、尺度たりうる。

　このような純然たる感性から発する宗教的直観の価値と妥当性について、宗教感情そのものとかかわり合わない人々とは、当然のことながら論争することはできない。一般的に論拠を示したり、あるいは倫理的証明をなすこともここではなんの役にも立たないし、明白な理由により、そういうことはどだい無理である。一方、向こう側からの批判や反駁《はんばく》も同じ程度にははじめから無理な仕事である。かれら攻撃者はつねに競技場の外にいるから、その武器が短すぎてこちらに届かないわけだ。しかし、このような宗教的直観――それらは、聖なるものの範疇にもとづいて、福音書の物語やその物語の中心人物から受ける印象の自立的な働きにほかならない――のおかげで、われわれはそのつど変動する聖書解釈の帰結や史的な弁明の苦労にも左右されることはない。なぜなら宗教的直観は、そのようなものに頼らずとも、自らの予覚から可能だからである。[2]

第二三章　宗教的アプリオリ[一]と歴史

われわれは聖なるものを、一方では理性的精神のアプリオリな範疇として、他方では顕外化したものというふうに区別して考察してきた。この区別は、内的啓示と外的啓示の区別、一般啓示と特殊啓示[二]との区別というわれわれが周知している区別とまったく同じであるし、それは結局、「理性」と「歴史」との関係と言える。

伝承された信仰や権威に由来する信仰以上のものであろうとする宗教、とくにキリスト教がほかの諸宗教に抜きん出てそうしているように、むしろ確信すること、各自が個人的内的に納得すること、つまりその真理を自分が内的に認識することを目指す宗教にはいずれも、その認識が真なるものとして自己完結的に承認されうるような認識の諸原理が前提としてなければならない。[1]こうした諸原理は、経験や「歴史」が与えることのできないアプリオリな原理でなければならない。「このような認識の諸原理は、「歴史のなかで」聖霊の筆によって心に書かれる」と言えば、確かにありがたい話には聞こえるが、あまり意味がない。かくいう本人は、そのように書いたものが聖霊の筆であって、いい加減な霊の筆あるいは「民族心理学的空想」の筆ではないということをなにから知っているのか。かれは、その筆跡から、聖霊によって書き記されたものをそれ以外のものから判別できるということを、つまり「歴史」とは無関係に、聖霊のなんたるかについてのアプリオリな理念をもっていると図々しくも自認していることになる[三]。

だがさらに言えば、歴史、と言ってもここでは精神の歴史のことだが、この歴史はそれ自身あるものを前提としている。歴史はこのあるもの、すなわち固有の潜在能力を備え、生成することができるものがあって歴史たりうる。生成とは、それがまえもって方向づけられ、定められていたものになるという意味での生成である。柏の木は柏の木に成っていくことができ、よって一種の歴史をもちうるが、積み重なった石ころにはそれができない。たんに寄せ集めた諸要素をたまたまつけくわえたり、取り除いたり、移し変えたり、並べ替えたりするのは、なるほど話の筋としてはつながるが、より深い意味で、歴史を物語るということにはならない。＊

ある民族が素質や方向づけ、才能や手がかりでもって、自らの行路を歩み始め、いまやなにかになるためにすでになんらかのものになっている場合、そのなっている度合いに応じて、その民族は歴史をもっているのである。伝記というものは、生まれつきなんのユニークな素質ももたず、したがってたんなる偶然的外的な因果連鎖の通過点の一つにすぎないような人間を対象にすると、本来あるべからざる苦痛に満ちた企てとなる。伝記がある人の現実の人生の真の記述となるのは、刺激と体験という一方の要素と素質というもう一方の要素が相互に作用しあうなかで、「たんなる自己展開」の結実でもなければ、外部から入れかわり立ちかわりやってくる諸要因によって白紙に書きこまれるたんなる痕跡や印象の総体でもない、なにか独自で個性的なものが、その人のなかに生まれてくる場合だけである。精神の歴史を求める者は、その資格をもった精神を求めなければならない。宗教の歴史を考える者は、宗教に対する適性をもった精神の歴史を念頭に置いている。

宗教は、歴史のなかで成っていくものである。その生成はつぎのようなプロセスを踏む。まず、人間の精神が歴史的に発展する過程で、刺激と素質が相互に作用しあい、素質そのものがその相互作用によってかたちと方向性を与えられて現実態となる。第二に、〔現実態となった〕素質そのものによって、歴史のある特定部分が、聖なるものの現われとして予感のうちに認識される。この認識は、第一の要因〔つまり刺激〕の質や程度に応じて入り込んでくる。第三に、第一と第二の要因〔つまり刺激と素質〕が基礎となって、聖なるものとの交わりが認識、心情および意志のうちに生起する。＊

このように、歴史だけが聖なるものを認識するための素質を発展させる一方、自らも部分的に聖なるものの現われである限り、宗教はなるほどまったく歴史の所産である。歴史に依存する宗教とは異なる「自然的」宗教などといったものは存在しない。まして、生まれつきの宗教などというものは論外だ。[2]

アプリオリな認識は、理性をもった者なら誰でももっているというような種類のものではなく（もしそうなら、それは「生まれつきの」認識となろう）、誰でももつことができるという種類のものである。アプリオリな高次の認識は誰でももつことができるが、それは自分自身の経験からではなく、はるかに有能な別の人物によって「呼び覚まされる」ことによる。一般的な「素質」とは、ここでは感受性および価値判断の原理であるが、当の認識を自ら自立的に生みだすような能力ないし原理ではない。そのようなものを生みだすのは、「天賦《てんぷ》の才に恵まれた者」にしかできない。「天賦の才」は、ただたんに段階が高まったものとか、一般的素質が高まったものということではなく、このような素質とは程度も質も異なるものである。＊

このことは芸術の分野ではっきりと見ることができる。ここで、一般大衆においては洗練された趣味による感受性、追体験、価値判断に留まっているものが、芸術家の段階になると、着想、創作、作曲といった自発的、独創的創造活動として発揮される。そして、たとえば音楽的素質のような高い段階と能力と言っても、音楽を味わうための能力もあれば、音楽を生みだし、表現するための能力もあり、この違いはあきらかにたんなる程度の差ではすまされない。

さて、これと同様なことは、宗教感情の領域、つまり宗教を体験したり創造したりする領域についても当てはまる。一般大衆にあっては、ここでも素質は感受性つまり宗教的な敏感さとして、また本人の自由な承認と価値判断の能力としてのみ存在する。その意味するところは、つまり一般的素質はただ「霊の証明」〔ラ testimonium spiritūs〕というかたちでの「霊」にほかならないということである[3]。だが、たんなる感受性という最初の段階から派生しない、より高い能力をもつ者、より高い段階にある者とは、ここでは預言者である。換言すれば、「内からの声」の能力としての霊、予覚能力としての霊、そしてその両者を介して、宗教的創造力としての霊を所有している者である。

この預言者の段階の上に、さらに高次の第三番目の段階が考えられ期待されるが、これもまた、第二段階が第一段階から派生しなかったように、第二段階から派生したものではない。すなわち、それは一方では霊をあふれるほどに所有しており、他方では同時に自らの人格と功績において顕外化した聖なるものの予覚の対象となる者である。

そのような者は預言者以上の者である。その人こそ、神の子である。

付録一

ヌーメン的詩歌

一　『バガヴァッド・ギーター』一一章

この圧倒的なヌーメン的賛歌は、本書のこれまでの版ではこの箇所に紹介されてあったが、同賛歌は最近出版された『バガヴァッド・ギーター』の翻訳〔Rudolf Otto, Der Sang des Hehr-Erhabenen, 1935〕の七五―八〇頁に掲載されているので、このたびの改訂版では割愛した。

二　ヨースト・ヴァン・デン・ヴォンデル[一]の天使の唱歌

オランダ人のグレーネンヴェーゲは、『神学雑誌』(一九一七年)における本書初版の書評で、一七世紀の偉大なオランダの詩人ヨースト・ヴァン・デン・ヴォンデルが、自作のみごとな悲劇「ルチフェル」[二]のなかに織りこんだ「天使の唱歌」にわたしの注目を向けさせてくれた。実際には、この歌はランゲのものよりももっとよい響きで歌っているかもしれない。ということは、これは語ってはいけないものである。[1](どうして、この歌がわたしたちの賛美歌集には載っていないのだろう。）わたしはこれを以下のように試訳した。

天使の合唱

〈唱歌〉

かくもいと高きところに坐する御者《おんもの》は誰か。
底知れぬ光のなか、その奥深きところに、
はるかとこしえより坐しておられる御者とは。
かれは自ら担い、なにものからも担われず、
自ら保ち、なにものからも保たれない。
万物は巡りつつ漂う、
かれの周りを、かれのなかで、しかと御されつつ。
万物は、ただ一つの中心たるかれを、
太陽のなかの太陽を、霊と生命を、
自らを拠《よ》り所《どころ》とする憩《いこ》いの場を、
ありとしあらゆるもの、生きとし生けるものすべてのものの、

名をもつものともたないものの、
憩いの場を目指す。
かれは心臓であり、泉であり、果てしなき大海原。
もっともうるわしく、もっともよきものは、
かれの意に発し、かれから流れ出て、
その好意と力により、
輝かしくも存在へと呼びだされた、
大地の層の上に、いまだ天の光輝が立ち上るまえに。
われらは、かくも輝かしき栄光にまみえ、
翼で目を覆う。
われらは、天の賛美の響きを呼び覚まし、
おそれのあまり消えてなくなるかのように、
御顔のまえにひざまずく。
この御者は誰か。セラフィムの筆で、
わたしにその名を告げ、その方について述べよ。
ここには、言葉も名も欠けているのだから。

〈応唱〉
その方とは神、終わりなき永遠の存在、
ありとしあらゆるもの、生きとし生けるものすべてのものの存在。
御身は、かつて生きたものからも生きなかったものからも、
尽きることなくほめたたえられる。
精神も感覚も御身に至ることはない。
赦《ゆる》し給え。いかなる言葉も御身にふさわしくないことを。
いかなる象徴も言葉もしるしも御身を言いあらわしえないことを。
かつてあり、いまおられる方。御身は御身のままに留まっておられる。
天使の言葉さえ、天使の知さえ、弱く未熟で、
ただ汚してしまうだけのくだらぬもの。
ものにはすべて名があるが、御身に名はありえない。
誰が敢《あ》えて御身に名を与えようとするだろうか。
誰が敢えて託宣の場に赴き、御身を語ろうとするだろうか。
御身の御身たるゆえんは、御身のみに存する。

御身の御身たるゆえんを知る者は御身のみ。
それを知る者はほかにはいない。誰が永遠の輝きを、永遠に認めようか。
誰に対してこの光は示されたのか。
それを見ることは、恵みの賜物を受けるよりもはるかに偉大な救い。
われらの力のすべての限界を越える方よ。われらの存在は廃《すた》れゆく。
御身は、決してそうはならない。
御身の存在が、われらの支え。
神をほめたたえ、その栄光をほめ歌え。

〈後唱〉
聖なるかな、聖なるかな、再度、聖なるかな。
三度、聖なるかな、神に栄光あれ。
神以外に栄えなし。
聖なるかな、その気高き掟。
その神秘はわれらを結びつけよ。

神のみ旨《むね》の行なわれんことを。
いと高き御者のおぼしめしは聖なるかな、と
あまねく宣べ伝えられるように。

三 メレク・エルヨン〔「いと高き王」〕

つぎに紹介する賛歌は、わたしのヘブライ語からの試訳である。これは、中世期に「ピウト」と呼ばれたユダヤ教新年祭の典礼の一節である。原文の歌節、脚韻、音の響きのとてつもない技巧は、ドイツ語では不完全にしか再現できない。W・ハイデンハイム編『新年祭のための祈禱書』(フランクフルト・アム・マイン、一九一一年)六二頁以下参照。JHVHは、テトラグラマトン、すなわち旧約聖書の神名を表わす神聖四文字で、ユダヤ人はこれを発音せず、通常は〔「主」を意味する〕「アドナイ」に置きかえる。以前はまちがって「エホバ」と発音されていたが、正しい発音は「ヤハウェ」。ルターはこれをder Herr〔主〕と訳している。

王よ、われらは御身に忠誠を誓う
いと高き王、

力強く気高く、
堅固な砦《とりで》、
その語るとおりに行ない、
高きところにいまし、
玉座を与え、
すべてを越える方。
　　かれは、いまもいつも永遠に支配する。

いと高き王、
力の御業を示され、
もろもろの種族を呼び寄せ、
封印を解き、
わけてもことばにおいて忠実で、
すべての星の数と軌道と巡りを知っておられる方。
　　かれは、いまもいつも永遠に支配する。

いと高き王、
すべてによってたたえられ、
すべてに力をおよぼし、
すべてに慈悲深く、
すべてに糧《かて》を恵み、
すべてから隠れておられるが、
すべてを見守っておられる方。
かれは、いまもいつも永遠に支配する。

いと高き王、
忘れ去られたものを忘れることなく、
心の内を見ておられ、
その目は澄明《ちょうめい》、
心の思いを読みとる、
霊たちの神、
真実の言葉の師。

かれは、いまもいつも永遠に支配する。

いと高き王、
澄明なるその城のなかで、
驚きにみちたその宮殿のなかで、
そのすべての業《わざ》の効果において
かれに並ぶものなし。
かれは、海に砂を配して仕切りとし、
ベヘモットとそのはむかう力を隔てられる。
かれは、いまもいつも永遠に支配する。

いと高き王、
かれは、海の水を集め、
大群のごとき大波を起こす。
波は恐ろしい唸《うな》りをあげ、
世界は、轟《とどろ》きに満たされる。

だが、その巨大な波を、
かれは力をもって鎮められる。
　　かれは、いまもいつも永遠に支配する。

いと高き王、
　かれは威厳のうちに支配し、
　嵐と雷雨のなかを行く。
　輝きは衣のようにかれを取り囲み、
　夜も昼もかれのまえにあり、
　闇はかれをすっかり覆い隠すが、
　かれ自らは光のなかにまします。
　　かれは、いまもいつも永遠に支配する。

いと高き王、
　雲はかれを覆い、
　炎が周りに燃え広がり、

ケルビムがかれを担い、
しもべなる稲妻が白熱し、
恒星と惑星ははるか遠くから歓喜の声をあげる。
　かれは、いまもいつも永遠に支配する。

いと高き王、
かれは諸手《もろて》をあげ、楽しませる。
雨を集め、それを降らせる。
三つの国と四つの河と枯れた草地に。
そこに草花を芽生えさせる。
日は日に向かって歓喜の声をあげる。
おまえも主に喜びの声をあげよ、と。
　かれは、いまもいつも永遠に支配する。

いと高き王、
聖にして戦慄すべき方、

力強く不思議に満ちた方、
土を量ってなかに入れ、隅の親石をすえ、
かく小さきものを大きなものとし、
栄光となさしめる。
　　かれは、いまもいつも永遠に支配する。

いと高き王、
悲惨に目を留め、
願いに心を向け、
寛大な心を保ち、
怒りを抑え、
すべての始まりを始めさせ、
すべての終わりを終わらせる。
　　かれは、いまもいつも永遠に支配する。

いと高き王、

真理で裁き、
真理の業をなし、
恵みを与え、真理を行ない、
自ら恵みであり真理であり、
真理のうちに歩む。
その印章は真理。
かれは、いまもいつも永遠に支配する。

われらは御身に忠誠を誓う
ヤハウェ〔JHVH〕は王である。ヤハウェは王であった。ヤハウェは永遠に王となる。

天の幕屋に住むものは、賞賛の楽の音でほめたたえる。

ヤハウェは王である。

地の原野に住むものは、祝福の歌でたたえる。

ヤハウェは王であった。
たがいに調子を合わせ、競い合いつつ歓びの声をあげる。
ヤハウェは永遠に王となる。
そのすべての聖なる者は、へりくだりつつかれを崇《あが》める。
ヤハウェは王である。
そのすべての民の群れは、かれに真実の証《あかし》を立てる。
ヤハウェは王であった。
たがいに調子を合わせ、愛にみちて競い合いつつ。
ヤハウェは永遠に王となる。
閃光を放つケルビムと力強きセラフィムは。
ヤハウェは王である。
朝ごとに新たに、おそれのうちに声を潜めて語る。
ヤハウェは王であった。
たがいに調子を合わせ、競い合いつつ三度目も。
ヤハウェは永遠に王となる。

ヤハウェは王である。ヤハウェは王であった。ヤハウェは永遠に王となる。

アーメン

付録二
補　遺

一　戦慄すべきもの、神秘　本書三三頁以下について

F・W・ロバートスンは、ことがらの真相を深く見つめ、明白に記述している。ヤコブのエルとの格闘に関する洞察の深いかれの説教を参照されたい（『一〇の説教』三・二「神秘の啓示」）。

それはおそれ〔英 awe〕によって啓示されたものである。大きな意味をもっているのは、ヤコブと闘った相手である神的存在が、夜明けにさしかかった頃にそこを立ち去ろうとして、いわば焦ったように見えたということと、ヤコブが期待していた祝福を受けるチャンスを夜明けの時に奪われてしまうかもしれぬと知っているかのごとく、この神的存在にいっそうしがみついて放そうとしなかったことである。そこに非常に深い真理が潜んでいるようだ。限定的で明確なものにおいてよりも、無限定的なものにおいて、人はより神に近づく。神は明確な概念においてよりも、おそれと不可思議と礼拝のうちに感得される。ある意味では、闇の方が光よりも神を

多くもつ。かれは濃い闇のなかに住まう。柔らかで漠とした神秘の要素は、しばしばありありと神の現存感をもたらす。夜が明けて、ものが明瞭《めいりょう》に見えるようになると、神的なものは朝露のように魂から蒸発する。悲しみのうちに、不確かな予感に悩まされつつ、われわれは周囲に無限なものを感じる。闇は消散し、世界の喜びが再来し、神は去ってしまったかのように見える。その神は萎《な》えた手でわれわれに触れ、われわれと闘った者であり、いかに恐ろしくとも現存している方が現存しない場合よりもありがたい存在者である。闇が神を啓示するというのは、文字どおりに理解してもほんとうのことである。毎朝、神はその永遠性を横切るまばゆい光の幕を引き、われわれは無限なものを失う。われわれは天を見あげるかわりに、地を見おろす。それはより狭く、より小さくなった光景であり、望遠鏡はかたづけられ、顕微鏡《けんびきょう》で観察されるもの、大きなものではなく小さなもの。「人は夕方まで仕事に精をだす。」そして、われわれは日ごろの埃《ほこり》と些細《ささい》なもののなかで神を見ることをやめているようだ。それで夜になって、神が再度幕を開けるとき、われわれは明るく明瞭に見える日中が、どれほど神と永遠性を隠していたのかわかる。けだし、孤独で、沈黙した、不可解な闇において、恐るべき方は近い。

名前は力を、隠れた神の未知の力をもっている。神の計画は名前や言葉ではなく、感じることにおいて真実を与えることであった。あの夜、あの奇妙な場面で神はヤコブの魂に宗教的おそれを刻印した。それはその後発展していくことになっていたものである。それはくだらぬもので理性の望みを満たし、魂にふたをすることになってしまうような一連の形式的表現ではない。ヤコブは無限なものを感じたのである。それはほとんど名づけられるものではないが、より真実なものとして感得される。

二　拙著の論述全体について、本書の英訳者ジョン・ハーヴェイ〔John Harvey〕が、その英訳本〔『聖なるものの観念』〕の序文で論じている内容を参照していただきたい。さらに、〔英訳本の〕補遺一〇で展開している論考「英語におけるヌミノーゼの表現」も参照されたい。訳本の二二二頁[二]で、かれはつぎのように述べている。

確かに、ドイツ語の哲学的語彙《ごい》は一般的に英語より豊富であり、かつ表現においてより精確である。だが、本書が取り扱っている対象について言えば、われわれの言語はドイツ語に比して不利にはなっていない。むしろ英語における同義語の多さは、翻訳に際して当初からやっかいな問題であった。ドイツ語で一つしかない heilig〔聖なる〕という形容詞およびその名詞と動詞の派生語に対して、英語では sacred, holy, sacredness, holiness, sanctity という言葉がある。Gottheit（神性、神であること）というドイツ語に対しては、英語には三つもの同義語がある。すなわち、deity, divinity, Godhead である。これらの同義語はいずれもある特殊な文脈では最適な訳語であろうが、このなかの一つを選択することで、われわれはしばしば微妙な意味の違いを犠牲にすることになる。換言すれば、Gottheit という一語でもってたぶん内包されている意味全体のうち、その一部しか再現できないようになる恐れがあるということだ。＊

heilig の通常の訳語として sacred ではなく holy を選択する決定的要因は、同語が聖書用語だという事実である。この言葉は、とくに「イザヤ書」六章など、本書が繰り返し例証として用い、また本書の議論に対して中心的な役割を演じている重要な聖書記事のなかに見出される。わたしは思うに、holy の方が sacred よりもあきらかによりヌーメン的な言葉に感じられる。その方がヌーメン的雰囲気をより強く保持している。そして、holy はおそらくドイツ語の heilig よりも、高度な宗教体験のレベル、すなわちヌミノーゼがすでに合理的・倫理的要因を十分内包しており、それゆえわれわれにとっては主として「善さ」を意味するようなものをいっそうよく示すものであるが、同時にこの語は、そのような格調高く洗練された意味がまだ現われてこない文脈、まだ発展の初期の粗野なレベルにおけるヌミノーゼが扱われる文脈においても使用される。コウルリジ[三]の『クブラ・カーン』〔Kubla Khan〕の有名な一節は、そのような使い方の一例である。

なんと寒々とした場所！　かってないほど神聖で〔holy〕魅惑的な場所。
　下弦の月のもと、〔悪魔のごとき恋人を思って嘆く女が〕出没するほどに。[四]

これは、正真正銘ヌーメン的な詩句である。しかも、原初的で「前宗教的」なヌミノーゼである。そこに sanctity はまだ含まれてはいない。というのは、この文脈での holy の大胆な使用はなんとか許されても、sanctity は、わたしがまちがっていなければ、より限定されたより高尚な意味でしか使用されないからである。

以上あげた言葉を別にしても、英語は一般的にヌーメン的用語が豊富であるように思える。オットー博士自身とくに言及しているように〔本書二四頁〕、英語の awe はドイツ語の Scheu に欠けているヌーメン的な意味合いをもっているし、haunt の意味する内容全部を網羅するような適語はドイツ語に存在しない。それに、わたしは unheimlich の多少とも正確な訳語である uncanny〔不気味な〕以外に、weird および eerie〔いずれも「怪しい」「不気味な」の意〕などのような語を使用したが、これらも定義しがたいヌーメン的雰囲気をまちがいなく伝えるものである。超自然的な暗示やしるしの意であるfreitなる古語もその類であるかもしれないし、おそらくいまではもう使用されなくなった動詞形ougは、今日のugly〔醜い〕の祖形であるが、もともとは不自然で不気味ななにか気を怯《ひる》ませるもの、あるいは嫌な気持ちを起こさせるものという意味合いをもっていたものと思われる。[1] ＊

注目すべきは、これらのヌーメン的用語は、aweを例外として、すべて元来は、より粗野でより原始的な経験形態と関わっていたという点である。これらは、grue, grisly, ghastly〔いずれも「ぞっとする」「身の毛のよだつ」の意〕とは違って、高尚で洗練された意味でも、下等で原始的な意味でも使用されうるが、第一義的には、高いレベルでの宗教的な言葉ではない。最後に、以上の用語の全部またはほとんど全部が北部に源を発するというのは偶然ではありえない。ヌーメン的印象の特殊な感受性〔オットーのいう「予覚」という特殊な感受能力〕は、じつのところ、ケルトの特徴のように思われる。そこに見られる透視力や千里眼といった現象もそれを物語っていよう。

英語の個々の表現についてはさておき、英国の詩歌や散文（すでに引用したコウルリジの作品に類似したもの）から、本書で議論されていたヌーメン的把握のさまざまな要素の実例となる記述を集めることは容易である。わたしは以下の三つの引用を紹介したい。

本書六九頁以下では、合理的要因が支配的な心情とヌーメン的な心情の違いを示す二つのドイツ語賛歌(ゲラートのものとランゲのもの)が例示されている。同じ意味での相違を、英国の読者になじみの深い二つの詩歌、すなわち「詩篇」一九篇を下地にしたアディスン[五]の賛歌とThe Tyger〔虎〕と題したブレイク[六]の詩に見られるコントラスト以上に鮮明に映しだせるものはほかにないであろう。両詩人とも、被造物のうちに啓示されている創造主のことをほめ詠《うた》っているが、そこにこめられている気持ちはあきらかに異なっている。アディスンでは、落ち着きに満ちた自信、穏やかな気品、感謝と理解にあふれた賞賛の気分がある。一方、ブレイクでは、戦慄、おそれ、神秘の沈黙の気分が醸《かも》しだされているが、それでいて、奇妙な高揚感を響かせている。

青々とした大気をすべて包みこんだ天高く広がる蒼穹《そうきゅう》と、
きらめく天、その光り輝くすがたは、それらを創造した方を賛美する。
不屈の太陽は、日毎、その造り主の力を表わし、
全能者の御手の業《わざ》を全地に告げ知らせる。

夕の闇が支配するやいなや、月が不思議な物語を語り始める。
毎夜、耳を傾ける地球に、自分の誕生のしだいをなんども語る。
その間、月を取り巻く星ぼしが照り輝き、惑星たちはつぎつぎと、
軌道を巡りつつ、その物語の正しさを確認し、その真理を全地に広める。
たとえ、厳粛《げんしゅく》な沈黙のうちに、すべての天体が暗い地球を巡ろうと、
たとえかれらの光を放つ球体のなかに、真の声も音も見出されなくともかまわない。
理性の耳でかれらはみな喜び、栄えある声を発する、
輝きつつ永遠に歌いつつ、「われわれを造った手は、神の手だ」と。

これは、あきらかに、合理的な敬虔である。自然がたたえる賛美を聴いているのは「理性」である。そのようなものとして、これはある種の心情のタイプを反映する特徴であるばかりでなく、むしろアディスンがこれを書いた時代全体を反映する特徴である。これと正反対のヌーメン的な性格は、つぎに引用するブレイクのみごとな詩文のなかに如実に現われている。

虎よ、虎、輝き燃える、
夜の森の中で、
どんな神の手、あるいは眼が
汝の怖ろしい均整をつくり得たのか。

どんな海や　空のかなたに
汝の眼の炎が燃えていたのか。
いかなる翼で　神はあまがけり、
いかなる手で　その炎を捉えたのか。

〔中略〕[七]

無数の星　その槍を投げつくし、
涙で空をうるおした時、
神はできあがった汝を見てほほえまれたのか、
仔羊をつくった神が　汝をつくったのか。

虎よ、虎、輝き燃える、
夜の森のなかで。
どんな神の手、あるいは眼が
汝の怖ろしい均整をつくることを敢えてしたのか。

〔『ブレイク詩集』土居光知訳（平凡社、一九九五年）七二―七四頁〕

最後に、本書一七四頁以下の例証に関して、わたしはワーズワースの[八]『序曲』第一〇巻を引き合いに出したい。ワーズワースもまさに当時の破局の恐ろしさ、その「ウンゲホイアーなるもの」が、どのようにして聖なるもの、神的なものの「現存」の啓示となったのか、またそれがどのようにマックス・アイトの体験[九]にもあてはまったのかを物語っている。

三　威厳と実在　本書四四頁以下について

ヌーメン的に感知される超越実在に対して、自分自身の実在性がだんだん薄れてなくなっていくといった今日の宗教体験の例は、ウィリアム・ジェイムズの『宗教的経験の諸相』の五六頁に見出される。

わたしの感じたのは、わたし自身というものをしばし喪失したという感じであった。
〔『宗教的経験の諸相』(上) 桝田啓三郎訳(岩波文庫、一九六九年)一〇九―一一〇頁〕

五三頁の体験も参考とせよ。

夜の完全な静寂には、むしろ荘厳な沈黙のために、鬼気《きき》せまるものがあった。暗黒のなかにはなにものかが姿をあらわしていたが、目に見えないだけに、それはいっそう強く感じられた。わたしは、自分の存在を疑わなかったと同じように、彼がそこにいましたことをも、疑うことはできなかった。いや、もしそういうことがありうるものなら、二人のうちではわたし自身のほうが実在性が少ない、と感じたほどであった。〔同書一〇四頁〕

これらの例証は、同時に「合一」という神秘体験が、ただちに以上のような体験に結びつくことも示している。前記引用の直前はこうなっている。

〔わたしはあの方と、〕ただ二人だけで立っていた。わたしはあの方を求めはしなかったが、わたしの霊がその方の霊と完全に合一するのを感じた。〔同書一〇三頁〕

四 「まったく他なるもの」 本書五八頁以下について

『迷える者の手引き』におけるマイモーニデスの言葉を参照せよ。以下は、S・ムンクによる仏訳(Paris 1856, p. 259)。

かくして、あなたにとってあきらかなのは、神についてある特定のことがらが否定されねばならないということがあなたに証明されるたびに、あなたはより完全なものとなるだろうし、またあなたが神に(その本質に)付加されたあるものを肯定的に帰すたびに、あなたはかれを(被造物と)同一視することになり、かれの実在の認識から離れることになるだろうということだ。

あなたが完全なものと思いこんでいるこれらすべての属性は、もしわれわれが所有しているものと同じ種類のものであるならば、それらは、神に関して言えば、不完全なものとなる。

ここには、いわゆる「否定の道」〔ラ via negationis〕が意味されていることはあきらかだ。神学における「否定の道」は、一つにはなんらかの規定性にあると思われるすべての限定から神的なものを解き放つ試みである。したがって、それは神的なものを完全に無規定なものにさせる。「否定の道」とはそういうものであるが、それは、わたしが『西と東の神秘主義』の一四九頁[三]のなかで論じたように、同時に「照明の道」〔ラ via eminentiae〕の延長である。なぜなら、完全に無限定、無規定なものとしての神は、同時にもっとも明瞭なもの〔ラ eminentissimum〕だからである。この点に限って言えば、「否定の道」

も「照明の道」もともに、「絶対性の思弁」の形式であり構成要素である。だが、これはすでにさきに言ったように、ヌミノーゼの合理的図式にすぎない。しかも、とくに「まったく他なるもの」という要素の合理的図式である。このことを明確に確認しているのが、前述のマイモーニデスの言葉である。

五　ミルム〔驚くべきもの〕、逆説、二律背反　本書六五頁以下について

アウグスティヌスは、ときにつぎのように語る。

神を、言表しがたきもの、とさえ呼んではいけない。なぜなら、そこにはすでに神に関する一つの言表があるからだ。(In I. Bernhart, Augustin, München 1922, p. 146)

六　否定的賛歌　本書八一頁以下について

一三
否定が否定としてまったく気づかれないような否定的賛歌は、ニュッサのグレゴリオスのつぎの賛歌である。その否定は、驚くべきものの逆説と二律背反によって強化されている。

神への賛美(Migne, S.gr. 37, p. 507)

おお、万物のかなたにまします御者《おんもの》。ほかにいかなる名をもって御身を呼ぶべきか。

いかにして、言葉は御身をたたえようか。いかなる言葉をもってしても、御身は名状しがたき方。

いかにして、理性は御身について吟味しえようか。いかなる理性をもってしても、御身は理解しがたき方。

御身は唯一、語られざる方。すべては御身をとおしてはじめて語られるものとなる。

御身は唯一、知られざる方。すべては御身をとおしてはじめて知られるものとなる。

御身をたたえるのは、語ることができ、語ることができないもの。

御身を敬うのは、思惟《しい》することができ、思惟することができないもの。

すべて切望するもの苦しむものは御身のまわりに集う。

すべてのものは御身に祈る。すべてのものは、御身のしるしに思いをはせながら、御身に向かって沈黙の賛美を歌う。

すべてのものは、御身だけに留まる。すべてのものは一つになって御身のもとに押し寄せる。

すべてのものは御身を目指す。御身は一であり、全であり、なにものでもなく、また一でもなく、全でもない。すべての名をもつ方であり、唯一名をもたぬ御身を、わたしはどう呼べばいいのか。どのような天的理性が、雲の上の闇にまでつき進むだろうか。
恵み深き方、
おお、万物のかなたにましまします御者。ほかにいかなる名をもって御身を呼ぶべきか。

七　本書一三一頁以下について。「魅するものについての喜びの不明瞭性」については、ゲーテが「名状しがたい感情」と呼ぶもののなかに多くの類例を見つけることができよう。オイゲン・ヴォルフのすでに引用した書物[一四]を参照せよ。参照すべきものとして、トルストイが小説『コサック』の結末でオレーニン（じつはトルストイ自身）について書いている部分がある。

そこはすずしくて、居ごこちがよかった。彼はなにも考えなかったし、なにひとつ望みもしなかった。すると突然、彼はいとも不可思議な、理由のない幸福感と、ありとしあらゆるものに対する愛の感情におそわれて、ふるい幼時からの習慣で、思わず十字をきり、なにものとも知れぬ者に感謝をささげはじめた。〔トルストイ『コサック』北垣信行・木村彰一訳、『世界文学大系』八四（筑摩書房、一九六四年）一二六頁〕

八　本書一五五頁について。「無」および「空《くう》」に関して、同僚のシュピッツァーが、以下のような一文をわたしに書いてくれた。

「まったく他なるもの」を暗示するものとしての「無」の一例に、フランス語のné-antがあります。この語は通常rien〔否定を表わすフランス語の不定代名詞〕のいわゆる「詩的な」単語とみなされております。しかし、実際にはこれはNicht〔ドイツ語の否定詞〕であって、「まったく他なるもの」を予感させる言葉であります。このné-antは古フランス語以来、ますます（この）積極的意味で充満していたという印象をわたしはもっています。

九　ドゥルガー　本書一四一頁について

この恐怖の母について、つぎのような賛歌が詠まれた。

これは、あなたの命令に対する認識のなさからか。
これは、欠乏または怠慢からか。
わたしがするべきことをなす力を見出さなかったこと、
あなたの足を敬うことを怠ったことは。

すべての人を罪から解放する慈悲深き母よ、
あなたはわたしをも赦《ゆる》してくださる。
　悪い息子はどんどん生まれてきても、
　悪い母親はひとりもいない。

母よ、あなたは地上にたくさんのふさわしい息子をもっている。
だが、あなたの子であるわたしは、価値がない。
にもかかわらず、やさしいあなたは、わたしを見捨ててはいけない。
　悪い息子はどんどん生まれてきても、
　悪い母親はひとりもいない。

母よ、世界の母よ、あなたの足をわたしは敬わなかったし、あなたに多くの献げものを施さなかった。
にもかかわらず、あなたはわたしに限りない愛を示してくださった。
　悪い息子はどんどん生まれてきても、
　悪い母親はひとりもいない。[2]

一〇　本書一七五頁〔マックス・アイトの〕発言について

カーライル[一五]のつぎの言葉も、当該頁の発言内容に類似した経験に非常に近いものを含んでいる。

> もし、おまえが目あるいは魂をもっているなら、理解しがたきものというこの岸辺のない大海原を、その荒れ狂った混乱のさまとすさまじい渦の中心部を覗《のぞ》きこんでみよ。そこにはすべての義、すべての美が、黙したまま永遠に、全体のなかの唯一の現実として、およびその統御する力として君臨してはいないだろうか。

ただし、かれはこの「理解しがたきもの」にかれのミルムを託すかわりに、これを再び「理解しうるもの」にしようとしている。「すべての義」「すべての美」「全体」という合理的な言葉がこれを物語っている。これらの言葉が、ただたんに優れたものと高貴なものの「理解しがたい」価値をほのめかす暗号であるならば、話は別だが。

一一　神秘主義における戦慄すべきもの　本書二二二頁以下について

アラブの神秘家ガザーリー[一六]は、この要因をよく知っている。しかも「理性あるもののすべての理解の限界のかなた」にある神秘的経験の枠内で知っている。

かれの栄光の最初の輝きに驚くことが、理性あるものの全ての理解の最終的な限界である。困惑し狼狽《ろうばい》して身震いすることは、究極の目的である。[3]

一二　本書二三二頁以下について。「範疇」および「素質」という表現について、手短かにつぎのように言わねばならない。すなわち、われわれは「範疇」という表現をその第一の意味で用いている。つまり、それは「基本概念」を指し、概念一般と同じく、客観的な、対象自身に与えられる特徴を意味する。「素質」とは、認識の獲得のための能力的素地を言うが、ただしここで言う認識は、さしあたって「感性的認識」、つまり「不分明な」認識であって、「説明可能な」それではない。その上で、さらにそのような認識自体の最初の感性における所有を言う。この意味における「素質」は、説明可能な認識の出発点、「源泉」ないし「観念の基礎」である。この観念の基礎は、結局「アプリオリな」(感性的)認識である。これは感覚器官による知覚によっては獲得されず、またそのように獲得されることもできず、「感覚器官によって知覚されるもの」とは無関係だからである。[4]

一三　本書第一八章全体については、ゼーデルブルームの『神信仰の生成』[七]の一九三頁のみごとな記述を参照されたい。

教養ある神信仰や儀礼がなくても真の敬虔は存在しうる。だが、聖なるものという表象がなければ、その名に値するような敬虔はありえない。宗教にとって神信仰が神の礼拝と並んでいかに重要でも、わたしがしばしば強調していたように、宗教の本質にとってより意義のある基準がある。すなわち、聖と俗の区別である。

一四　本書二五一頁について。ヌーメン的対象を暗示する最初の試みとしての「可変指示代名詞」〔ド Wandelnde Demonstrativ-Pronomina〕という表現について、シュピッツァーはわたしに「ルーマニア語で女性の悪霊たちのことを Jelele と言いますが、これは文字どおりには Sie-e〔代名詞 sie の複数形〕です」と書いている。

一五　本研究全体について、最近出版されたE・ヴィリガーの著作『ハギオス——古代ギリシア及びヘレニズム期の諸宗教における聖の術語に関する研究』(『宗教史的試論と予備考察』第一九巻第一号、ギーセン、一九二二年)を参照されたい。

原　注

参考文献の書誌については、原注では省略が多いため、適宜補った。

第一章

1　以上、㈢について詳しくは、Rudolf Otto, Das Gefühl des Überweltlichen (Sensus Numinis), 5-6. Aufl., München 1932〔以下 GDÜ と略記〕の Kap. II: Der sensus numinis als geschichtlicher Ursprung der Religion 参照。

第二章

1　のちになってはじめて、わたしは自分が発見者としての権利を主張しえないことがわかった。GDÜ, Kap. I: Zinzendorf als Entdecker des sensus numinis〔「神霊の感覚の発見者であるツィンツェンドルフ」〕参照。また、すでにカルヴァンも『キリスト教綱要』のなかで、divinitatis sensus, quaedam divini numinis intelligentia〔神性の感覚すなわちある種の神的な霊知〕について論じている。

第三章

1　第三の誤りについては、後述することにする。

2　シュライエルマッハーについては、Rudolf Otto, West-Östliche Mystik. Vergleich und Unterscheidung zur Wesensdeutung, 2. Aufl., Leopold Klotz Verlag, Gotha 1929〔以下 WÖM と略記。邦訳はオットー『西と東の神秘主義――エックハルトとシャンカラ』華園聰麿・日野紹運・J・ハイジック訳（人文書院、一九九三年）。なお、オットーの原著は最初一九二六年に出版されたが、本書で用いられているのは一九二九年の第二版である。しかし、上記邦訳は一九七一年ミュンヘンで出版された Gustav Mensching 校訂による第三版を使用している〕において、C部としてかれについて論述している箇所を参照されたい〔邦訳に該当箇所はない〕。

第四章

1　概念以前の、概念を越える、しかも認識される対象関連性としての「感情」の意味については GDÜ, p. 327（「感情」についての結論部分）参照。

2　これの意味が弱められた形を表現する俗語は Gruseln, Gräsen〔どちらも「ぞっとする」を意味する〕である。この言葉のなかに、そして本来は gräßlich〔「ぞっとするような」〕のなかにも、ヌミノーゼの要因がつねに明確に意図され、言いあらわされている。同様に Greuel〔身の毛のよだつ恐怖〕ももともとはいわば否定的－ヌーメン的であった。その意味でルターがこの語をヘブライ語の schiqqûß の訳語として使用したのは正しい。

3 Rudolf Otto, “Mythus und Religion in Wundts Völker-psychologie”, in: Theologische Rundschau, 1910, pp. 251–275, 293–305（同論文は増補され GDÜ, Kap. II: Der sensus numinis als geschichtlicher Ursprung der Religion として再録された）および Deutsche Literaturzeitung, 1910, Nr. 38 参照。わたしは最近の諸研究、とくにマレットとゼーデルブルームが、前掲論文でわたしが主張した点を確認してくれたことを喜んでいる。確かに両者とも、この「おそれ」のまったく独自で、すべての「自然的な」感情とは質的に異なっている性格について言及してはいるが、ここで要求されている十分な精確さにはまだ欠けている。ただ、とくにマレットの研究は、かなりの程度真相に近づいている。かれの画期的と呼んでもよい研究 R. R. Marett, The Threshold of Religion, London 1909 を参照せよ。また N. Söderblom, Das Werden des Gottesglaubens, Leipzig 1915（邦訳はゼェデルブローム『神信仰の生成』（上・下）三枝義夫訳（岩波文庫、一九四二年、一九四六年））および Theologische Literaturzeitung, Januar 1925 も参照。

4 宗教史の出発点としての「不気味さ」と「おそれ」およびそのなかに潜在する内容について、より詳しくは Rudolf Otto, Gottheit und Gottheiten der Arier, Gießen 1932 p. 5 参照。

5 英語 His flesh crept（かれはぞっとした）を参照。

6 シュライエルマッハーにおいても「依存の感情」が、根本においてはこの「おそれ」を意図していたということは、その折々の発言からわかる。たとえば、かれの『宗教論』（邦訳はシュライエルマッヘル『宗教論』佐野勝也・石井次郎訳（岩波文庫、一九四九年））のピュンエル校訂第二版(B. Pünjer, 1879)八四頁には「かの聖なるおそれについて、それが宗教の最初の要因であることをわたしは喜んで承認しよう」と記されており、また、われわれが論じていることとまったく同様に、このような「聖なる」おそれがほかのすべての自然的恐怖と完全に異なる性格を有していると述べている。ピュンエル版九〇頁で、この性格は「ヌーメン的感情」においては完全に「かの不思議で、戦慄すべき、謎に満ちた興奮」であり、「それをわれわれが迷信と呼ぶのは、あまりにも無制約的である。なぜなら、その根底にはあきらかに敬虔なる戦慄があるからである。この戦慄をわれわれ自身は恥としない」とされる。ここには、われわれに固有のヌーメン的感情の特性を表わす用語がほとんどすべて出そろっている。またここでは、決して自己感情の一種ではなく、自己の外部にある実在的対象への感情が宗教における「最初の要因」となっている。同時にシュライエルマッハーは、ヌーメン的感情をふたたびその「粗野な」動き、「われわれがあまりにも無制約的に迷信と呼ぶ」動きのなかに認めている。ここにあげられている諸要因はどれも「絶対的にすえられた」すなわち原因に条件づけられたという意味での「依存の感情」とはあきらかに無関係である。この点については、同書二三頁参照。

7 インドのパンテオン〔万神殿〕をめぐると、全部このようなira〔怒り〕から成っているような神々が存在している印象を受ける。高位にあるインドの慈悲神でさえ、śiva-mūrti という慈悲の姿とともに、krodha-mūrti という「怒り」の姿をとることもきわめて多く、その逆の場合も然りである。

8 だからこそこの表現は、もし人間に適用されると、宗教感情的には冒瀆となってしまう。

9　エックハルトを参照。
10　条件付けられたもの、ないし、因由するものという意味。
11　もしそうであるなら、それはまさに自己の実在へと導くだろう。
12　C. Greith, Die deutsche Mystik im Predigerorden (Nachdruck Amsterdam 1965), Freiburg 1861, p. 114f.
13　Tezkereh-i-Evlia (Tadhkiratu, lavliya = Memorien der Gottesfreunde; Acta sanctorium), übersetzt von de Courteille, Paris 1889, p. 133.
14　Spamer, Texte aus der deutschen Mystik, p. 52.
15　Ibid., p. 132.
16　The Inquirer, 14. July, 1923 におけるO. Schreiner, Thoughts on South Africa, London 1923 の紹介。
17　神秘主義を単一の現象として扱う誤りについて、WÖM, p. 95 以下参照。エックハルトにおける威厳神秘主義について詳しくは同書二五六頁以下参照。
18　ラクタンティウスの mobilitas dei を参照。
19　この点について、より詳しくは WÖM, p. 303 (Fichte und das Advaita) 参照。
20　まったく同様な意味の変遷は āścarya というサンスクリットの言葉にも見られる。この言葉については後述する。ここでも、本来ヌミノーゼの領域に属する概念の世俗化が起こっている。つまり、それは世俗領域へと「沈下する」。これはいくらでも起こる。たとえば GDÜ, p. 187

のdevaとasuraという、最初は純然たるヌーメン的な用語について述べられている箇所を参照。

21 タンブと同じような描写的な言葉で、似たような意味をもっているのが、baff-sein〔ぽかんとしている〕あるいはオランダ語のverbazenである。両方ともまったくのstupor〔茫然自失〕を意味する。

22 GDÜ, Kap. VIII: Das Ganz-andere in außerchristlicher und in christlicher Speklation und Theologie, p. 229, Das Ganz-andere als das Aliud valde bei Augustinus 参照。

23 神霊主義〔ド spiritismus〕が証明しているように、「了解可能な」魂について、人はもはや恐れることがない。だが、そのことは魂が宗教研究にとっての重要性を喪失したことを意味する。〔神霊主義においては、死者の魂が天国または地獄に行く前に一時滞在する霊界の存在が主張され、生者は特殊な技術でもって霊界の魂と交信できると考えられている。〕

24 そもそも「非合理的」〔ド irrational〕という言葉にも、同じことが言える。

25 たとえば、フリースがそう捉えている。

26 神秘主義的敬虔と信仰的敬虔との関係については、Rudolf Otto, Sünde und Urschuld und andrere Aufsätze zur Theologie, München 1932 の第一一章参照。

第五章

1 Cf. A. Bartels, Ein feste Burg ist unser Gott. Deutsch-schristliches Dichterbuch, Mühl-

mann 1916, p. 274.

2 実際、われわれは、いと高き方にいつもDuで呼びかけることはできない。聖テレサは神に「陛下」と話しかけ、またフランス人は好んでVous〔二人称の敬称〕を使う。ヌミノーゼの戦慄すべき神秘にきわめて近いものをもっていたのがゲーテである。それはかれが一八二三年一二月三一日にエッカーマンに話した内容からうかがい知れる。

「人びとは、」とゲーテはいった、「理解することも想像することもまったくできない至高の存在を、まるで自分たちと同じものであるかのように取り扱っている。そうでなければ、主なる神とか愛する神とか善なる神などと言えないだろうよ。……だが、神の偉大さをほんとうに確信している者がいるとすれば、うかつに口にも出せなくなって、畏敬のあまりその名を呼ぶことさえ憚るだろう。」

J・P・エッカーマン『ゲーテとの対話』(下) 山下肇訳(岩波文庫、一九六九年)三八頁。

3 M. Sachs, Festgebete der Israeliten, 3. Teil, 15. Aufl., Breslau 1898より抜粋。

第六章

1 Cf. M. Luther, Sermon von den guten Werken, zum ersten Gebot der zweiten Tafel, Absatz 3.〔邦訳はルター『善きわざについて』福山四郎訳、『ルター著作集』第一集第二巻(聖文舎、一九六三年)九一―九二頁。〕

2 のちに、この語の本来の意味である「宥める」はほとんど完全に消え去り、同語はたんに「崇める」を意味するようになった。

3 このきわめて決定的な、宗教史家たちからその不可解さゆえに理解されていないか、もしくは気づかれていても軽視されている事実について詳しくは、Gottheit und Gottheiten der Arier, p. 11 参照。

4 Ernst Lange's Hymnus auf Gottes Majestät, bei A. Bartels, p. 273.

5 Bernardus Morlanensis, De vanitate mundi et gloriā caelesti. (ed. Eilh. Lubinus, Rostochii, 1610, B, 2.)

6 とはいえ、これはわれわれの場合、残念ながら事実というより、そうあってほしいという願望である。

7 Mesnevi oder Doppelverse des Scheich Mewlana Dschelāl eddin Rumi. Aus dem Persischen übertragen von Georg Rosen. (Meisterwerke orientalischer Literaturen, Bd. 1), München 1913, p. 89.

第七章

1 サンスクリットにはabhvaという語があり、ゲルトナーの解釈によれば、かなりの程度までデイノスの意味に近い。

2 『ヴィルヘルム・マイスターの遍歴時代』第一巻第一〇章。さらに『詩と真実』第二部第九章における、ストラスブール大聖堂の正面のdas Ungeheure〔巨大なものの集塊＝この翻訳は

『詩と真実』山崎章甫・河原忠彦訳、『ゲーテ全集』第九巻（潮出版社、一九九二年）三三九頁に倣った〕を見よ。

3 Wahlverwandtschaften 2, 15.

4 Dichtung und Wahrheit 4, 20.　文脈は青年時代のゲーテ個人の宗教的発展の叙述。

第八章

1 あるいは、われわれの言葉で言えば、ただ感覚的に捉えうるが、概念として定義することが不可能なものである。カントもそう言うであろう。

2 われわれの言語用法では、情緒的性格をもった不可解な観念内容。

3 「相対成長」も「後成」も真の進化でない。むしろ、これらは生物学で「自然発生」〔ラ generatio aequivoca〕と呼ばれているものであって、それによると、付加と集積によるたんなる集合形成である。

4 Die Schriften des seligen Heinrich Seuse, hg. v. H. S. Denifle, München 1876–1880, p. 309f.

5 これについては後述する。

第九章

1 「これらの言葉をわれわれが採ったのは、理解不可能なものがある程度感覚的にはわかるようにするためである」と、サン・ヴィクトールのフーゴ〔Hugo〈Saint Victor〉, c. 1096–1141〕は語っている。

2 これは「原罪」という教会の教えにおける真理要因である。本章全体については、Rudolf Otto, Sünde und Urschuld, München 1932 のとくに一—四章を参照。

3 主観的価値および客観的価値の違いについては WÖM, p. 265 および Rudolf Otto, Wert, Würde und Recht: Zeitschrift für Theologie und Kirche, Heft 1, 1931, pp. 1–19 参照。

4 これは自称「弁証法神学」なるものにおいて起こっている。

5 宗教的反価値、すなわち罪の観念については、さらに Sünde und Urschuld, pp. 1–60 の説明を参照。

第一〇章

1 Cf. Eugen Wolf, "Irrationales und Rationales in Goethes Lebensgefühl", in: Deutsche Vierteljahrsschrift für Literaturwissenschaft und Geistesgeschichte, Bd. 4, Heft 3. ヴォルフは、非合理的なものと合理的なものという両用語を、かなり厳密にわれわれが規定する意味で用いている。

2 合理的なものによる非合理的なものの図式化。

3 まさにわれわれの言う「非合理的なもの」。

第一一章

1 Die Schriften des seligen Heinrich Seuse, hg. v. H. S. Denifle, p. 309.

2 この『バガヴァッド・ギーター』一一章ほど、怒り〔ギ orgē〕という非合理的要因をよく学べる箇所はない。この章は、したがって宗教史の古典的なものに属する。付録一の一参照。

3 絵画に関してはOscar Ollendorf, Andacht in der Malerei, Leipzig 1912参照。ヌミノーゼの音声的表現については、W. Matthießenの示唆に富む研究Das Magische der Sprache im liturgischen Kirchengesang, Hochland. XV. Heft 10参照。

4 Osvald Sirén, Chinese sculpture (vol. 1), London 1925, p. 20.

5 Otto Fischer, Chinesische Landschaft, in: 'Das Kunstblatt' Januar 1920. オットー・フィッシャーのもっとも詳細な著作Chinesische Landschaftsmalerei. Mit 63 Bildwiedergaben, München 1921を参照。

6 この要因はもちろん西洋でも知られている。われわれの詩人たちも言っている。「わたしはひとりで広い野原にいる〔allein auf weiter Flur seinは「孤立している」という意味の慣用句である〕。わたしにはとても静かで荘厳である。」

7 R. Wilhelm, Laotse, Vom Sinn und Leben, Diederichs, Jena 1911, p. 20にある老子における「無」と「空」についての叙述参照。

8 付録一の三を参照。

第一二章

1 この点に関しては、とくにマレットが重要な新しい見解を示している。

2 「その発端」だけであって、ヤハウェの全表象そのものではない。

第一三章

1 「神の国」およびこの部分全体の意味については、Rudolf Otto, Reich Gottes und Menschensohn, München 1934 参照。

2 神秘主義について、申し分のない定義ではなく、それの本質的な特徴を挙げるとするなら、神秘主義とはその非合理的な諸要因が一方的に重きをなし、同時にそれらが満ちあふれるほど張りつめている宗教である、と言えるであろう。ある宗教がこのような傾向をもつ場合、それは「神秘主義的色彩」を帯びている。このような意味から、キリスト教はパウロやヨハネ以来、神秘主義ではないが、神秘主義的色彩をもった宗教である。

3 Cf. Schleiermachers Reden über die Religion, hg. V. Rudolf Otto, Göttingen 1926, 5. Aufl. pp. 37–23.

4 嬰児モーセを指す。

5 前記バイザーヴィーの説話と『メスネヴィ』の詩については、Mesnevi oder Doppelverse des Scheich Mewlana Dschalaluddin Rumi. Aus dem Persischen übertragen von Georg Rosen. (Meisterwerke orientalischer Literaturen, Bd. 1), München 1913, pp. 166; 171 参照。

6　ヌーメン的「熱情」については本書一六六頁参照。

7　そして、それ〔キリスト教〕は、より強いものの権利にのっとって、それら諸宗教のものをすべて吸い尽くす。それ以後、それらの〔光や命といった〕要素はキリスト教固有のものとなり、キリスト教とは不可分の要素となる。なぜなら、

　強い霊の力がその諸要素をおのれ自身に引き寄せたとき、
いかなる天使も、解きがたい両者の結合した二つの本性を
切り離しえなかったから。

文献学的批判が切り離すことはなおさらできない。

8　聖書的な「霊」と「肉」の対立のヌーメン的性格、その本来の倫理的評価や無価値化とは異なる意味について、さらにこの純粋宗教的直観の誤った道徳化(これは今日流行している神学においても盛んになっている。そこでは、肉、罪、原罪がたとえば利己主義やその他の倫理的欠陥と同一視されている)について詳しくは、Rudolf Otto, Sünde und Urschuld, Kap. II 参照。さらに、予定説という宗教的観念と、意志についての合理的・経験論的・心理学的理論との完全に誤った混同(このまちがいはアウグスティヌスから始まって、全スコラ学を通じ、さらにルターに至るまで、そのもっとも「情熱的な」文書『奴隷的意志について』のなかでなされている。それでルター本来の宗教観自体にまで害がおよんでいる)については、ibid., Kap. III, Abschnitt 3: Luthers 'Religionsfilosofie' を参照。

第一四章

1 Cf. U. von Wilamowitz-Moellendorf, Platon I, 1920, 418; 643. Cf. Plato, Epistel II, 312D; 314B, C.

2 たとえば、アレクサンドレイアのクレメンスの『ストロマタ』2, 15, 1ff の冷めた言い方を参照。

3 Opp. ed. Fritsche, p. 227.

4 Ibid., p. 116.〔引用した部分は高橋英海訳には見あたらない。〕

5 Ibid., p. 218.

6 すなわち GDÜ Kap. VIII: Das Ganz-Andere als das akatalēpton bei Chrysostomus, p. 232 および Das Ganz-andere als das Aliud valde bei Augustinus, p. 229.

7 最近出版されたゲーアハルト・リッター〔Gerhard Ritter, 1888–1967〕のルター伝 Luther. Gestalt und Tat, 1925 のなかに、わたしは自分のルター理解が歴史家によってはじめて立証されたことを知った。ルターに関する歴史研究の課題は、ルターのこの点との関連を追跡することである。ただし、スコラの思弁からではなく、ルターのなかにも痕跡を留めている生きた民衆宗教やとくに農民宗教の基本感情からアプローチすべきである。『奴隷的意志について』に登場する不可解な全能なる神を、当の農民宗教が、教会の公教要理とは無縁のところで本能的に知っている。

8 Erlanger Ausgabe (=Martin Luthers sämtliche Werke, Erlangen), 36, p. 210ff.

9　Ibid., p. 231.

10　Ibid., p. 237.

11　Bonner Ausgabe, 1891, Bd. 5, p. 50.

12　Erlanger Ausgabe, Bd. 35, p. 167.

13　Ibid., Bd. 47, p. 145.

14　Ibid., Bd. 50, p. 200.

15　Cf. Rudolf Otto, Die Anschauungen vom heiligen Geiste bei Luther, Göttingen 1898, p. 85ff.「神信仰は単純なものではなく、……超人的かつ永遠なるものに対する、ただ自らをとおして定義しうる根本感情に属する」。この初期の著作は、まだわたしが全面的にリッチュルの影響下にあったころに著した。そのことは神秘主義に対するこの書の立場から容易に見てとれよう。だが、ルターの神概念やそもそもまともな神概念すべてに非合理的・ヌーメン的特質があることは、わたしにはあきらかであった。そうしたことから、時とともに、神秘主義のもう一つの別の評価が当然生まれてきた。同じようにつぎのような認識も出てきた。すなわち、霊の問題は本来、同書八六頁に書かれたつぎの文章に含まれているということである。「これにくわえ、もう一つのもの、すなわち、揺れ動く感情または安定した感情の微妙で繊細な動きのなかで発せられる一つ一つの「言葉」が必要である」。

16　Weimarer Ausgabe (=D. Martin Luthers Werke, Kritische Gesamtausgabe, Weimar 1883 ff), 18, 784. また Erlanger Ausgabe 85, 166 の詳細な解説を参照。

17 Ep. ad. Galat. (Erlanger Ausgabe, Bd. 1, p. 48.)

18 Cf. Das Gefühl des Überweltlichen, 6. Aufl., 1931, p. 234.

19 Cf. Erlanger Ausgabe, Bd. 35, p. 166.

20 Weimarer Ausgabe, 6, 6561. マンスフェルトの主任司祭アクィラムに宛てたマルティン・ルター博士の手記(卓上説話)から。

21 Erlanger Ausgabe, Bd. 11, p. 194.

22 ルターにおけるこの「精神」と「信仰」との同一性については Rudolf Otto, Die Anschauungen vom heiligen Geiste bei Luther. Eine kritisch-dogmatische Untersuchung, Göttingen 1898 参照。この要約は Sünde und Urschuld, p. 44ff,: Luthers Psychologie der Heilserfahrung に見出される。

23 Die Schriften des seligen Heinrich Seuse, hg. v. H. S. Denifle, p. 289ff.

24 Ibid., p. 353.

25 Joannes a Cruce, Aufsteigung des Berges Carmel (deutsch von Modestus, 1671), p. 461.

26 Ibid., p. 465.

27 Ibid., p. 462.

28 ルチフェルの起源はこの憤懣である。かれにおいて、悪はたんなる可能態から現実態となる。ルチフェルとは人格化した「憤り」、戦慄すべき神秘として切り離され、恐るべき神秘〔ラ mysterium horrendum〕へと高まったもの、と言うことができるだろう。すくなくともその間接的根拠は聖書と初代教会に存在する。償い、贖い、解放は神の怒りと同時にサタンにも関連性をもっている。「堕天使」の神話に現われる合理主義は、サタンと「サタンの奥深い秘密」(「ヨハネの黙示録」二章二四節)と「不法の秘密」(「テサロニケの信徒への手紙二」二章七節)への恐怖について十分に説明しえない。この恐怖は、むしろそれ自身ヌミノーゼであって、それの対象とするものは、否定的・ヌーメン的なものと呼んでもよかろう。

29　ヤーコプ・ベーメの弟子ジョン・ポーディジ〔John Pordage, 1607–1681〕が、このことを実感していたことは、かれのつぎの文章に如実に現われている。「わたしが過酷さ、痛烈さ、怒り、烈火その他を神に帰しているのを諸君がわかったとき、わたしに怒らないようにと期待する。なぜなら、ヤーコプ・ベーメも自分の抱く崇高な神の感じ方を表現するのに、ほかの言葉を見出さなかったからだ。だから、諸君はそのような語り方をすべて、あらゆる不完全性から離れた崇高なる神理解として受けとらねばならない。」(Göttliche und wahre Metaphysica 1, p. 166.)

第一五章

1　そのような段階は、純粋にヌミノーゼ自身の内部における段階だが、たとえばその神秘という要因について言えば、ミルム、矛盾、二律背反として現われる。

第一六章

1 かかる精神的な状況は、物理学における潜在エネルギーの運動エネルギーに対する関係に類似している。ただ、精神世界におけるそのような関係を認めることを要求されるのは、この世界における精神的なものすべての究極的根拠として、純粋現実態となった絶対精神、つまり、ライプニッツが言うように、この純粋現実態の光輝である絶対精神を措定しようとする心構えができている者だけである。だが、この場合でもほかのどんな場合でも、そもそも潜在的なものはみな、アリストテレスがすでに指摘していたように、その可能性の根拠である現実態を前提としてはいないだろうか。そうであれば、この世界で進化していく精神は、その進化の可能性の根拠である絶対精神を前提として必要とする。ただ両者の相違点というのは、物理の世界では、実際、人がそうしているように、蓄積されたエネルギー――それが運動エネルギーに移行することで世界が運動する――のシステムとしての現実態を出発点として要請するが、精神世界ではそうではない、ということである。

2 Die Schriften des seligen Heinrich Seuse, hg. v. H. S. Denifle, p. 311.

3 カントが心理学についての講義(Ausgabe Leipzig 1889, p. 11)のなかで「不可解なもろもろのイメージの分野に横たわる宝、人間の認識の、われわれが到達できない底知れぬ深みを形作っている宝」について語っていることを参照されたい。この「底知れぬ深み」が、まさしくゾイゼにおいて顕著な役割を果たしている「魂の根底」にあたる。

第一七章

1 なお、Es spukt hier のかわりに、やや不自然ではあるが、es geistet hier〔やはりふつうは「ここは幽霊が出る」と訳される〕という言い方がある。あるいは Wie es doch um diese Stätte geistert とも言う。ここでの geistern は、ヌミノーゼの現存を意味するが、Spuk〔妖怪〕という低いレベルのニュアンスは含んでいない。いざとなれば、「ハバクク書」二章二〇節をあえてつぎのように独訳してもよかろう。

Jahveh geistet in seinem heiligen Tempel.〔主はその聖なる神殿におられる。〕

Es sei stille vor ihm alle Welt.〔全地よ、御前に沈黙せよ。〕

〔ドイツ語共同訳では、当該箇所はつぎのようになっている。

Der Herr aber wohnt in seinem heiligen Tempel.

Alle Welt schweige in seiner Gegenwart.〕

英語の to haunt はドイツ語の spuken よりも格調高い。Jahveh haunts his holy temple と言っても、まったく冒瀆的な響きはない。このような意味での geistern はしばしばヘブライ語のシャーカンに相当する。「詩篇」二六篇八節の den Ort, da deine Ehre wohnt〔あなたの栄光の宿るところ〕という句は die Stätte von deiner Majestät umgeistert〔あなたの尊厳の留まるところ〕と訳した方が感じとしてはよりぴったり来る。ヘブライ語のシェキーナーは本来エルサレムの神殿におけるヤハウェの Geistern のことを指す。

2 このような意味の変遷ははるか昔にだけ起こったわけではなく、われわれ固有の言語においてごく最近でもまったく同様なことが起こった。Schauderhaft〔現在は「ぞっとする」「身の毛のよだつ」を意味し、俗語として否定的な意味で「ひどい」「ものすごい」を意味する〕という言葉は、一八世紀においてもまだ、一貫して神秘に包まれたヌーメン的ことがら全般を意味し、畏敬の念という意味でも通用した。それは今日の Schauervoll〔戦慄すべき〕に相当した。のちになってはじめてそれは不埒で忌むべきもの、否定的‐ヌーメン的なものを表示する言葉に格下げされ、さらに意味が皮相化し、陳腐化し、ついにそのヌーメン的意味合いや響きを喪失して、今日では人を身震いさせるようなものという意味ではほとんど使われず、もっぱら人をいやがらせるものという意味で使われる。たとえば、Es ist schauderhaftes Wetter〔ひどい天候だ〕という言い方がそうで、「格下げ」の典型的な例である。これについては GDÜ, Kap. IX : Steigende und sinkende numina の項参照。

3 Cf. Rudolf Otto, Dīpikā, p. 46. アドブタ(およびアーシュカリャ)は、もし、ドイツ語の wunderbar〔素晴らしい〕のように、はなはだしく俗化、皮相化していなかったならば、「ヌーメン的」という言葉の正確なサンスクリット訳として通用するだろう。ちなみに、恐ろしいもの、雄々しいもの、怖いもの、嫌悪すべきものへの感情と異なるものとしてのアドブタの感情については、Bharata Muni の鋭い分析を施した研究 M. Lindenau, Beiträge zur altindischen Rasa-Lehre, Leipzig 1913 参照。

4 A. Lang, Myth, Ritual and Religion, 2. Aufl., 1899/Id., The Making of Religion, 2. Aufl., 1902/Id., Magic and Religion 1901 参照。また W. Schmidt, Grundlinien einer Ver-

gleichung der Religionen und Mythologien der austronesischen Völker, in: Denkschriften der Kaiserlichen Akademie der Wissenschaften in Wien. Phil. hist. Klasse. Bd. 53, Wien 1910参照。

5　本章については、Alfred Vierkandt, Das Heilige in den primitiven Religionen, in: Die Dioskuren, 1922, p. 285ffを参照されたい。本章の叙述は、この研究の成果以上に喜ばしい支持を専門家の側からいただいた。インド学者であり宗教史家であるJ・W・ハウアーのDie Religionen, ihr Werden, ihr Sinn, ihre Wahrheit, erster Band, Das religöse Erlebnis auf den unteren Stufen, Stuttgart 1923という意義深い研究で、本章で論述した基本見解について新たな支持を受けたことをわたしは喜んでいる。「霊魂信仰」の成立については、Schmalenbach, Die Entstehung des Seelenbegriffs, in: Logos Bd. 16, Heft 3, 1927, pp. 311–355参照。本章の⑽については、Rudolf Otto, Gottheiten der alten Arierの一六頁以降、rudra-typusについて論じている箇所、とくに第四パラグラフのEntsprung eines rudra aus numinosem Gegenwartsgefühl参照。さらに、GDÜ, Kap. VI: König Varuna, das Werden eines Gottes参照。

第一八章

1　Tischreden, Weimarer Ausgabe 6, 6530.

2　Kiefer, Plotin, Enneaden, Bd. 1, Jena 1905, p. 54.

3 Kena Upanishad 10.

第一九章

1 Erlanger Ausgabe (=Martin Luthers sämtliche Werke, Erlangen), 9, 2.

2 Weimarer Ausgabe (=D. Martin Luthers Werke, Kritische Gesamtausgabe, Weimar 1883), 18, 719.

3 この点についてもっとも興味深いのは、ルターが「信仰」について記している箇所である。そこでは、信仰は神的真理把握のための特殊固有の認識能力として描かれ、そのようなものとして、ほかの箇所で「霊」が対置させられているごとく、「自然的な」理解力と対置させられている。「信仰」はここでは、神秘家の言う良知良能〔ギ synteresis. 正邪善悪を判断しうる生来の道徳能力を意味するスコラ哲学の用語〕、アウグスティヌスの言う「内なる教師」に類似している。両用語とも、「理性を越えて」いるが、われわれ自身のなかの一つのアプリオリである。

4 Tischreden, Weimarer Ausgabe 5, 5820.

5 もし、宗教学や比較宗教学の途上で、キリスト教と宗教という「現象」に取り組むのであれば、また取り組む限り、そのように表現せざるをえない。宗教が自身について宗教的な表明をなし、キリスト教が自らについてキリスト教的な表明をしなくてはならない場では、もちろん事情は異なってくる。あとの場合では、われわれは「宗教学的」表明ではなく、「神学的」表明と関わることになる。これについては、GDÜ, Kap. III: Religionskundliche und theologische Aussagen 参照。これらの違いについては承知しておかねばならないが、これらを故意に区別しようとすることは、本書のような書物では衒学的であろう。

二〇章

1 In fünfter Auflage, Göttingen, Vandenhoeck und Ruprecht, 1926.

2 Zweite Auflage, Tübingen, J. C. B. Mohr, 1921.

3 Cf. F. Schleiermacher, Über die Religion. Reden an die Gebildeten unter ihren Verächtern, 5 Aufl., Göttingen 1926, p. 53.

4 わたしが出版した第三版の『宗教論』参照。

5 Ausgabe von Goethes 'Sämtliche Werke', Cotta, Bd. 25, p. 124ff および Eckermann, Gespräche mit Goethe, hg. A.v.d. Linden, 1896, Teil II, 140f 参照。さらに、すでにあげておいた Eugen Wolf の著書〔第一〇章注1参照〕七七頁も参照。

6 したがって、これらの人々はただヌーメン的でしかなく、「聖なる」人間ではない。

7 「ヨブ記」の河馬を参照。

第二一章

1 福音書批評の主要な問題、すなわち語録集がいかにして成立したかという問題が、今日でもこれがなお生きている環境のなかで研究されていないというのはおかしな話である。もっとおかしいのは、もうずっと以前から『砂漠の師父の言葉』〔ラ Apophthegmata Patrum：邦訳は古谷功訳『砂漠の師父の言葉』（あかし書房、一九八六年）〕という〔イエスの環境と〕非常に近い環境、ムハンマドのハディース〔ムハンマドの言行に関する伝説〕、あるいは聖フランチェスコの伝説を手がかりに語録集が解明されてこなかったという事実である。あるいは、われわれ自身が目撃しているように、今日においてもなおなされつつあるラーマクリシュナの語録の収集あるいはジョージ・フォックス〔George Fox, 1624–1691. イギリスの宗教家でフレンド派（クエイカー）の創立者〕やシプリアン・ヴィーニュのような人物の語録を生みだした周辺事情も手がかりとなろう。

2　これは、同時に本書三二七―三二八頁で述べる「判断」能力である。

第二二章

1　ここからわれわれは、「二元論的」な思想、さらに言えば「グノーシス主義的」思想の流入に結びつくための、すくなくとも可能性を理解することはできる。マルキオン〔Marcion, ?–c.160〕のような人間は、極端なパウロ主義者であると同時に極端なイエス主義者でもある。

2　宗教的直観の妥当性については、GDÜ, Kap. VIII: Religionskundliche und theologische Aussagen 参照。本章全体についてはRudolf Otto, Reich Gottes und Menschensohn のとくに第二節第一項「救いの形」、第一〇項「受難によって救済するメシア」、第三節「弟子の聖別としての最後の晩餐」、第四節「神の国とカリスマ」を参照。

第二三章

1　このような諸原理に基づく証明は、「内なる聖霊の証明」〔ラ testimonium spiritus sancti internum〕である。これについてはすでに言及しておいた。これは、あきらかにそれ自体で完結する直接的証明である。もしそうでないとしたら、内なる聖霊の証明を真なるものとして承認するために、さらに別の内なる聖霊の証明が必要となり、かくして、同じ手続きを際限なく繰り返すはめになってしまうからである。

2　「生まれつき」とアプリオリの違いについては Rudolf Otto, Kantisch-Friessche Religionsfilosofie, p. 42 参照。

3　しかも、これはただ「それが望むところ」〔ラ ubi ipsi visum fuit〕でしかありえない。

付録一

1　Cf. J. van den Vondels Treurspelen. 1. Deel, Amsterdam 1661.

付録二

1　ドイツ語の gräsen, grässlich および grauen と greulich を参照せよ。

2　Winternitz, Geschichte der indischen Literatur, Bd. 3, p. 123 より抜粋。

3 Cf. Al Ghazali, Das Elixir der Glückseligkeit. Deutsch vom H. Ritter, Jena 1923, p. 15.

4 「感性的認識」については、WÖM, p. 383 および Gefühl des Überweltlichen, p. 327ff 参照。

訳　注

第一章

一　この点については、本書第一九章の後半部で再度議論される。

二　感情が第一であり、名前は空しいという意味。ゲーテ『ファウスト』山下肇訳、『ゲーテ全集』第三巻(潮出版社、一九九二年)一〇六頁における当該箇所はつぎのようになっている。「感情がすべてなんだ、名前は、天上の焰を霧のように包むうつろな響きか消えやすい煙にすぎない。」

三　本書で使われる「正統主義」(Orthoxie)という用語は、プロテスタントの歴史において、一六世紀半ば過ぎに始まり、敬虔主義運動が発生する一七世紀後半まで、主にルター派教会を支配した神学の学風を指す。その特徴は、主知主義的敬虔と神学の同一視、教会の信条の絶対視と無条件の服従、聖書をルター派の教理が導き出されるところの、神的な教理を啓示する法典とみなすこと、徹底した聖書霊感説、教義学と弁証学中心で、教会史や聖書解釈学が封じ込まれたこと、形式主義かつ保守主義的性格がカトリックのスコラ学と比されること、などである。なお、一九世紀の「復古神学」は、正統主義への回帰を目論んだ。

第二章

一　ドイツ語の Numinöse における ö は、片仮名で表わせば「エー」に近く、したがって「ヌミネーゼ」がより原音に近いが、本書で Numinöse という綴り表記があるのはここだけで、あとはすべて Numinose、すなわち「ヌミノーゼ」となっているので、ここでもあえてこの片仮名表記を当てはめた。

二　ドイツ語では、たとえば本書の中心概念である「聖なる」を意味する heilig という形容詞に中性単数の定冠詞 das を添え、語頭を大文字に、また主格語尾を -e にして「聖なるもの」(das Heilige)としているように、形容詞については、その意味を担うなんらかの「もの」を意味する抽象名詞的用法がある。das Numinöse も同じ手続きでオットーの造語である形容詞 numinös を名詞化したもので、「ヌーメン的なもの」「神霊的なもの」という意味になる。ただし、前注で指摘しておいたように、"Numinöse"(正確には「ヌミネーゼ」)という表記はこの箇所だけであり、あとはすべて Numinose となっている。

第三章

一　原文では Solemmne と表記されているが、これは誤記である。

二　フリードリヒ・ダニエル・エルンスト・シュライエルマッハー(Friedrich Daniel Ernst Schleiermacher, 1768–1834)。「近代神学の父」と言われるドイツの神学者。『宗教論』(一七九九年)において、宗教の本質を直観と感情に見出し、宗教に批判的な知識人に対して信仰を擁護しようとした。神学、哲学を講じる傍ら、聖書解釈学の文献批判的方法を導入し、説教者として、またベルリン大学創設の協力者、同大学神学部長として精力的に活動。主著『キリスト教信仰』(一八二一年。「信仰論」(Glaubenslehre)という通称で知られており、本書でもこの通称が使用されている)において、宗教を「絶対依存の感情」から説明したことで有名。

三　ウィリアム・ジェイムズ(William James, 1842–1910)。米国の心理学者、哲学者。その哲学は相対主義的、多元論的、反主知主義的で、この立場の方法論として実用主義(プラグマティズム)を用いる。徹底した経験主義的、実用主義的立場から宗教体験の分析を試みた主著『宗教的経験の諸相』で有名。

四　「認識の素地や観念の基礎が精神そのものに存するということ」とは、オットーの理解では、カントの「純粋理性」を指している。

第四章

一　出典不明。

二　「おそれ」はScheuの訳語として統一した。「畏怖」に近い場合が多いが、「恐怖」という意味合いの場合もあり、「畏れ」「恐れ」「怖れ」のいずれか一つを画一的に用いるのは無理があるので、いずれにもあてはめることができるよう、便宜的にひらがなで通した。Scheu以外の類語は、コンテキストに従って適当な訳語を使用したが、ひらがな使用はScheuだけである。なお、補遺の一に見られるように、英語のaweはScheuに相当するものと判断し、同じく

「おそれ」と訳した。

三 「わたしの上からあの方の杖を取り払ってくれるものがあるなら、その時には、あの方の怒りに脅かされることなく」

四 「わたしの上から御手を遠ざけてください。御腕をもって脅かすのをやめてください。」

五 ヴィルヘルム・ヴント(Wilhelm Wundt, 1832–1920)。ドイツの心理学者、哲学者。ライプツィヒに世界初の実験心理学研究所を創設し、厳密な観察と実験に基づく科学的心理学の方法を基礎づけた。個々の心的現象は「民族心理学」によって単純な要素に還元されるとされ、その諸要素の結合に至るプロセスを重視。ヴントは宗教もこのような社会生活における心的現象の一つとして心理学的に分析している。

六 ゲーアハルト・テルシュテーゲン(Gerhard Tersteegen, 1697–1769)。ドイツの改革派の敬虔主義者、神秘家、詩人、賛美歌作者。その詩は宗教文学の傑作としていまなお高く評価されている。

七 本書第一二章「旧約聖書におけるヌミノーゼ」参照。

八 アルブレヒト・ベンヤミン・リッチュル(Albrecht Benjamin Ritschl, 1822–1889)。ドイツ・ルター派組織神学者。カント的な形而上学批判と道徳的キリスト教理解の立場に立ち、神と人との倫理的な関係に根ざすキリスト教的原理による精神的な支配の確立を目指した。近代神学史最後の中心人物。

九 ドイツ語の Ideogramm は、通常「表意文字(記号)」と訳される。これは、仮名やローマ字など、音声(音韻)だけを表わす「表音文字」に対して、一字一字が一定の意味を表わす文字で、漢字がその典型。オットーは、Ideogrammという表現をその本来の意味ではなく、概念をもっては説明しがたい非合理的なものを、類比的、暗示的、周辺的概念表現によってその内実を描出しようとする方法論上の比喩として用いている。

一〇 概念的に明示するのではなく、その内実に向かう方向のみを指示する記号という意味。

一一 ビスタームのバーヤズィードは、アブー・ヤズィード・ビスターミー(Abū Yazid al-Bisṭāmi, ?–874)とも呼ばれる。ペルシア出身で初期のもっとも代表的なスーフィーのひとり。

一二 マイスター・エックハルト(Meister Eckhart, c. 1260–1328)。ドイツの神秘思想家。ドミニコ会士。パリ、ストラスブール、ケルン等で教授、説教家として活躍。その独自な神秘思想が汎神論的と判断され、宗教裁判にかけられたが、弁明を試みるも決着をみる前に死亡。没後、正式に異端とされ、その著作は禁書となったが、のちに『神の慰めの書』や『高貴なる人間について』『霊的識別の講話』、それに説教など、ラテン語とドイツ語の著作が多く発見され、公刊された。ゾイゼやタウラーなど中世の神秘家たちに高く評価されている。

一三 プロティノス(Plōtinos, c. 205–270)。新プラトン主義の創始者。著作は『エネアデス』(全六巻)として弟子のポルフュリオスによって編纂された。これはアリストテレス、新ピュタゴラス派、ストア派等の古代哲学の集大成であり、のちに「新プラトン主義」と称されるものの原型となった。全存在を超越する「一者」、プラトンのイデア界に相当するヌースとプシュケーという三つの原理的なものを提唱。その思想はキリスト教神学、とくにその神秘思想に大きな影響を与えた。

一四　オットーにおいて「内観」の神秘主義と対をなすものとして考えられている神秘主義。無限なるものを発見するために自己の魂、その深みに帰入する前者と違い、多様性のもとにある事物の世界に注目し、それを一体として直観する神秘主義をいう。詳しくは、『西と東の神秘主義』六五―八二頁参照。

一五　出典不明。

一六　Voluntarismus. 主知主義に対して、意志を心理作用の基礎、根源的要素とする立場であるが、これはショーペンハウアーを代表とする非合理的主意主義と、デカルトやフィヒテを代表とする合理的主意主義(意志は理性と結合し、理性に内在して目的を設定し、理性秩序の実現に努力するという説)に大別される。オットーはこの後者の意味で使用している。

一七　デシデリウス・エラスムス(Desiderius Erasmus, 1469–1536)。オランダ出身の人文主義者。イタリア、ネーデルラント、英国など各地で研究・教育・著述に精力的に取り組み、人文主義の巨頭と仰がれた。ギリシア・ローマの古典と聖書・教父のキリスト教古代との総合によるキリスト教世界の刷新を志した。ラテン教父らの著書の校訂やギリシア語作品のラテン語訳、そして最初のギリシア語新約聖書の校訂本を刊行。ルターやツヴィングリらの宗教改革に刺激を与えたが、実際に宗教改革が勃発すると西欧の一致の崩壊を恐れて、ルター批判に踏み切り、自由意志論争を起こした。

一八　邦訳では二三〇―二四六頁に相当。

一九　ヨーハン・ゴットリープ・フィヒテ(Johann Gottlieb Fichte, 1762–1814)。ドイツ観念論哲学者。ベルリン大学の初代総長。主著『全知識学の基礎』(一七九四年)をはじめ多数の著作を刊行。カントの実践理性の優位をさらにひろげて、表象の成立をも自我の実践性に求め、実践により理論的認識を基礎づけて体系的に統一した。実践理性は絶対我(Absolutes Ich)にまで高められると、主客未分の純粋活動すなわち「事行」(Tathandlung)を通じて内的・外的世界を産出すると説いた。のちに、「ヨハネ福音書」のロゴス論を独自解釈し、かの絶対我を神的存在とみなし、有限な自己の生命を永遠なる神的生命の一環と観る神秘的汎神論に傾く。

二〇　アルトゥル・ショーペンハウアー(Arthur Schopenhauer, 1788–1860)。ドイツの哲学者、主意主義的、厭世主義的哲学の代表者。終始ドイツ観念論の傍系に留まったが、哲学を認識論、形而上学、美学、倫理学の四分野に分けて議論した主著『意志と表象としての世界』に見られるように独創的な思想家である。かれの根本主張はカントの認識論、プラトンのイデア論およびヴェーダの汎神論と厭世観との結合であった。

二一　サンスクリットで、インドおよび仏教の神々(天人・天女)とその神々の居所(天界)を指す。

二二　本書一〇一頁以下で議論される「感情連合の法則」を指す。

二三　ヨーアンネース・クリュソストモス(Johannes Chrysostomus, c.347–407)。古代ギリシア教父最大の著作者であり、高名な説教家であったことから「クリュソストモス」(金の口)と呼ばれている。コンスタンティノポリスの総主教(三九八—四〇四年)を務めたが、政争に巻き込まれ追放の憂き目に合い、失脚したまま小アジアのポントスで没した。東方正教会でもっとも尊敬されている教父のひとり。

二四 原書では文頭にb)が付されてあるが、対応するa)がなく、混乱を避けるため削除した。

二五 文頭にc)が付されてあるが、前注と同じ理由で削除した。

二六 アンゲルス・シレージウス(Angelus Silesius, 1624–1677)。ドイツの神秘主義的宗教詩人。ルター派からカトリックに転じたあと、ブレスラウのフランシスコ会に入会し、一六六一年司祭となる。『聖なる魂の悦び』など神秘主義的な詩文学でのちの敬虔主義詩人らに影響を与え、その詩のいくつかは教派の違いを越えて賛美歌として採用されている。

第五章

一 クリスティアン・フュルヒテゴット・ゲラート(Christian Fürchtegott Gellert, 1717–1769)。ドイツの詩人、賛美歌作者。『寓話と物語』や『賛美歌集』で有名。一九五四年版『賛美歌』一五六番は後者の著作から採られ、ベートーヴェンの「自然における神の栄光」を含む「ゲラートによる六つの歌」もこの書による。

二 「聖なる、聖なる、聖なる万軍の主。主の栄光は、地を全て覆う。」(イザヤ書六章三節)

三 ソロモン・イブン・ガビーロール(Solomon Ibn Gabirol, 1020/21–1058/70)。スペイン生まれのユダヤ人哲学者、詩人。ユダヤ思想を根底としてアリストテレス的新プラトン主義を基調とする流出説を唱えた。アラビア語で書かれた主著『生命の泉』は、スコラ哲学に影響を与えた。また、かれの詩は現在もユダヤの典礼文中に残っている。

第六章

一　クリューニーのベルナルドゥス（Bernardus〈Cluny〉、一二世紀中頃）。その前半生については不明であるが、英国出身とされ、クリューニーのベネディクト会修道院に入会し、修道院長を務めた。『世のさげすみ』（De contemptu mundi）を代表作とする著名なラテン詩人であり、また教会の精神的向上のため尽力。初期の修道会諸規則を集成した『クリューニー会憲集成』（Constitutiones cluniacenses）はかれの著作とされる。

二　天国で千段におよぶ階のうえに座っている諸聖徒が純白の薔薇のように見えることをいう。

三　「三の円」は三位一体の象徴。色が三つで大きさが同じとは、父、子、聖霊の三つのペルソナがたがいに異なりながら、神としては同じ本質を有しているという伝統的三位一体論を暗示している。

四　邦訳には見あたらない。

五　ヤーコプ・ベーメ（Jakob Böhme, 1575–1624）。ドイツのルター派神秘思想家、神智学者。独自の啓示体験に基づき、占星術や錬金術やユダヤ教神秘主義の用語を用いた象徴的、多義的な神秘思想を展開、種々の評価を得たが、ルター派から著述停止処分を受けたこともある。ドイツ観念論に多大な影響を与え、ヘーゲルはかれこそ「真に偉大な哲学者」として評価した。神を一切の「根底」（Urgrund）であるばかりか、それを超えた永遠の無としての「無底」（Ungrund）と表現したことでも有名。

六 ジェノヴァのカタリーナ(Catharina〈Genova〉, 1447–1510)。イタリアの女性神秘家。夫と死別するまで看護人として献身的に働いたのち、御告げの聖母修道院に入会。祈りと慈善に尽くすと同時に、神秘体験を深めていった。『煉獄に関する書』という彼女の語録が伝わっている。

七 未来世における自他の生死の相を知る神通。

八 ドゥシェラール・エディン(Dschelāl Eddin, ?–1273)。一三世紀のイスラーム教詩人。イスラーム神秘主義に関する書物『メスネヴィ』の編纂者。

九 新約聖書外典の一つ。二世紀前半にエジプトに成立したと考えられている。本福音書の邦訳は、川村輝典訳「ヘブル人福音書」『聖書外典偽典六・新約外典Ⅰ』(教文館、一九七六年)六一―七九頁。

一〇 「ヘブル人福音書」四。邦訳は同書六一頁。

第七章

一 悲劇「アンティゴネー」を指す。

二 これは「ものすごい」「とほうもない」「巨大な」「莫大な」を意味する形容詞ウンゲホイアー(ungeheuer)を抽象名詞化したもの。オットーは ungeheuer ないし das Ungeheure のドイツ語としての用いられ方を議論しているので、ここでなんらかの訳語をこの文脈で用いるとちぐはぐした印象を与えると判断し、ここではあえてドイツ語の発音をそのまま表記した。この点、「神霊的なもの」と訳してもいい das Numinose を「ヌミノーゼ」と表記するのと同じである。

第八章

一　生物の発生する部分がはじめから卵に内蔵されているのではなく、あとから漸次的に分化していくという説。

二　季節により単性生殖と両性生殖とを交代させる世代交代の一種。

三　ハインリヒ・ゾイゼ (Heinrich Seuse, 1295–1366)。ドイツの神秘思想家でドミニコ会士。エックハルトに影響され、神秘主義の諸問題を思弁的に論じた。主著『永遠の知恵の小冊子』(一三二八年)はドイツ神秘主義の古典。その思想の中心はキリストの受難の模倣と瞑想である。

四　曲の性格や内容を示す題や文を付し、自然風景や絵画、物語などを音で暗示したり、描写・表出しようとする音楽。ベートーヴェンの交響曲「田園」やベルリオーズ「幻想交響曲」がその代表例。これに対し音の組み立てや形式美のみを表現しようとする音楽を「絶対音楽」という。

五　本書一五六―一五八頁参照。

第九章

一　「イザヤ書」六章五節。

二　「ルカによる福音書」五章八節。

三　原文では Frömmigkeit で、通常は「敬虔」と訳されるが、この語は、シュライエルマッハー的な、感情をその中心的要因として解釈された宗教そのものを指す。

四　セオドーア・パーカー(Theodore Parker, 1810–1860)。米国の会衆派教会の牧師で、そのきわめて倫理的なキリスト教観と奴隷制など社会悪に対する激しい批判を展開したことで有名。

五　オットーの引用はかなり大雑把で、W・ジェイムズ『宗教的経験の諸相』との対照は不可能。

六　アンセルムス(Anselmus, 1033–1109)。カンタベリー大司教で、「スコラ学の父」といわれる。信仰と理性との関係についてのすぐれた省察で知られる。「知解するために信ずる」(Credo ut intelligam)、すなわち、知性は信仰を前提とするとして、信仰内容を理性で説明し尽くそうとする弁証家を傲慢と断じ、逆に「知解を求める信仰」(fides quarens intellectum)を主張して、理性を軽んずる者を怠慢と批判。こうした信仰と理性の総合を目指すことでスコラ学成立の地盤を固めた。神の存在を聖書の権威によらず理性のみによって証明しようとする「神の本体論的証明」(カントによる命名)を創始した。『モノロギオン』『プロスロギオン』および『なぜ神は人となられたか』が代表的著作。

七　「イザヤ書」六章一—五節。

八　「マタイによる福音書」八章八節、「ルカによる福音書」七章六節。

九　「転嫁」(imputatio)は、プロテスタントの義認信仰において重要な位置を占める概念で、キリストの義を人間のものとみなす神の行為をいう。カトリックでは、キリストの義は人間に「注入され」、人間を実体的に義なる者に変化させる、すなわち「義化」すると伝統的に考えられているのに対し、プロテスタントは、キリストの義は、罪人に対して罪人のままで、かれの義として転嫁される、つまり実際は義なる者ではないのに、あたかも義であるかのようにみなされる、と考えている。いわゆる「義人にして罪人」というルター的命題も、転嫁概念をもってはじめて可能となる。

第一〇章

一　クラウス・ハルムス(Claus Harms, 1778–1855)。ドイツの実践神学者。シュライエルマッハーに影響を受けて信仰に導かれた。ルターの宗教改革三〇〇年記念にルターに倣い『九五箇条の提題』(一八一七年)を書き、合理主義を理性と良心を偶像化するものとして批判。『牧会者の神学』三巻は今日でも高い評価を得ている。

第一一章

一　ヒンドゥー教における最高神のひとり。シヴァとともに、ヒンドゥー教神界を二分するほどの勢力をもつ。

二　サンスクリットで「白い」が原意であるが、『マハーバーラタ』におけるパンダヴァ(ハスティニャプラの王パンドゥの息子たち)五兄弟のひとりの名。

三　シラーの言葉。

四　「あわれみの賛歌」の冒頭句(ギリシア語)「主よ、あわれみたまえ」(kyrie eleison)がドイツ語的に訛った慣用表現。

五 ヘブライ語旧約聖書の「詩篇」中に記された、小節の終止を意味する指示表現。

六 古代エジプトの王や貴族の墳墓。

七 オズワルド・シレーン(Osvald Sirén, 1879–1966)。スウェーデンの美術史家。

八 オットー・フィッシャー(Otto Fischer, 1886–1948)。ドイツの美術史家。バーゼル大学教授兼美術館長。日本を含むアジア各国を歴訪。西洋美術に関する労作も多いが、『中国の風景画』(Chinesische Landschaftsmalerei)、『漢朝の中国絵画』(Die chinesische Malerei der Han-dynastie)等、中国の絵画に関する著述で有名。

九 ヴィルヘルム・ヴォリンガー(Wilhelm Worringer, 1881–1965)。ドイツの美術史学者。主著『抽象と感情移入』に見るように、古代エジプトや中世ゴシックの美術の独自性を論じたことで有名。

一〇 「ハバクク書」二章二〇節。

一一 カトリックのミサの中心部で、司祭が「最後の晩餐」でのキリストの言葉にしたがい、パンとブドウ酒を聖別する言葉を唱えることによって、そのパンとブドウ酒が、キリストの聖体に変化すること。

第一二章

一 原書では「二六節」となっているが、これは誤記である。

二 ドイツ民間信仰におけるいたずら好きの小妖精。

三　ラーシュ・ウーロフ・ユナータン・ゼーデルブルーム (Lars Olof Jonathan Söderblom, 1866–1931)。スウェーデンのルター派神学者、教会政治家。ウプサラ大学の宗教史、宗教哲学教授兼ライプツィヒ大学の宗教史教授として活躍。国内外のルター派強化に努めるかたわら、世界教会運動の先駆的働きをなした。一九三〇年、ノーベル平和賞受賞。主著は『神信仰の生成』。

四　原書では「二三節」とあるが、これは誤記である。

五　「ヨブ記」三九章二八―三〇節参照。

六　原書では「三六節」とあるが、これは誤記である。

七　「ヨブ記」三八章三一―三二節参照。

八　原書では「四一章」とあるが、これは誤記である。「河馬」はベヘモット、「鰐」はレビヤタンを指す。

九　マックス・アイト (Max Eyth, 1836–1906)。ドイツの機械技師であり詩人。ドイツ・ヴィッテンベルクに生まれ、蒸気鋤をはじめ農業用機器製造に力を注ぐ。晩年から詩の創作活動に専念し、自らの体験に基づいた独特な詩風で一躍有名になった。

第一三章

一　長音階の「シ」に当たる音。オットーは、「キリスト教的基本感情」を完全八度すなわちオクターブにたとえ、その一歩手前の第七度をヌミノーゼの「おそれ」の比喩として、その重要性を強調している。

二　ゴットフリート・ヴィルヘルム・フォン・ライプニッ(Gottfried Wilhelm von Leibniz, 1646–1716)。ドイツの哲学者、数学者、自然科学者。かれの思想の根本概念である単子(モナド)は、非空間的・不可分的で、相互に因果関係をもたず、自己表現として宇宙全体の表象を本質的機能とする。モナドには外部に通じる窓はないが、「予定調和」により世界を自己の内部に映し出し、そのはたらきによって世界全体を認識する、と主張された。

三　バルーフ・デ・スピノーザ(Baruch de Spinoza, 1632–1677)。オランダのユダヤ人哲学者。デカルト哲学に深く傾倒し、決定論的な思想に目覚め、「無神論者」としてユダヤ教を破門された。デカルトの物心二元論克服のために汎神論的一元論を提唱し、物心を唯一実体なる神の属性として把握した。また、万物を永遠の相のもとに見、その内在的原因である神を認識し愛する倫理学を究極課題とした。かれの思想は、ライプニッ、カント、シュライエルマッハーに影響を与えた。

四　アル・バイザーヴィー(Abū Sa'd 'Abdullāh al-Baidhawi, ?–c.1316)。イランのクルアーン学者。クルアーンの釈義書『啓示の輝きと釈義の神秘』の著者として知られる。その他法律、神学、哲学に関するアラビア語著作のほか、アダムから一二七五年までの世界史『歴史の基本』というペルシア語著作も残っている。

五　イスラームの詩人であり神秘家であるドゥシェラール・エディンによって編纂されたイスラーム神秘主義に関する書物。クルアーンに由来する物語伝承やイスラーム神秘主義の中心地であったコンヤ(アナトリア)でのエピソードなどが詩文体で紹介されている。

六　アルノルト・ヘーリンクス(Arnold Geulincx, 1624–1669)。オランダの哲学者。デカルトやスピノーザの影響を受け、「機会原因論」(Occasionalism)を展開。代表作として『汝自身を知れ、あるいは倫理学』(Gnoti seauton, sive ethica)あるいは遺作として『真の形而上学』(Metaphysica vera)等がある。

七　「機会原因論」は、たんに「偶因論」とも言い、デカルトの説く精神と物体の二つの互いに独立した実体の交互作用を否定し、身体の刺激または精神の意志は感覚または運動の真の原因すなわち動力因ではなく、唯一の真の原因は神であり、神が身体の刺激を機会として精神に感覚を生じさせ、神が精神の意志を機会として身体を運動させるとするヘーリンクスの説。つまり、精神と身体が直接に影響し合うように見えても、じつは一方は他方の生み出されるべき神の働きの機会原因(causa occasionnelles)にすぎない。マールブランシュは、精神と身体との間のみならず、すべての自然的原因を機会原因と考えている。

第一四章

一　ディオニューシオス・ホ・アレオパギーテース(Dionýsios ho Areopagítēs, c.500)。「使徒言行録」一七章三四節に言及される同名の人物に帰せられた、五〇〇年ごろシリア地方で書かれたと推測される「擬ディオニューシオス文書」と呼ばれる文書の著者。『神名論』『天上位階論』『神秘神学』及び一〇通の書簡からなる。アウグスティヌスとともに、キリスト教に新プラトン主義思想をとり入れる大きな源泉となった。

二　オッカム主義者のこと。これに対し、トマス・アクィナスやドゥンス・スコートゥスの弟子たちは「旧人」(antiqui) と呼ばれた。

三　プロクロス (Próklos, 410/12–485)。新プラトン派後期の代表的哲学者。新プラトン主義哲学に精緻な論理的形式を与えてそれを体系化。中世ルネサンス思想に影響を与えた。

四　オットーの引用では「父である」という部分が省かれている。

五　ラクタンティウス (Lactantius, c. 240–c. 320/30)。ラテン教父。修辞家。残存するキリスト教的著作は聖書よりも、キケロやウェルギリウス等への言及が多く、神学よりも修辞に優れている。主著『神聖なる教義』(Divinae institutiones) において、異教哲学者に対して真の宗教としてのキリスト教を擁護し、異教・哲学・ユダヤ教の空虚さを論じている。本書の完成の翌年(三一四年)に、『神の怒りについて』が著された。

六　ただし、「畏怖」は「おそれ」に変えた。

七　ヨアネス・ドゥンス・スコートゥス (Joannes Duns Scotus, 1264/65–1308)。フランシスコ会士で、英国の後期スコラ哲学者、神学者。「精妙博士」(Doctor Subtilis) と呼ばれている。フランシスコ会の伝統を受け継いでアウグスティヌス主義に立脚しつつ、アリストテレスの考えを受容。普遍論争では穏健な実在論者であり、また啓示が理性と矛盾しないと考える点でトマス・アクィナスと同じ立場であるが、アウグスティヌス的主意主義に傾き、知性よりも意志の優位を主張するようになった。またトマスにおけるように結果から原因を求めるアポステリオリな論証ではなく、カンタベリーのアンセルムスと同様に、確実な原理から三段論法により結論を導くアプリオリな論証を真の論証とした。かれの思想はスコラ哲学からルネサンスへの道を開く契機となった。

八　マルチン・ルーテル『大教理問答書』淺地昇訳(日本福音ルーテル教会、一九三三年)二二頁。

九　ドイツの宗教改革者ヨーハン・ブーゲンハーゲン(Johann Bugenhagen, 1485–1558)のこと。ポンメルのヴォリン生まれにちなんで、一五二二年以降、自らを「ポメラーヌス」(Pomeranus)あるいは「ポメル博士」(Doktor Pommer)と名乗った。ルターのよき協力者で、一五二三年以降ヴィッテンベルクの牧師として活躍。聖書翻訳にも協力した。

一〇　オッカム主義神学者たちのこと。

一一　ドイツ語で Tischreden。ルターがヴィッテンベルクの住まいの食卓を囲んだ家族や友人、学生たちに対して行なった講話の記録。「卓上語録」ないし「卓話」という邦訳もある。なお、オットーも使用したワイマール版原典に基づく邦訳として、『卓上語録』植田兼義訳(教文館、二〇〇三年)がある。ただし、オットーが引用した部分は、本邦訳には含まれていない。

一二　ヨハネス・タウラー(Johannes Tauler, c. 1300–1361)。ドイツの神秘思想家、ドミニコ会士。その思想はトマス・アクィナスと新プラトン主義に立脚しつつ、エックハルトの思想を批判的に継承して形成された。かれは観想の道によって自らの「魂の根底」(Seelengrund)にある空虚を観るべきことを教え、またこの空虚のなかに神のつくられざる光が住み、神の言葉が生まれると主張した。また、神の意志と一つになるために観想的生活と日常的実践の結合を訴え、ルターに影響を与えた。

一三　ヨーハン・アルント(Johann Arndt, 1555–1621)。ドイツのルター派神学者、神秘家。ドイツ・ルター派の最初の修徳的著作となった『真のキリスト教についての四書』(Vier Bücher vom wahren Christentum)の著者として知られる。義認に対して倫理的な意味での聖化を強調し、キリスト教の感情的側面を強調したため、形式的にはルター主義教理を堅持したが、当のルター派から攻撃されることもあった。

一四　フィーリプ・ヤーコプ・シュペーナー(Philipp Jakob Spener, 1635–1705)。ドイツのルター派敬虔主義の指導者。アルントの説教集の序文としてフランクフルトの教会のために教会改革プログラムを書いたが、この文書はすぐに独立し、『敬虔なる願望』(Pia Desideria)として広く読まれるようになり、敬虔主義の先駆的著作となった。

一五　ゴットフリート・アルノルト(Gottfried Arnold, 1666–1714)。ドイツの敬虔主義神学者、教会史家。シュペーナーに導かれて回心し、敬虔主義の信仰に入る。初代教会を賛美した『原初の愛』(Die erste Liebe)や、主著『新約聖書のはじめから一六八八年に至る無教派的教会史及び異端史』で有名。教会史を堕落の歴史とみなし、分派をつくった異端者の意義を認めたことから、ルター派正統主義者たちの激しい攻撃を受けた。

一六　( )はオットー、〔 〕は植田兼義訳による補挿句。

一七　十字架のヨハネ(Juan de la Cruz, 1542–1591)。スペインの神秘家。カルメル会の改革運動に参加し、一五六八年、改革派最初の男子修道院を設立。『カルメル山登攀』『魂の暗夜』など優れた神秘神学の書を著したカトリック教会最大の神秘思想家のひとり。

一八　フィリプス・アウレオールス・パラツェルズス（Philippus Aureolus Paracelsus, 1493–1541）。スイス出身の医学者、自然哲学者、ルネサンス期の宗教的著述家。本名はテオフラスト・ボンバスト・フォン・ホーエンハイム（Theophrast Bómbast von Hohenheim）。「医化学の祖」といわれ、金属化合物を治療に使用し、占星術から錬金術に至る知識をもつ博識家であった。主著『大天文学あるいは大宇宙と小宇宙の賢智学』において、新プラトン主義的、グノーシス主義的用語を用いつつ、人格神論に基づく世界観の思索を展開した。ベーメやゲーテら後世への影響は大きい。

一九　アニ・ベサント（Annie Besant, 1847–1933）。英国の神智学者、教育家。神智学協会会長を務めた（一九〇九―一九三三年）。一八八九年以降はほとんどインドに住み、インド大学を設立したり、インド自治同盟を創設して会長となったり、またインド国民会議議長にも選ばれ、インド自治を主張した。インド人少年クリシュナムルティをキリストの再来だと宣言し、それを拒否したルードルフ・シュタイナー（Rudolf Steiner, 1861–1925）を同協会から除名したエピソードは有名である。

二〇　ヨーハン・ゲーアハルト（Johann Gerhard, 1582–1637）。ドイツのルター派正統主義神学者。イェーナ大学の神学部長を務めた。アルントの影響を受け、神秘主義的特徴をもった信仰建徳的著作『聖なる瞑想』（Meditationes sacrae）をはじめとして、対カトリック論争書『公同の信仰告白』（Confessio catholica）、組織神学的著作『神学総覧』（Loci theologici）等を公刊。その思想は、キリスト教思索の唯一の源として聖書論を前提にすること、また神学各論を絶えずキリスト教的生活に方向づけようとしたところに特徴をもつ。

二　ジョージ・ティレル(George Tyrrell, 1861–1909)。英国のカトリック近代主義の著作家。イエズス会士として司祭に叙階。近代主義に対するカトリックの態度硬化を批判して匿名で執筆活動を続け、内的宗教体験を重んじて、知性主義を批判、教義と啓示の区別を主張してイエズス会から追放された。『新しきものと古きもの』(Nova et vetera)という霊的瞑想の書や、主著『スキラとカリブディスの間を通って』(Through Scylla and Charybdis)など著書多数。

第一六章

一　経験論の一種で、あらゆる認識を感覚的知覚から導きだし、しかも内的経験のような作用を他の独自の認識源泉として認めない立場をいう。感覚的知覚以前の心の状態はいわばタブラ・ラサ(白紙)であって、感覚を待ってそこにはじめて文字が書き込まれ、心は内容を得ると考えられている。

二　カントの批判哲学の中心概念であるが、カントにおいては広狭多義に使用される。主著『純粋理性批判』における「純粋理性」は、経験を可能ならしめる先天的な認識能力全体を指す。「実践理性」に対する後天的感覚を除いた理論理性。最広義の「純粋理性」とは、経験から独立した先天的理性一般を指し、理論理性(先天的認識能力)と実践理性(先天的意志能力)の両者を含む。オットーは、この最広義の意味でこの概念を使用していると思われる。

三　ここで使われている「純粋」は、カント的に理解されている。すなわち、感覚経験を交えず、経験から独立していること、つまり積極的に経験に先立ち、その基礎となるものを指す。

四 カントによれば、「尊敬」はパトス的感情ではなく、実践的理性法則の表象により生ずる叡智的感情である。

五 カントの合理論は、純粋に悟性または理性の働きによって産出されるような概念、すなわち純粋悟性概念の存在を認めている。

六 先行的恩恵(gratia praeveniens)は、対ペラギウス論争において提唱されたアウグスティヌスの考え方。ペラギウスは、人間は人祖アダムの堕罪によってもその意志と自由意志は破壊されることなく留まり、自由意志によってのみ求道心を起こすこともできると説いたが、アウグスティヌスは、この自由意志は堕罪によってゆがめられているから、求道心等すべてのよき思いは自由意志によらず、神の恵みがすでに先行して働いているからだと説いた。

七 ドイツの生物学者、哲学者ヘッケル(Ernst Heinrich Haeckel, 1834–1919)が唱えた説で、個体的生物はその成長過程において、種が歴史的発達途上に通過した諸段階を繰り返すというもの。「反復説」(Rekapiturationstheorie)とも言う。

第一七章

一 「オレンダ」(Orenda)とは、イロコイ語(北米先住民族の一つであるイロコイ族の言葉)で、呪術的な秘密の力を意味する。

二 「あるもの」「なんらかのもの」を意味するetwasの、本来ありえない複数形。英語で表記すれば somethings となろう。

三 差別的表現にもとれるが、オットーはここで、シェークスピアの『マクベス』に登場する魔女が、薬を調合しようとして「イモリの目、カエルの足、信仰心の薄いユダヤ人の肝臓」を混ぜ合わせた、という場面を援用している。

四 一定の土地や場所にまつわる固有の神霊を言い、日本の氏神のようなもの。

五 原文は “watt de Buer nich kennt, dat itt hei nich” これは “Was der Bauer nicht kennt, das ißt er nicht” の北方ドイツ方言。

六 通常、「ここは幽霊が出る」という意味に訳される。

七 バラモン教の聖典である『リグ・ヴェーダ』の神々のうちで最高の神に属する。もと神々の支配者であり、宇宙の秩序の守護者、正邪の裁き手、創造者、道義の保持者。のちのブラーフマナ時代に、創造者の性格がプラジャーパティに移行し、ヴァルナは水の大神の地位に押しやられた。

八 イランの光明神。ゾロアスター教における暗黒原理たるアングラ・マイニュに対する光明原理として永遠に戦いを展開する神。

九 「奇跡」を意味するが、「未曾有」と漢訳され、仏の功徳の尊さや神秘を賛嘆する仏教用語であった。

一〇 インド正統バラモン思想における最高原理。

一一 アンドルー・ラング (Andrew Lang, 1844–1912)。スコットランドの作家、古典学者、民族学者。『イーリアス』と『オデュッセイア』の翻訳や『ホメーロスの世界』(The World of Homer)という研究書などの古典言語学分野、また『慣習と神話』(Custom and Myth)、『神話、儀式と宗教』(Myth, Ritual and Religion)、『宗教の成立』(The Making of Religion)など、比較神話・宗教学の分野で活躍した。神話の原型に言語学的・心理学的解釈を加え、オットーも指摘しているように、「原始的一神教」から高度文明の多神教的神話への移行を強調した。

三　宗教はアニミズムから一神教へと発展すると考える進化主義的な見方に反対し、世界の最原始民族に一神教の神に相当する起因者、至上神の信仰が存在したと主張する立場。

第一八章

一　すなわち、本書第一七章の(七)と(八)の事例。

第一九章

一　「本有(生具)観念」ともいう。人間が生まれながらにして、つまり先天的にもっている観念をいう。この観念の存在の主張は、たとえばプラトンのイデア論にさかのぼるが、アリストテレスはこの観念の先天性を否定。以後、この二つの態度の対立は長く哲学史を支配した。近代に至ってはデカルト、ライプニッツが本有観念を認め、ロックの経験論はこれを否定。カントは認識論的立場から、後天的経験に先立つ、経験を成立させる前提条件である「先天的」形式の存在を認め、それを直観については「時間」と「空間」、思考については「純粋悟性概念」ないし「カテゴリー」とし、こうして、認識が先天的形式を有し、その原理として先天的総合判断をする、と考えることで、経験論が拒否した生得原理を承認した。

第二〇章

一 ここでは美学的概念として用いられており、カントによれば、美的対象を観照し判定する先天的能力をいう。

二 既知のものからの推論ではなく、未知のものへの予知的直観をいう。

三 本書で使用される「超自然主義」(Supranaturalismus)という用語は、一七九〇—一八三〇年頃に見られたプロテスタントの考え方で、啓蒙主義による合理主義に対抗して、キリスト教信仰の真理の根拠を、超自然的、すなわち人間理性による把握を超えた啓示、霊感を受けて書かれた聖書において伝えられ、預言の成就と奇跡のできごとを通して証明された啓示に置こうとする立場である。これはなにも理性を無視しようとしているのではなく、超自然的な啓示の信憑性を理性的な議論でもって擁護しようとするものである。

四 ヤーコプ・フリードリヒ・フリース(Jakob Friedrich Fries, 1773–1843)。ドイツの宗教哲学者。カント哲学を心理主義的に解釈し、先天的な認識形式を内的経験によって基礎づけようとした。宗教における感情の契機を重視して、そこから「予感」(Ahndung)の説を立てた。現象的世界の背後にある観念的現実の証明はなしえないが、この自己の無知の原理こそ、最高善への信仰と美的・宗教的な調和の総体の予感への道を開くと説いた。『知識・信仰・予感』(Wissen, Glaube, Ahndung)や『新理性批判』(Neue Kritik der Vernunft)など著書多数。

五　ヴィルヘルム・マルティーン・レーベレヒト・デ・ヴェッテ(Wilhelm Martin Leberecht de Wette, 1780–1849)。ドイツの神学者。ベルリン大学、のちバーゼル大学教授。文学批評的方法に、宗教史的方法を加えて聖書を研究し、画期的業績を残した。のちに、フリースやシュライエルマッハーの影響を受けて、宗教経験を重視、教義は生きた宗教体験の結晶でなければならないとし、永遠なるものへの予感をもつ人間が神学の対象であり、学問的合理主義と啓示信仰を調和させようと試みた。著書として『宗教と神学について』(Über Religion und Theologie)や『キリスト教信仰の本質』(Das Wesen des christlichen Glaubens)がある。

六　カントの『判断力批判』のこと。『純粋理性批判』を「第一批判」、『実践理性批判』を「第二批判」と称する。

七　カントの用語で、美的対象を快・不快の感情によって判定することを指す。その特質は、質、量、関係、様相の観点から分析される。快適なものに関する単なる主観的判断でもなければ、客観的普遍性をもつ論理的判断でもない。

八　「蓼食う虫も好き好き」という諺に当たる。

九　第二の欠陥については、次章で論じられる。

一〇　ただし本邦訳の「デモーニッシュ」は「魔神的」に変更した。以下の同書からの引用部分についても同じ。

二　ただし「否定的すぎた」(ein viel zu negatives Wesen)は「あまりにも消極的なタイプだ」に、また「肯定的な行動力」(positive Tatkraft)は「積極的な行動力」に変更した。
三　本書六五―六八頁参照。
三　ただし本邦訳の「デモーニッシュ」は「魔神的」に変更した。

第二一章

一　『新共同訳』では「血肉」は「人間」となっている。後続する文との都合上「血肉」とした。

第二二章

一　ユーリウス・ヴェルハウゼン(Julius Wellhausen, 1844-1918)。ドイツの旧約学者、オリエント学者、新約学者。マールブルク大学、のちにゲッティンゲン大学教授。旧新約聖書学、セム学一般、イスラーム学に関する多くの著作がある。とくにモーセ五書を中心とする旧約聖書の文献批評的研究においては「ヴェルハウゼン学派」の祖として、現代旧約学の基礎を据えた。『イスラエル史』(Geschichte Israels)第一巻およびそれを改版した『イスラエル史序説』(Prolegomena zur Geschichte Israels)がかれの学説の記念碑的著作。晩年は、新約聖書研究に傾注し、かれの福音書注解はのちの様式史的研究の発達を促した。
二　ゾロアスター教の前身マズダ教(拝火教)の最高神アフラ・マズダのササン朝以降の呼び名。
三　インド六派哲学の一つであるヨーガ派が目指す「解脱」のことで、本来、この概念は六派哲学中の「サーンキヤ派」の中核概念である。

第二三章

一　「宗教的アプリオリ」(Religiöses Apriori) は、エルンスト・トレルチュ (Ernst Troeltsch, 1865–1923) によってはじめて用いられた用語。宗教の真理とその普遍妥当性をあきらかにしようとする「宗教認識論」の一試論で、宗教心理学の結果を踏まえて、カント・シュライエルマッハー的方法により導き出された。意識の根本構造のうちにある宗教を宗教たらしめる先天的規範的な法則。啓示や霊感は、このアプリオリが実現するときの、宗教に独特な体験である。

二　この啓示の区別は、初期プロテスタントの神学においてなされた。一般啓示は、自然啓示とも呼ばれ、自然的秩序、すなわち宇宙・自然・歴史・内界の諸事実による万人に近づきうるものを通しての神の啓示を指し、特殊啓示は、受肉者キリストにおける啓示を指す。カール・バルト (Karl Barth, 1886–1968) は、この区別を拒否し、イエス・キリストにおける啓示しか認めなかった。

三　少しわかりにくいが、要するに自己の宗教の真理性の確信を保証する認識の諸原理すなわち「宗教的アプリオリ」は歴史のなかで、あるいは経験をとおして初めて獲得されるものではなく、まさにアプリオリに具わった素質であるということを言おうとしている。

付録一

一 ヨースト・ヴァン・デン・ヴォンデル(Joost van den Vondel, 1587–1679)。オランダの宗教詩人。ネーデルラント・ルネサンスの代表的詩人として抒情詩・愛国詩・宗教詩を多数つくった。もともとメノナイト派であったが、のちにカトリックに転宗し、神学論文を著した。そのほか、ソフォクレス、セネカ、ウェルギリウスなどの古典劇の翻訳も手がけた。

二 この宗教詩 Lucifer は一六五四年に発表された。

付録二

一 フレドリク・ウィリアム・ロバートスン(Frederick William Robertson, 1816–1853)。英国国教会の代表的説教者。四巻に及ぶ説教集を刊行した。

二 第二版(一九五〇年)では、二一六頁。本書三五六頁以下では、オットーの独訳をにらみつつ、英語原文から邦訳した。

三 サミュエル・テイラー・コウルリジ(Samuel Taylor Coleridge, 1772–1834)。英国の詩人、文芸評論家、思想家。一九世紀初頭、英国国教会内に起こった「広教会運動(英国国教会の諸儀式、規則及び礼拝規定、信仰箇条を広義に自由な観点から解釈しようとした一連の自由主義的な神学的潮流)の父」と称される。ワーズワースとの共著による詩集『抒情民謡集』(Lyrical Ballads)をはじめ、シラーの『ヴァレンシュタイン』の翻訳、英国詩人論やシェークスピア論などの連続講演、『文学評伝』の執筆で有名。かれの宗教思想は当時の風潮を反映して、観念論、ロマン主義、神秘主義などの融合であり、一九世紀後半の英国理想主義哲学の発展に影響を与えた。

四　原文はつぎのとおり。

A savage place! As holy and enchanted
As e'er beneath a waning moon was haunted
By woman wailing for her demon-lover.

なお、オットーは第三行目(「悪魔のごとき恋人を思って嘆く女が」)を、意図的かどうかは不明だが、削除している。

五　ジョウゼフ・アディスン(Joseph Addison, 1672–1719)。英国の文筆家、政治家。一一年間国会議員(ホウィッグ党)として活躍。日刊紙『スペクテイター』の共同発行者・執筆者として知られる。同紙への寄稿において、王政復古後の荒廃した人心に指標を与え、良識の回復に貢献した。

六　ウィリアム・ブレイク(William Blake, 1757–1827)。英国の詩人、画家、版画師。独自の版画技法や手彩色による飾絵を自作の詩に付した詩画集『無垢の歌』、『セルの書』等を出版。かれの詩は独特の抒情性を示しており、世俗社会の人為的な権威を否定、人間性をゆがめる宗教家を批判する内容となっている。ニーチェの「力への意志」を思わせる詩人であるが、すべてのものの背後に一切を支配する神の愛を見ている。

七　オットーは、断りもなく、ここで原文にある二つのフレーズを飛ばしている。

八 ウィリアム・ワーズワース(William Wordsworth, 1770-1850)。英国の詩人。コウルリジとの共著『抒情民謡集』は英国のロマン主義の再興に貢献をなした。その後、自然と人間の魂との交感をうたった多くの作品を発表し、「自然の祭司」と称せられ、一九世紀初頭の詩壇に大きな影響を与えた。『ティンターン・アベイ・ラインズ』(Tintern Abbey Lines)、『永遠の世界からの声』(Intimations of Immortality)、『序曲』(The Prelude)が代表作。

九 本書一七四—一七六頁参照。

一〇 ただし、本邦訳における「和合」を「合一」に変えた。

一一 モーセス・マイモーニデス(Moses Maimonides, 1135-1204)。スペイン生まれのユダヤ人哲学者。カイロでスルタンの侍医、ユダヤ教団長となる。著作としてはアラビア語で書かれたミシュナー(口伝律法をまとめたタルムードの第一部を構成する主要部分)に関する注解『光明の書』、およびユダヤ教の教義の分類、教師たちによる教義の解釈、教義の道徳的・哲学的意味を含むヘブライ語の『掟の反復』が有名。代表的な哲学的著作としてはヘブライ語の『迷える者の手引き』があり、これはアリストテレス的理性とユダヤ教信仰との調和を図ったものである。中世においてキリスト教側からも高く評価された。

一二 邦訳では一五四頁。

一三 ニュッサのグレゴリオス(Gregorius Nyssenus, c.330-394)。ギリシア教父で、ニュッサの主教。コンスタンティノポリス公会議(三八一年)では正統派の柱として活躍。独創的な思索力をもって、キリスト教信仰(とくに三位一体論)の神学的・哲学的深化に貢献。プラトン主義やオリゲネスの影響を受けたかれの否定神学的・禁欲的・神秘主義的思想は、小アジアの修道制に大きな感化を与えた。

一四　本書第一〇章㊂の末尾(一三三—一三四頁)に引用した文を指す。

一五　トマス・カーライル(Thomas Carlyle, 1795–1881)。スコットランドの歴史家、評論家。フランス革命史の出版によって歴史家としての地位を確立。組織的宗教としてのキリスト教および唯物論哲学を批判し、万人の心に見えざる宗教的原理があると唱えた。『衣服の哲学』(Sartor Resartus)や『英雄と英雄崇拝』(Heroes, Hero-worship, and The Heroic in History)が代表作。

一六　アブー・ハーミド・イブン・ムハンマド・アル・ガザーリー(Abū Hāmid Ibn Muhammad Al-Ghaz(z)ālī, 1059–1111)。イスラーム神学者、哲学者。主著『宗教的諸学の甦生』。アリストテレス主義哲学を打破すべく、ペリパトス派哲学を祖述した『哲学者の意図』は、かれの死後、ラテン語に訳され『アラビア人アルガゼルの論理学と哲学』(Logica et philosophia Algazelis arabis)と題して発表されたが(一一四五年)、これは論駁を目的として祖述するという意図を述べた序論と結論が削除されている。中世スコラ哲学者たちによってもっとも広く読まれる哲学書の一つとなった。

一七　邦訳は、ゼェデルブローム『神信仰の生成』(下)三枝義夫訳(岩波文庫、一九四六年)に拠る。ただし、かなり変更した。

解　説

一　オットーの生涯

本訳はドイツのプロテスタント神学者、宗教哲学者ルードルフ・オットー(Rudolf Otto, 1869–1937)の Das Heilige: Über das Irrationale in der Idee des Göttlichen und sein Verhältnis zum Rationalen, 23. bis 25. Auflage, C. H. Beck'sche Verlagsbuchhandlung, München 1936(オットーの手による最終改訂版)の二〇〇四年版の邦訳である。原著の初版は、著者オットーが四八歳を迎えた年、すなわち一九一七年に出版されたが、現在でもなお版を重ねているロングセラーであり、二〇世紀を代表する宗教学の古典的名著としての地位を確立している。

オットーは、一八六九年九月二五日、旧プロイセンのハノーヴァー州パイネに、一三人の兄弟姉妹の下から二番目の子として生まれた。一八八八年五月に、エルランゲン大学神学部に入学したが、一八九一年にゲッティンゲン大学神学部に移籍し、主にテーオドーア・フォン・ヘーリンク(Theodor von Häring, 1848–1928)の下で組織神学(聖書学、歴史神学、実践神学と並ぶ神学四部門の一つで、このなかには「教理史」「教義学」「倫理学」「弁証学」などの個別分野が含まれる)を学んだ。このヘーリンクは、当時のドイツ神学界の巨匠アルブレヒト・リッチュル(Albrecht Benjamin Ritschl, 1822–1889)の後継者として、一八八九年ゲッティンゲン大学の組織神学教授の座を引き継いだ人物で、オットーも人格的な感化を受けた。ちなみに、『聖なるもの』はこのヘーリンクに献呈されている。

一八九八年に神学のリチェンチアート(Licentiatus theologiae. 神学博士に準じる学位)をゲッティンゲン大学から授与されたオットーは、同年、講義担当資格を与えられ、組織神学史および宗教史・宗教哲学を講じた。

その後、ゲッティンゲン大学の私講師を八年間続けたのち、一九〇六年に同大学員外教授に就任、ついで一九一五年ブレスラウ大学の組織神学教授となった。同年までかれは、神学者マルティン・ラーデ(Martin Rade, 1857–1940)が編集していたプロテスタント神学雑誌『キリスト教世界』の同友会なるサークルのメンバーとして活動していた。そして一九一七年、ヨーハン・ヴィルヘルム・ヘルマン(Johann Wilhelm Hermann, 1846–1922)の後継者としてマールブルク大学の組織神学教授に就任した。『聖なるもの』が世に出たのは、まさにこの年であった。

大学でのアカデミックな活動のかたわら、一九一三年から第一次世界大戦の終結まで、プロイセン領邦議会議員を務め、一九一九年には、プロイセン州議会の議員となって政治活動にも参加した。

オットーはまた、世界の諸宗教の指導者たちと、倫理的な諸問題について討議するための組織「宗教人類同盟」(Religiöser Menschheitsbund)を一九二一年に創設し、主宰した。その目的は、各宗教団体が社会の倫理の諸問題に目を留め、「世界良心」とも言うべきものを確立するために、定期的に会議を開き、倫理面での社会問題について話し合い、人類共通の倫理的目標を実現するために協力しあうことであった。ナチス時代には活動停止の憂き目に遭ったが、英国ロンドンで設立された超教派的な組織「世界信仰会議」(World Congress of Faiths)に、一九五六年、そのドイツ支部として組み入れられ、再出発を果たした。

成人してからのオットーはつねに病弱であり、一九二九年にマールブルク大学を早期退官したのもそのせいであった。そして、一九三七年、つまり『聖なるもの』が世に出てから二〇年後の三月七日、生涯独身を通した六七歳のオットーは肺炎がもとで世を去った。

二 オットーの学的活動

オットーは、専門としてはキリスト教神学者であり、大学では一貫してプロテスタント神学を専門に教えた。かれは世界の諸宗教に関する研究をつぎつぎと発表したが、それは宗教学者としてよりもキリスト教神学者という立場においてであった。そして、神学者としてのオットーの思想的立場は「自由主義神学」という枠組みのなかで形成されていった。

オットーの生きた一九世紀後半以後のドイツ思想界は、理念志向から現実志向へと移行し、理念に基づく精神的原理よりも、現実の事実こそあらゆる思想と行動の出発点とみなされるようになった。学問領域においても、理念を思弁する観念論哲学にとってかわって、事実を分析し現実の実在を探求する科学、とくに自然科学、歴史学、心理学が優位を占めるようになっていた。

こうした学問の流れの変化は、同国のプロテスタント神学の流れにも影響した。すなわち、一九世紀から二〇世紀はじめにかけてのプロテスタント神学の関心は、キリスト教の教義から歴史へと移行し、歴史学の方法によって過去の事実を確証し、この事実に信仰を根拠づけようとする動きが顕著となってきた。この新しい神学的潮流を「自由主義神学」(Liberale Theologie)と称する。これは「近代神学の父」といわれるシュライエルマッハー(Friedrich Daniel Ernst Schleiermacher, 1768–1834)の宗教哲学、カント(Immanuel Kant, 1724–1804)の批判哲学およびヘーゲル(Georg Wilhelm Friedrich Hegel, 1770–1831)の思弁哲学に影響を受けて成立したもので、伝統的教義に拘束されずに近代科学の成果を取り入れて神学を営もうとするのが、その基本的特徴である。もっとも、個々の学説はさまざまであり、画一的に扱うのは困難であるが、時代的に三つの段階に分けることができる。

最初に出現したのは、歴史上のイエスの真相にせまろうとする、いわゆる「イエス伝研究」と呼ばれる徹底した歴史批判的神学を営む一派で、信仰対象としてのキリストと歴史上の実在としてのイエスとは同一ではないとする急進的な学説を展開した。

その次に台頭したのが、先述したリッチュルに始まる神学運動である。リッチュル神学の特徴はキリスト教信仰の倫理的性格を強調するところにあった。福音の基本的メッセージを「神の国」の宣言とみなし、しかもこの神の国をカントにしたがって道徳的に解釈するところに特徴がある。リッチュルの神学思想は多くの共鳴を呼び起こし、やがて「リッチュル学派」が形成されるようになって、彼が死去した頃のドイツにおける重要な神学講座のほとんどはリッチュル学派で占められたほどである。

しかしながら、すでに一八九〇年代初期から、キリスト教を従来どおり啓示宗教として、つまり歴史のなかに超自然的に介入した事象として前提したうえでのリッチュルの史的研究のあり方が批判されていた。このリッチュル主義批判の立場から始まったのが「宗教史学派」(Religionsgeschichtliche Schule) である。これこそ、ドイツの神学・聖書学を支配した自由主義神学の第三のそして最後の学派である。この学派は、キリスト教を啓示宗教としてではなく、単なる歴史の一事象として扱い、一般宗教史研究の方法を適用して、周囲の諸宗教、諸文化、社会現象と関係させつつ、その成立とその特殊性を把握しようと努めた。ところが、このような宗教史学的研究方法は、キリスト教を諸宗教の一つとして相対化することを前提としているため、キリスト教の絶対性を評価する基準をどこに見出すかという問題に直面せざるをえなくなった。

ほとんど聖書学者で占められていた宗教史学派のうちで神学者であり哲学者であったエルンスト・トレルチュ (Ernst Troeltsch, 1865–1923) は、いち早くこの問題に取り組み、その解決の方向性を示す研究をつぎつぎと発表した。かれによれば、キリスト教は啓示宗教としての絶対的な権威はもはや主張しえないが、宗教史に現われた過去の諸宗教のなかで最高の価値をそなえた宗教であり、諸宗教のめざすものを収斂《しゅうれん》すると力説した。つまり、トレルチュにとってのキリスト教の絶対性は、それが「最高の価値」をもったものだと確信する信仰のみが保証しうるものだと論じ、内面的決断による最高宗教としての絶対性の確信を主張したのである。

いずれにせよ、宗教史学派の躍進とともに顕在化した問題を議論する場は、このトレルチュの場合がそうであったように、歴史主義を前提とした宗教哲学であった。それに呼応して注目されるようになったのが、ほかならぬシュライエルマッハーである。シュライエルマッハーの著作の多くが再編集されたり、かれの思想に関するおびただしい研究が発表されたのがこの時代であった。諸宗教におけるキリスト教の位置をあきらかにするためには、まずは宗教がなにかを問わねばならない。シュライエルマッハーの宗教哲学に宗教史学派が注目したのは、まさにこの問題意識に促されてのことであった。シュライエルマッハーに対する再評価の理由は、ほかでもなくかれがキリスト教神学者としてはじめて真正面から宗教の本質と人間経験全体におけるその位置を問うたところにある。

オットー自身は、厳密には宗教史学派に属してはいなかったが、その問題意識は共有していた。すなわち、教会の拘束や規制にとらわれず、教条主義を退けつつ、近代的学問の方法論を積極的に取り入れて、宗教としてのキリスト教の卓越性をどう根拠づければいいかという問題意識である。したがって、かれ自身もシュライエルマッハーに傾倒していたことは驚くに値しない。事実、一八九九年に、シュライエルマッハー初期の主著『宗教論』(Über die Religion: Reden an die Gebildeten unter ihren Verächtern, 1799)の公刊一〇〇周年記念版をオットー自身が編集・出版した。ちなみにこの『宗教論』で唱えられている説、すなわち宗教を形而上学にも倫理にも還元されえないなにか独自なもの、つまり無限なるものに向かう感情だとするシュライエルマッハーの学説が、『聖なるもの』の下敷きになっていることはあきらかである。実際、本書で展開されるオットーの思想に与えた『宗教論』の影響は計り知れず、そのため『聖なるもの』は「二〇世紀のために書き改められた『宗教論』」(Todd A. Gooch, The Numinous and Modernity: An Interpretation of Rudolf Otto's Philosophy of Religion, Walter de Gruyter, Berlin/New York 2000, p. 28)と言われることもある。

しかしながら、一九〇四年、当時ゲッティンゲン大学の哲学講師であったレオンハルト・ネルゾン(Leonhard Nelson, 1882–1927)との出会いがきっかけとなり、オットーの立場はカントの思想的後継者フリース(Jakob Friedrich Fries, 1773–1843)の考え方にも影響を受けるようになった。フリースの根本主張は、簡単に言えば、確実な知識はただ理性や経験からばかりではなく、「予感」(Ahndung)ないし「感情」(Gefühl)からも獲得されるものであること、否、むしろ理性や経験に基づく知識の確実性の根拠そのものが、予感ないし感情を前提とするというものであり、これが『聖なるもの』における「予覚」概念に影響を与えていることは疑いえない。

もともと学生時代からオットーは自然科学者、とりわけドイツの生物学者ヘッケル(Ernst Heinrich Häckel, 1834–1919)をはじめとするダーウィンの後継者らに反感を抱いていた。かれらの説は、オットーがそのもとで育った伝統的な宗教性を脅《おびや》かすものだったからである。シュライエルマッハーやフリースに注目したのも、かれらの教説がこうした脅威に対抗しうるだけの強力な武器を提供するものとオットーには映ったからである。このような理論武装により、オットーは宗教的観念的世界観と自然主義的世界観を対置させることで、前者の自立性と妥当性を主張すると同時に、後者の概念上の欠陥を白日のもとに晒《さら》そうと努めた。この点を合理的、哲学的、神学的な側面から論じたのが、一九〇九年に出版された『カント・フリース的宗教哲学とその神学への適用』(Kantisch-Fries'sche Religionsphilosophie und ihre Anwendung auf die Theologie)である。そして、ここで展開された思想とシュライエルマッハーの宗教哲学の根本命題とを融合させ、独自のヌミノーゼ理論を展開させて、宗教の非合理的側面を打ちだし、それの合理的側面との関係に注目することで、トレルチュのようにキリスト教の絶対性とまではいかなくとも、すくなくとも他の諸宗教を凌駕《りょうが》するその卓越性を主張しようとしたのが、ここに訳出した『聖なるもの』である。

オットーの宗教学的関心は、二度の世界旅行と深く関わっている。最初の旅行は一九一一年から翌年にかけて行なったもので、北アフリカ、南アジアや東アジアを歴訪した。日本もそのなかに含まれる。一九二七年から翌年にかけてなされた二度目の旅行先は、南アジアと中東であった。この二つの世界旅行の経験は、キリスト教以外の諸宗教、とりわけヒンドゥー教に対する関心を高める重要な契機となった。かれは旅行で入手したさまざまな宗教の祭儀用具や記念の品をもとに、「宗教学資料館」(Religionskundliche Sammlung)をマールブルクに設立した。

日本との関連で特筆すべきは、かれの日本滞在(一九一二年)が、ヨーロッパにおける禅仏教研究の幕開けという意義をもっているという事実である。禅というものがそもそもヨーロッパで注目されるようになる以前の話である。この関連で、『禅抄物集』の抜粋の独語訳 Shuei Ohasama (übers.), Zen: Der lebendige Buddhismus in Japan, Gotha 1925(大峡秀栄訳『禅——日本の生きた仏教』)に寄せてオットーが執筆した序文は、かれの禅に対する造詣の深さを如実に示すものである。

なお、R・オットー『西と東の神秘主義——エックハルトとシャンカラ』(華園聰麿・日野紹運・J・ハイジック訳、人文書院、一九九三年)の「解説とあとがき」には、「日本とオットー」という見出しで、一九一二年に実現したオットーの滞日活動について報告されている。それによれば、オットーは同年四月一一日に、日本アジア協会の主催で「東西の宗教の発展における並行」と題する講演を、また四月二八日には高野山にて「予の日本宗教観」と題する講演を行なったとされる。後者については『六大新報』の明治四五年五月二六日発行の通巻四五二号に記事として掲載されているが、内容まで記録されてはいない。しかし、前者については "Transactions of the Asiatic Society of Japan" という協会の機関誌にその要旨が掲載されている(ただし、この要旨は協会のメンバーによって作成された覚書で、オットー自身のチェックを受けていない、つまりオットーソライズされたものではない)。その要旨によると、東西の諸宗教は完全に独立し、並行して発展してきたが、そこに類似性があるとするならば、その根拠は、宗教的に言えば「啓示」、学問的には「共通の宗教感情」と呼ばれる、土台となる力の働きによると、オットーは主張したとされる。この主張に、『聖なるもの』がすでに準備されていることは言うまでもない、と前著「解説とあとがき」は結んでいる。

後世に及ぼしたオットーの影響がもっとも顕著なのは、言うまでもなく宗教学の分野である。比較宗教学者メンシング(Gustav Hermann Heinrich Friedrich Mensching, 1901–1978)、パラツェルズス研究の第一人者ゴルトアマー(Kurt Goldammer, 1916–1997)、神学者で教会史家、とくに東方教会史に詳しいベンツ(Ernst Benz, 1907–1978)、宗教社会学者ワッハ(Joachim Wach, 1898–1955)そして現代宗教学の最高権威エリアーデ(Mircea Eliade, 1907–1986)など著名な碩学《せきがく》は、みなオットーの功績に負うところが多い。一方、プロテスタント神学へのかれの影響力は芳《かんば》しいものではなかったが、ティリッヒ(Paul Tillich, 1889–1965)、ラーチョフ(Carl Heinz Ratschow, 1911–1999)ら現代神学者やビュルクレ(Horst Bürkle, 1925–)のような宣教学者は、オットーの理論と正面から取り組み、かれの中心的関心を受容した。さらに、ここ数十年来、英米では、いわば「オットー派」とも言うべき神学者や宗教教育者が増加しつつあることもつけ加えておかねばならない。

三　本書の内容

本書は、内容的に区分しようとすれば、第一章から第一四章までの前半部と第一五章から最終章の第二三章までの後半部に大別することができよう。前半部は「聖なるもの」の経験のヌミノーゼ概念による宗教現象学的考察、後半部は「聖なるもの」の経験のアプリオリ性および予覚論を主題とした宗教哲学的考察からなっている。両部分に共通するキーワードは、「聖なるものの経験」である。本書はこの「聖なるもの」の経験を論じることで、つまり宗教経験という事実の観察、分析、解釈を通して宗教の特質を抽出しようとするものである。

まず、前半部の宗教現象学的考察の概要から始めたい。オットーは、宗教が始まる契機というのは、ある対象が「聖なるもの」だと認識されることだと主張する。だが、「聖」という範疇《はんちゅう》は、通常、倫理的な意味合いで理解されている。つまり、善いというのが「聖」の内容だと受け取られている。しかし、オットーによれば、この倫理的含蓄は、宗教の歴史が進展していくなかで、いわばつけ加わったものである。では、倫理的要因がつけ加わっていないもともとの「聖なるもの」とはなにか。これこそ本書のキーワードたる「ヌミノーゼ」にほかならない。これは「神霊」を意味するラテン語の「ヌーメン」(numen)をドイツ語化したオットーの造語で、「ヌーメン(神霊)的なもの」という意味である。したがって、ある対象がヌーメン的なものとして、つまりヌミノーゼとして認識されるところで、はじめて宗教が生ずるということになる。

では、このヌミノーゼとはなにか。まさにこれをめぐる議論が本書前半部の主題である。まずヌミノーゼは「非合理的なもの」である。「非合理的」とは、オットーの概念規定によれば、心に漠然と感得されうるが、言葉で、つまり概念として言い表わせない対象を指す。なんとなくわかる、それとなく感覚できるが、それを「これだ」というふうに言表することが不可能なものである。これをそれでもあえて表現しようとするならば、あるいは誰かに理解させようとするならば、人がヌミノーゼに出会ったときに「かならず生じてくる、あるヌーメン的な心的状況」(本書二三頁)を分析すればよい。つまり、なんらかのものを聖なるもの、厳密にはヌミノーゼと認識するないしはそう感ずるとき、人間内部にある特殊な感覚、感情、つまり「ヌーメン的な心的状況」が現出する、というのがオットーの議論の前提である。結局、宗教の本質は「聖なるもの」の経験に存するが、この真の宗教的対象たるヌミノーゼの把握は、これによって惹起される感情反応、つまり宗教感情を吟味することで可能となる。ということは、宗教感情というものは、そもそも宗教的対象についての知を生みだすことのできる認識的契機を内包しているということになる。これが彼のヌミノーゼ論の骨格をなす考え方である。

では、その「ヌーメン的な心的状況」に対応するヌミノーゼ本体はいかなる要因からなっているのであろうか。オットーはこの要因を「戦慄《せんりつ》すべき神秘」(mysterium tremendum)及び「魅するもの」(fascinans)と表現する。このうち、「神秘」はヌミノーゼのいわば形式名辞で、「戦慄すべき」と「魅する」は、この形式名辞の容態を指す。

まず、そもそもヌミノーゼは「戦慄すべきもの」であると同時に「魅するもの」だとオットーは言う。これらは互いにコントラストをなす傾向であることがすぐにも理解される。オットーはこれを「撥《は》ねつける」要因と「惹きつける」要因として特徴づけ、両者は調和共存していると言う。撥ねつけると同時に惹きつけ、脅かすと同時に魅惑し、ぞっとさせると同時にうっとりさせるような力である。この事態を、彼は「対照的なもの同士の調和」(Kontrast-harmonie)と呼ぶ。

その対照的なものの一方である「戦慄すべき」という要因は、「おそれ」(原初形態である「不気味なもの」、「魔神的おそれ」「幽霊的なもの」ともいわれる「粗野な」おそれも含む)、圧倒的な「威厳」および「活力あるもの」として自身を現わす。この「戦慄すべき」と対極をなす「魅する」という要因は、ヌミノーゼが儀礼や禁欲的修行など多様なかたちで求められる財となるような、どうしようもなく惹きつけ、魅了するヌミノーゼの性格を表現するものである。次に、ヌミノーゼの形式名辞である「神秘」は、換言すると「まったく他なるもの」というかたちで人間に迫る。また、それに直面したときの人間の茫然自失にちなんで「ミルム」(驚くべきもの)とも呼ばれる。

オットーはこれまで述べてきた「戦慄すべき神秘」および「魅するもの」のほぼすべての特徴・性格を包括する概念としてギリシア語の「デイノス」という形容詞を紹介し、これに「ものすごい」「途方もない」「巨大な」「莫大な」を意味する「ウンゲホイアー」(ungeheuer)というドイツ語訳を適用して、このギリシア語表現のもつヌミノーゼ的意味合いについて説明する。そして、この語が含む意味の複合性、包括性を例示するために、ゲーテの作品で登場するさまざまな「ウンゲホイアー」の事例を紹介している。

第一一章以降、前半部最後の第一四章までは、ヌーメン的感情表現のいわば事例研究といった様相を呈している。すなわち、第一一章では、ヌミノーゼを感じ取った人間の感情、すなわちヌーメン的感情が人間の内面から溢《あふ》れ出て、どのようなかたちで外部に自己表現するのかについて、直接的手段および間接的手段の二種に区分し、それらの具体的、典型的な例としての芸術をとりあげて説明する。第一二、一三、一四章も基本的モチーフは第一一章と同じくヌーメン的感情の表現であるが、そこで挙げられる事例はキリスト教的素材、すなわち、旧約聖書、新約聖書およびルターである。しかし基本的モチーフはそれであっても、その目的は、聖書については釈義学上の、またルターについてはかれに帰される神学的、教義学的表象の解釈上の、まさにヌミノーゼの観点からの「健全な説」（本書一三三頁）を打ちたてるところにある。

この第一四章をもって『聖なるもの』の前半部は終了する。ヌミノーゼに関する現象学的分析はここで終結したことになる。そもそも、オットーの以上のような宗教感情の体系的分析の試みは、かれの神学的学問経歴の当初からあった関心事を反映している。既述のように、かれは『聖なるもの』上梓より一八年前の一八九九年に、シュライエルマッハー初期の主著『宗教論』の公刊一〇〇周年記念版を編集・出版したが、その結語で、感情を中心に据えたシュライエルマッハーの宗教の定義は、なんら綿密な心理学的あるいは歴史的な吟味を経ないで主張されたものだとコメントしている。『聖なるもの』の前半部の現象学的な議論は、したがって、オットーが『宗教論』において不十分にしか論じられていない点を補おうとする試みであり、かれがおよそ二十年来もち続けてきた計画の実現とみなしてよかろう。

さて、第一五章から始まる本書後半部では、既述のように宗教哲学的考察が展開されている。ここから論じられる「聖なるもの」とは、これまでのような非合理的なヌミノーゼではなく、そこに合理的な要因(倫理性、絶対性、完全性など)が加味された複合範疇としてのそれである。キリスト教的な「聖なるもの」とは、たんなるヌミノーゼではなく、そこに合理的要因が加味されてはじめて本来の意義を獲得する。この非合理的なものと合理的なものの複合範疇としての「聖なるもの」をめぐる宗教哲学的な考察の最初のキーワードは「アプリオリ」、すなわち論理的にすべての経験に先立ち、経験しているか否かにかかわらず認識構造内に具わっていることを表現する、カント認識論に由来する哲学概念である。オットーはこの概念を複合観念たる「聖なるもの」の構造に適用する。まず、「聖なるもの」の合理的観念そのものが、感覚器官による知覚から「進化」したものではなく、「純粋理性」にアプリオリに具わっていたと主張する。

次に、「聖なるもの」の非合理的部分であるヌミノーゼの諸要因とその反応としてのヌーメン的感情がアプリオリだとされる。オットーは、ヌーメン的感情は、じつは自己の外部にある対象によって生みだされるのではないと言う。ヌーメン的感情の究極的源泉は外部ではなく、人間内部の魂のもっとも深い認識の土台にある。この土台をオットーは「人間精神の隠れた素質」(本書二三七頁)と呼ぶ。外的機会はこの素質を刺激し、「目覚めさせる」ものとしてのみ働く。かれによれば、この「素質」は「あらかじめの規定」つまり「向き」として「宗教的衝動」へと変化する。この衝動こそ、宗教の発展史の根源因子だとされる。したがって、宗教の歴史的起源とその発展においては、このような人間精神に具わるアプリオリな素質を基礎にした宗教的衝動の運動がその「経糸」となる。その「緯糸」、すなわち、このアプリオリな衝動運動の発展に応じた歴史的顕現形態に関する考察が第一七章と第一八章において展開されている。

さて、オットーのアプリオリ論はさらに進み、合理的・非合理的構成要素の各々のアプリオリ性のみならず、両構成要素の結びつき、換言すれば「両者の相互補完的一体性」(本書二七四頁)もまたアプリオリであると主張する。宗教がその最初の粗野な状態から抜けだして、高度な宗教へと高まるプロセス、つまり非合理的なものと合理的なものとの融合のプロセスが人間の精神のうちにアプリオリに生起するということである。この結びつきのプロセスは論理的な必然性をもたないが、感性にとっては「自明なもの」であり、いわば「アプリオリな総合的認識」(本書二七五頁)だという。

ところで、このようにアプリオリに合理的要因が非合理的な要因と結合するという事態を、オットーはカントにならって前者による後者の「図式化」と表現するが、この図式化によって宗教における非合理的な要因と合理的要因が調和して存在していることは、その宗教の卓越性を示すものだというのが、オットーの言いたいところである。ただし、このことをかれは論理的な証明でもって断定しているのではない。かれはキリスト教の卓越性が読者の「感性に訴える」よう望んだのであり、あくまでこれを「認識するであろう」(傍点は訳者)というふうに希望的観測を表明しているだけである。

第二〇章において、いよいよ「聖なるもの」の宗教哲学的考察のもう一つのキーワードである「予覚」(Divination)の議論に入る。予覚とは、かれによれば、聖なるものができごとや人物など歴史事象をとおして自己表現したもの、つまり顕外化した聖なるものを真なるものとして認識し承認することのできる能力を言う。この予覚は、手探り的なもの、暗示的なもの、類比でしかわからないもので、体系化することも推論上の前提命題として用いることもできないが、それでもまちがいなく真実性をもった性格のものである。しかし、この能力は理性的精神の潜在能力の一つであるが、すべての人間がこれを現実態として所有しているわけではない。現実態としてこの予覚能力をもっているののは、予覚者的性質をもっている「選ばれた者」だけである。

このような基本スタンスをもって、本書二一章からテーマはキリスト教における予覚論へ集中する。まず二一章で、イエス自身が顕外化した聖なるものとして、弟子たちから予覚されていたと主張される。イエスが実際にかれの弟子集団の間で予覚の対象であったことは、初代教会が生まれ、そして爆発的に拡大していったという事実に裏づけられている。予覚の対象たる人物は、ヌーメン的人格をもった者として「聖なるもの」がじかに体験される。「そういう体験からしか宗教的共同体は生まれないのである」(本書三一〇頁)。

キリストは、確かに初代教会共同体にとって「ヌーメン的存在そのもの」(本書三二二頁)だったとオットーは確言する。が、かれの究極的関心は、現代のキリスト者にとっても、キリストを「聖なるもの」として予覚する体験が可能だということを示すことにある。これが次の第二二章の趣旨である。本章でかれは現代に生きる者がキリストにおいて顕外化した「聖なるもの」をいかに体験することができるかと問う。これに対してオットーは、「イエスが宣べ伝え、実行したその内容と結実」(本書三二五頁)を旧約の歴史からさかのぼって眺めることが肝心で、そうした大きな文脈のなかで「観想に沈潜する者」は、そこに「永遠なるものがなにかの作用をもたらしつつ出現し、同時に一つの完成へとつき進んでいるといった感覚を、ほとんどいやおうなく覚えるはずである」(本書三二七頁)と述べる。ここでの「はずである」が含意しているのは、イエスにおける「聖なるもの」の啓示が論理上の強制からでも、概念的に明白な前提からでもなく、直接的な純然たる承認という判断、「説明しがたい前提」(本書三二八頁)にしたがう真理感から来る判断に基づくということである。これこそまさに宗教的直観としての真の予覚にほかならない。

　この「説明しがたい前提」という言葉に注意されたい。オットーはこれを「名状しがたい基準をもつ内的な尺度」(本書三二六頁)とも呼ぶ。まさにこの「前提」ないし「尺度」が、本書最終章(第二三章)で主題化されている「宗教的アプリオリ」と呼ばれるものである。宗教的アプリオリという言葉は、カントの問題意識を引き継いだトレルチュによって用いられた用語で、宗教の真理とその普遍妥当性をあきらかにしようとする宗教認識論の一試論として提唱されたものである。宗教心理学の結果を踏まえて、意識の根本構造のうちにある宗教を宗教たらしめる先天的規範的な法則を言うが、オットーの場合は、自分の宗教の真理性確信の根拠として捉えている。この根拠は「自己完結的に承認されうるような認識原理」であるとオットーは説明する。

最後に、オットーは、アプリオリな素質と宗教の歴史との関係に言及して本書を閉じている。彼は宗教の歴史を、人間精神の深みに存するアプリオリな「素質」に「刺激」が与えられて成長発展する生命体のごときものとして説明する。オットーはこのことを「宗教は、歴史のなかで成っていくものである」(本書三三六頁)と表現する。その生成のしかたはつぎのようなプロセスからなる。第一に、人間精神におけるアプリオリな素質、つまり「聖なるものを認識するための素質」が、歴史的なある「刺激」によって、「かたちと方向性を与えられて現実態となる」。第二に、現実態となった素質は「歴史のある特定部分」を「聖なるものの現われ」として予覚するようになり、最後に「聖なるもの」との生きた交わりという第三の段階に到達する。こうして、宗教は「歴史の所産」であるが、歴史自体も「聖なるものの現われ」であると帰結する(本書三三七頁)。

四　本書のねらいと独創性

本書の根本的なねらいとは、諸宗教におけるキリスト教の卓越性を「聖なるもの」の構造から論証すること、そして、イエス時代の人々が有した「聖なるもの」としてのキリストの啓示体験が現代においても有効であることを主張すること、の二点である。

第一の点について言えば、キリスト教の卓越性を根拠づけるために、オットーはキリストが歴史における「聖なるもの」の最高の啓示であることを示そうとして、「聖なるもの」におけるさまざまな合理的かつ非合理的要因が、キリストの人格のうちに、複合範疇として最高度に調和共存したかたちで現出していると主張した。だが、そのためには何よりもまず、この「聖なるもの」という範疇が、そもそも合理的かつ非合理的要因からなる複合範疇なのだということを議論する必要がある。オットーが本書前半部で宗教経験の現象学的考察を試みたのはそのためである。

この現象学的考察は、宗教の本質が神についてのある特定の教義的言述に存するのでもなく、また単なる道徳倫理に還元されるものでもなく、むしろ「聖なるもの」の経験であると主張するところから出発する。この「聖なるもの」の中核をなすものが「ヌミノーゼ」と呼ばれ、これ自体は非合理的で言表しえないものであるが、あえて言語化しようとするなら、それを経験する人間の心情内における反応を探るという回り道を経由するしかない。オットーは、この心情的反応から導き出されたヌミノーゼの本質的要因を「戦慄すべき神秘」および「魅するもの」と呼び、その諸特性を吟味し、それに合理的観念が合体して、キリスト教をはじめとする宗教一般に見られる信仰対象としての「聖なるもの」が成立したと論じた。

第二の点について言えば、キリストのうちにこそ「聖なるもの」が最高のかたちで顕現していると実感し認識した初代教会の人々と同じように、現代のキリスト者にとっても、キリストを「聖なるもの」の啓示として体験することが可能だということである。オットーは、キリスト教の歴史的発展の過程は確かに複雑化し、種々雑多なものが混じってしまってはいるが、するどい直観力をもって旧約以来の歴史を眺めるならば、根本的な経験の同一性を認識しうると力説した。

こうしてみると、『聖なるもの』は、宗教現象学的考察のみがクローズアップされ、オットーすなわち「ヌミノーゼの宗教学者」といったイメージがすっかり一人歩きしているが、かれにすれば重心はキリスト教の卓越性、その信仰の有効性を主張するところにあり、そういう意味で本書はあくまで「キリスト教神学者」の立場から書かれたものである。したがって、ヌミノーゼ論はそのための予備的・序説的位置付けであることが理解される。

それにもかかわらず、『聖なるもの』を有名にしたのは、まさにこの予備的・序説的位置付けでしかなかった宗教現象学的考察にほかならない。しかも実際に、本書の独創性が発揮されているのはこちらの部分である。確かに、彼のヌミノーゼ論に刺激を与えた「ヌーメン的感覚」(sensus numinis)という概念は、彼以前に、すなわちツィンツェンドルフ(Nikolaus Ludwig Reichsgraf von Zinzendorf, 1700–1760)によって宗教の特質として提唱されていたものであり、また合理主義に対して神学的真理のために宗教意識における直観と感情の意義を確立したシュライエルマッハーやフリースは、オットー思想の枠組みを形成している。さらに、ゼーデルブルーム（Lars Olof Jonathan Söderblom, 1866–1931）やマレット（Robert Ranulph Marett, 1866–1943）は、すでに聖性の概念が本来、倫理性とは別ものであることを認識していたし、旧約聖書学でも、ヘブライ語の「聖なる」を意味する「カドシュ」に倫理的含蓄がなかったことは、オットー以前にすでに認められていた。

しかし、つぎの三点は、あきらかにオットーの独創性の範疇に入る。第一に、「聖なるもの」を宗教の対象および本質として定位し、倫理とは独立したところに位置づけ、それをヌーメン的感情要因という視点から現象学的に分析したことである。第二に、宗教には、通常の経験論的方法で吟味することのできない「聖なるもの」の経験と言ってもいいようななんらかのものが存在しており、この「なんらかのもの」が自然的な認識対象に属さず、日常の合理的範疇で認識することができない独自の価値範疇をもつことを認め、その価値を把握したときに生ずる特殊な心の状態に注目したことである。第三に、諸宗教の歴史に関する証言に関して、宗教の本質は非合理的なものを核としているものであること、換言すれば、神と人間との関係の第一にして究極的な要因は合理的なものでも倫理的なものでもないことを明確に呈示したことである(この三点については、Melissa Raphael, Rudolf Otto and the Concept of Holiness, Clarendon Press, Oxford 1997, pp. 72–73 を参照)。

五　本書に対する各界からの反応

『聖なるもの』は一九一七年にはじめて世に出て以来、さまざまな学問領域において大きな反響を呼び起こした。まず、神学の領域での反応を概観してみたい。

本書出版当時は、既述のように、まだ宗教史学派が活躍していた時代であったが、第一次世界大戦後から「弁証法神学」という新正統主義的神学が、これまた目覚しい勢いで拡大し始めた。弁証法神学はそれまでの自由主義神学のあり方を根本的に否定し、キリスト教の啓示の妥当性を人間精神や一般的宗教性にではなく、唯一「神の言葉」という超越論的・超自然的視点から捉えなおそうとした。自由主義神学と問題意識を共有する立場から書かれた『聖なるもの』は、この新しい神学的潮流のまっただなかに投げ込まれたかたちとなり、当然激しい批判の集中砲火を浴びる結果となった。

その攻撃の先鋒を担ったのは、マールブルク大学におけるオットーの同僚で、聖書の非神話化とその実存論的解釈で聖書学に決定的な影響を与えたブルトマン(Rudolf Karl

Bultmann, 1884–1976)であった。かれは宗教経験についての内省的分析をとおして神学を論ずるオットーの方法論にはまっ向から反対し、それはあくまで人間的努力の産物であり、権威あるキリスト教的立場と信仰へのアンチテーゼだと断じた。さらに、キリスト教を宗教という一般的概念から説明しようとするいかなる試みも拒否し、啓示と宗教の断固たる区別を強調したスイスの弁証法神学者バルト(Karl Barth, 1886–1968)は、オットーの言う「聖なるもの」とは、人間の創作物にすぎない非キリスト教的宗教における神の観念を構成するものでしかないとした。同じスイス人でバルトの同僚ブルンナー(Emil Brunner, 1889–1966)も、ブルトマンやバルトほど厳しくはないが、やはり反オットー主義である。

このように、オットーは、弁証法神学の隆盛期にあって、ほとんどアウトサイダー的な存在となってしまい、その立場はその後のプロテスタント神学界においても同様であった。

しかしながら、同時代の神学者のなかには、『聖なるもの』を積極的に評価する者もいた。ティリッヒがその代表的な例である。かれは、弁証法神学のように神的啓示を人間の宗教経験と対立させず、宗教経験から神的啓示の理解を論ずるオットーの方法論を是とし、キリスト教と他の諸宗教の伝承との極端な二極化に向かわないような普遍的な宗教的見通しをオットーと共有し、宗教一般の研究に適用されうる組織神学を構築しようとしたのである。

一方、宗教学一般の分野では、神学界とは逆に『聖なるもの』に対する評価は概して高い。たとえば、オットーの後継者としてマールブルク大学で組織神学や宗教学を担当したハインリヒ・フリック(Heinrich Frick, 1893–1952)の『比較宗教学』(一九二八年)や前出のメンシングの同名の著作(『比較宗教学』一九三八年)は、『聖なるもの』における現象学的研究が下敷きとなっている。ゴルトアマーはその著『宗教的なものの形態世界』(一九六〇年)で、ヌミノーゼの経験をめぐるオットーの分析を宗教の科学的説明に適応させるよう試みている。オットーの弟子であるワッハもティリッヒと同様、故国ドイツを離れ米国で活躍したが、かれの働きにより、オットーの宗教学に対する貢献は英語圏で高く評価されるようになった。ワッハ自身は『聖なるもの』を批判的に取り扱っているが、本質的な点では、本書で展開される宗教経験のダイナミックなヌーメン的性格が、ワッハの宗教学体系に維持されている。以上、いずれの宗教学者の宗教理解も、多かれ少なかれ『聖なるもの』というオットーの先駆的な宗教現象学的研究を前提にして構築されたものであることが理解されよう。

『聖なるもの』は当時の哲学界にも大きな反響を呼んだ。ドイツの新カント派哲学者として著名なリッカート(Heinrich Rickert, 1863–1936)の価値哲学は社会科学の方法論的議論で重要な役割を果たしているが、かれは『聖なるもの』を「価値の学としての宗教哲学に対する顕著な貢献」と絶賛している。また、本書は現象学者フッサール(Edmund Husserl, 1859–1938)や哲学者マックス・シェーラー(Max Ferdinand Scheler, 1874–1928)ら、同時代の著名な学者から、宗教現象学の先駆的研究だと評された。オットーの同時代の有力な哲学者といえばハイデッガー(Martin Heidegger, 1889–1976)であるが、解釈学者ガーダマー(Hans-Georg Gadamer, 1900–2002)の報告(Hans-Georg Gadamer, Gesammelte Werke, Bd.10, Hermeneutik im Rückblick, Mohr/Siebeck, Tübingen 1995, p. 249)によると、ハイデッガーは主著『存在と時間』を発表する数年前に「ある期間ルードルフ・オットーを大きな関心をもって読んだ」とされる。しかも、『聖なるもの』についての書評の未完成原稿も最近出版された。さらに、ハイデッガーの「現存在」(Dasein)の議論に、オットーによるヌミノーゼ分析の影響が確認できるとする説もある。他にも、ヘッセン(Johannes Hessen, 1889–1971)、ハインリヒ・ショルツ(Heinrich Scholz, 1884–1956)など、同時代の著名な宗教哲学者らにオットーの影響が見出されることは驚くに値しない。

『聖なるもの』を愛読し、オットーの思想を高く評価したのは、以上のようなジャンルに属する者だけに限らず、たとえば、スイスの深層心理学者ユング(Carl Gustav Jung, 1875–1961)、フランスの小説家、劇作家のロラン(Romain Rolland, 1866–1944)、イギリスの作家、児童小説作家でありルネサンス学者でもあるルイス(Clive Staples Lewis, 1898–1963)、そしてインド独立の父ガンディー(Mohandas Karamchand Gandhi, 1869–1948)もいることをつけ加えておきたい。

六　謝　辞

本訳書の刊行に当たって、さまざまな方々の協力や励ましをいただいた。訳者の本務校は二〇〇二年三月末まで南山大学であったが、同時に同大学附属の「南山宗教文化研究所」の第二種研究員(所属を学部に置く非専任研究員)を務めさせていただいた。本書の翻訳の話を訳者にもちかけてきたのは、当時の同研究所所長で、キリスト教と日本の諸宗教との対話研究分野の第一人者であるジェイムズ・ハイジック教授である。訳者は東方教会修道神秘主義、とくにビザンツ帝国末期の一四世紀に勃興したギリシア正教の修道神秘主義運動「静寂主義」(ヘシュカズム)を専門としており、同研究所においては毛色の違う領域であって、宗教間対話という研究所の活動目的にはほとんどなんの貢献も果たしえなかった。その「埋め合わせ」が、つまり宗教間対話の基本文献たる本書の翻訳だった。研究所を去るにあたっての教授からのこの困難な翻訳命令は、指導者としての最後の宿題であり、餞別であったと思っている。本訳書の出版によって、そのご恩に少しは報いることができたと安堵しているしだいである。

同研究所の奥山倫明教授にもひとかたならぬお世話をいただいた。本訳書は、かれの協力なしには完成できなかったであろう。かれ自身、本邦屈指のエリアーデ研究家として国内外で大活躍されている忙しい身でありながら、再三にわたって訳文のチェックをしていただいたばかりか、オットーに関する最近の研究をいくつか紹介していただいた。その忍耐強いご指導、ご協力に深く感謝の意を表わしたい。

最後に、本書出版の労をとってくださり、訳文や解説に関して適切なアドバイスをいただいた岩波文庫編集部の塩尻親雄さん、および氏の定年に伴い編集を引き継がれた村松真理さんのご尽力に深く感謝を申し上げたい。

二〇〇九年(オットー生誕一四〇周年)

神戸にて　久松英二

人名索引

ア行

カ行

サ 行

タ 行

ナ 行

ハ 行

マ 行

ヤ 行

ラ 行

ワ 行

オットーの主な研究業績

（オットーの研究業績の詳細なリストは，『西と東の神秘主義』382–389 頁（邦訳，本書 376 頁参照）に紹介されている．ここでは，Steven Ballard, *Rudolf Otto and the Synthesis of the Rational and the Non-Rational in the Idea of the Holy. Some Encounters in Theory and Practice* (Theion 12), Peter Lang, Frankfurt am Main 2000, pp. 197–199 の文献目録に準拠して，主要なものだけをリストアップした．）

著　書（出版年順）

Die Anschauungen vom heiligen Geiste bei Luther, Vandenhoeck & Ruprecht, Göttingen 1898.

Die historisch-kritische Auffassung vom Leben und Wirken Jesu, Vandenhoeck & Ruprecht, Göttingen 1901.

Naturalistische und religiöse Weltansicht, J. C. B. Mohr, Tübingen 1904.

Kantisch-Fries'sche Religionsphilosophie und ihre Anwendung auf die Theologie, J. C. B. Mohr, Tübingen 1909.

Das Heilige : Über das Irrationale in der Idee des Göttlichen und sein Verhältnis zum Rationalen, Trewendt & Granier, Breslau 1917.

Aufsätze das Numinose betreffend, Verlag Griedrich Andreas Perthes, Stuttgart/Gotha 1923.

Zur Erneuerung und Ausgestaltung des Gottesdienstes, A. Töpelmann, Gießen 1925.

West-Östliche Mystik. Vergleich und Unterscheidung zur We-

sensdeutung, L. Klotz, Gotha 1926.

Die Gnadenreligion Indiens und das Christentum. Vergleich und Unterscheidung, L. Klotz, Gotha 1930.

Religious Essays: A Supplement to The Idea of the Holy, Oxford University Press, Oxford 1931.

Das Gefühl des Überweltlichen (Sensus Numinis), C. H. Beck, München 1932.

Sünde und Urschuld und andrere Aufsätze zur Theologie, C. H. Beck, München 1932.

Gottheit und Gottheiten der Arier, A. Töpelmann, Gießen 1932.

Reich Gottes und Menschensohn: Ein religionsgeschichtlicher Versuch, C. H. Beck, München 1934.

Freiheit und Notwendigkeit: Ein Gespräch mit Nicolai Hartmann über Autonomie und Theonomie der Werte, ed. Theodor Siegfried, J. C. B. Mohr, Tübingen 1940.

Aufsätze zur Ethik, ed. Jack Stewart Boozer, C. H. Beck, München 1981.

(最後の二書は，オットーの死後に編集・出版された倫理に関する論文集)

論　文(アルファベット順)

"A Form for Celebrating the Lord's Supper," *Religious Essays* (1931), pp. 59–67.

"An Inter-Religious League," *Religious Essays* (1931), pp. 150–156.

"A Religious League of Mankind," *The World Outlook* (June 11 1926), p. 44.

"Autonomie der Werte und Theonomie," *Aufsätze zur Ethik*, ed. Boozer, pp. 215–226.

"Chrysostomos über das Unbegreifliche in Gott," *Aufsätze das Numinose betreffend* (1923), pp. 1–10.

"Das Ganz Andere," *Aufsätze das Numinose betreffend* (1923), pp. 16–28.

"Der Neue Aufbruch des Sensus Numinis bei Schleiermacher," *Sünde und Urschuld* (1932), pp. 132–139.

"Ein Bund der guten Willen in der Welt," *Die Hilfe* Nr. 13 (Mai 5 1921), pp. 205–208.

"How Schleiermacher Rediscovered The Sensus Numinis," *Religious Essays* (1931), pp. 68–77.

"In the Sphere of the Holy," *The Hibbert Journal* 31 (1932–1933), pp. 413–416.

"Menschheitsbund Religiöser," *Die Religion in Geschichte und Gegenwart*, 2nd ed., III, pp. 2122–2123.

"Parallelen der Religionsentwicklung," *Frankfurter Zeitung* (März 31/April 1 1931), pp. 1–16.

"Parallels and Convergences in the History of Religion," *Religious Essays* (1931), pp. 95–109.

"Parallels in the Development of Religion East and West," *Transactions of the Asiatic Society of Japan* 40 (1912).

"Religiöser Menschheitsbund neben politischem Völkerbund," *Die christliche Welt* 34 (1920), pp. 133–135.

"Silent Worship," Appendix VIII, *The Idea of the Holy* (1923), pp. 210–214.

"The Form of Divine Service," *Religious Essays* (1931), pp. 53–59.

"The Lord's Supper as a Numinous Fact," *Religious Essays* (1931), pp. 45–52.

"The Sensus Numinis as the Historical Basis of Religion," *The Hibbert Journal* 30 (1931–1932), pp. 283–297 ; 415–

430.
"The 'Wholly Other' in Religious History and Theology," *Religious Essays* (1931), pp. 78–94.
"Tiefen des Sensus Numinis," *Das Gefühl des Überweltlichen* (1932), pp. 261–273.
"Wie Schleiermacher die Religion wiederentdeckte," *Die Christliche Welt* 17 (1903), pp. 506–512.
"Zinzendorf über den Sensus Numinis," *Aufsätze das Numinose betreffend* (1923), pp. 51–55.

編　集（出版年順）

Friedrich D. E. Schleiermacher, *Über die Religion: Reden an die Gebildeten unter ihren Verächtern. Mit Übersichten und Vor- und Nachwort versehen*, Vandenhoeck & Ruprecht, Göttingen 1899.
Chorgebete für Kirche Schule und Hausandacht, A. Töpelmann, Gießen 1925.
Das Jahr der Kirche in Lesungen und Gebeten. E. Linderholm : *Neues Evangelienbuch*, deutsch von Th. Reissinger, 2nd ed., L. Klotz, Gotha 1927.
Immanuel Kant, *Grundlegung zur Metaphysik der Sitten. Mit Leitfaden und Erklärungen*, L. Klotz, Gotha 1930.

聖《せい》なるもの　オットー著

2010年2月16日　第1刷発行
2025年6月16日　第5刷発行

訳　者　久松英二《ひさまつえいじ》

発行者　坂本政謙

発行所　株式会社 岩波書店
〒101-8002 東京都千代田区一ツ橋 2-5-5

案内 03-5210-4000　営業部 03-5210-4111
文庫編集部 03-5210-4051
https://www.iwanami.co.jp/

印刷・理想社　カバー・精興社　製本・松岳社

ISBN 978-4-00-338111-3　　Printed in Japan

読書子に寄す

——岩波文庫発刊に際して——

岩波茂雄

真理は万人によって求められることを自ら欲し、芸術は万人によって愛されることを自ら望む。かつては民を愚昧ならしめるために学芸が最も狭き堂宇に閉鎖されたことがあった。今や知識と美とを特権階級の独占より奪い返すことはつねに進取的なる民衆の切実なる要求である。岩波文庫はこの要求に応じそれに励まされて生まれた。それは生命ある不朽の書を少数者の書斎と研究室とより解放して街頭にくまなく立たしめ民衆に伍せしめるであろう。近時大量生産予約出版の流行を見る。その広告宣伝の狂態はしばらくおくも、後代にのこすと誇称する全集がその編集に万全の用意をなしたるか。千古の典籍の翻訳企図に敬虔の態度を欠かざりしか。さらに分売を許さず読者を繫縛して数十冊を強うるがごとき、はたしてその揚言する学芸解放のゆえんなりや。吾人は天下の名士の声に和してこれを推挙するに躊躇するものである。このときにあたって、岩波書店は自己の責務のいよいよ重大なるを思い、従来の方針の徹底を期するため、すでに十数年以前より志して来た計画を慎重審議この際断然実行することにした。吾人は範をかのレクラム文庫にとり、古今東西にわたって文芸・哲学・社会科学・自然科学等種類のいかんを問わず、いやしくも万人の必読すべき真に古典的価値ある書をきわめて簡易なる形式において逐次刊行し、あらゆる人間に須要なる生活向上の資料、生活批判の原理を提供せんと欲する。この文庫は予約出版の方法を排したるがゆえに、読者は自己の欲する時に自己の欲する書物を各個に自由に選択することができる。携帯に便にして価格の低きを最主とするがゆえに、外観を顧みざるも内容に至っては厳選最も力を尽くし、従来の岩波出版物の特色をますます発揮せしめようとする。この計画たるや世間の一時の投機的なるものと異なり、永遠の事業として吾人は微力を傾倒し、あらゆる犠牲を忍んで今後永久に継続発展せしめ、もって文庫の使命を遺憾なく果たさしめることを期する。芸術を愛し知識を求むる士の自ら進んでこの挙に参加し、希望と忠言とを寄せられることは吾人の熱望するところである。その性質上経済的には最も困難多きこの事業にあえて当たらんとする吾人の志を諒として、その達成のため世の読書子とのうるわしき共同を期待する。

昭和二年七月

《哲学・教育・宗教》〔青〕

ソクラテスの弁明・クリトン　プラトン　久保勉訳
ゴルギアス　プラトン　加来彰俊訳
饗宴　プラトン　久保勉訳
テアイテトス　プラトン　田中美知太郎訳
パイドロス　プラトン　藤沢令夫訳
メノン　プラトン　藤沢令夫訳
国家　全二冊　プラトン　藤沢令夫訳
プロタゴラス　—ソフィストたち　プラトン　藤沢令夫訳
パイドン　—魂の不死について　プラトン　岩田靖夫訳
アナバシス　—敵中横断六〇〇〇キロ　クセノポン　松平千秋訳
アリストテレス　ニコマコス倫理学　全二冊　高田三郎訳
アリストテレス　形而上学　全二冊　出隆訳
アリストテレス　弁論術　戸塚七郎訳
アリストテレース　詩学　ホラーティウス　詩論　松本仁助・岡道男訳
物の本質について　ルクレーティウス　樋口勝彦訳
エピクロス　—教説と手紙　出隆・岩崎允胤訳

生の短さについて　他二篇　セネカ　大西英文訳
怒りについて　他二篇　セネカ　兼利琢也訳
エピクテトス　人生談義　全二冊　國方栄二訳
人さまざま　テオプラストス　森進一訳
マルクス・アウレーリウス　自省録　神谷美恵子訳
老年について　キケロー　中務哲郎訳
友情について　キケロー　中務哲郎訳
弁論家について　全二冊　キケロー　大西英文訳
平和の訴え　エラスムス　箕輪三郎訳
エラスムス＝トマス・モア往復書簡　沓掛良彦・高田康成訳
方法序説　デカルト　谷川多佳子訳
哲学原理　デカルト　桂寿一訳
精神指導の規則　デカルト　野田又夫訳
情念論　デカルト　谷川多佳子訳
パンセ　全三冊　パスカル　塩川徹也訳
パスカル　小品と手紙　塩川徹也・望月ゆか訳
スピノザ　神学・政治論　全二冊　畠中尚志訳

知性改善論　スピノザ　畠中尚志訳
スピノザ　エチカ（倫理学）　全二冊　畠中尚志訳
スピノザ　国家論　畠中尚志訳
スピノザ往復書簡集　畠中尚志訳
デカルトの哲学原理　—附 形而上学的思想　スピノザ　畠中尚志訳
スピノザ　神・人間及び人間の幸福に関する短論文　畠中尚志訳
モナドロジー　他二篇　ライプニッツ　谷川多佳子・岡部英男訳
ノヴム・オルガヌム（新機関）　ベーコン　桂寿一訳
市民の国について　全二冊　ヒューム　小松茂夫訳
自然宗教をめぐる対話　ヒューム　犬塚元訳
君主の統治について　—謹んでキプロス王に捧げる　トマス・アクィナス　柴田平三郎訳
精選　神学大全　全四冊　トマス・アクィナス　稲垣良典・山本芳久編／訳
エミール　全三冊　ルソー　今野一雄訳
人間不平等起原論　ルソー　本田喜代治・平岡昇訳
ルソー　社会契約論　桑原武夫・前川貞次郎訳
言語起源論　—旋律と音楽的模倣について　ルソー　増田真訳
ディドロ　絵画について　佐々木健一訳

純粋理性批判 全三冊　カント　篠田英雄訳
カント 実践理性批判　波多野精一・宮本和吉・篠田英雄訳
判断力批判 全二冊　カント　篠田英雄訳
永遠平和のために　カント　宇都宮芳明訳
プロレゴメナ　カント　篠田英雄訳
人倫の形而上学 全二冊　カント　熊野純彦・宮村悠介訳
シュライエルマッハー 独白　木場深定訳
ヘーゲル 政治論文集 全二冊　金子武蔵訳
哲学史序論 —哲学と哲学史　ヘーゲル　武市健人訳
歴史哲学講義 全二冊　ヘーゲル　長谷川宏訳
法の哲学 —自然法と国家学の要綱　ヘーゲル　上妻精・佐藤康邦・山田忠彰訳
学問論　シェリング　西川富雄・藤田正勝監訳
自殺について 他四篇　ショウペンハウエル　斎藤信治訳
読書について 他二篇　ショウペンハウエル　斎藤忍随訳
知性について 他四篇　ショーペンハウエル　細谷貞雄訳
不安の概念　キェルケゴール　斎藤信治訳
死に至る病　キェルケゴール　斎藤信治訳

体験と創作 全二冊　ディルタイ　柴田治三郎・小牧健夫訳
眠られぬ夜のために 全二冊　ヒルティ　草間平作・大和邦太郎訳
幸福論 全三冊　ヒルティ　草間平作・大和邦太郎訳
悲劇の誕生　ニーチェ　秋山英夫訳
ツァラトゥストラはこう言った 全二冊　ニーチェ　氷上英廣訳
道徳の系譜　ニーチェ　木場深定訳
善悪の彼岸　ニーチェ　木場深定訳
この人を見よ　ニーチェ　手塚富雄訳
プラグマティズム　W・ジェイムズ　桝田啓三郎訳
宗教的経験の諸相 全二冊　W・ジェイムズ　桝田啓三郎訳
日常生活の精神病理　フロイト　高田珠樹訳
精神分析入門講義 全二冊　フロイト　高田珠樹・新宮一成・須藤訓任・道籏泰三訳
純粋現象学及現象学的哲学考案 全二冊　フッセル　池上鎌三訳
デカルト的省察　フッサール　浜渦辰二訳
愛の断想・日々の断想　ジンメル　清水幾太郎訳
ジンメル宗教論集　深澤英隆編訳
笑い　ベルクソン　林達夫訳

道徳と宗教の二源泉　ベルクソン　平山高次訳
物質と記憶　ベルクソン　熊野純彦訳
時間と自由　ベルクソン　中村文郎訳
ラッセル教育論　安藤貞雄訳
ラッセル幸福論　安藤貞雄訳
存在と時間 全四冊　ハイデガー　熊野純彦訳
学校と社会　デューイ　宮原誠一訳
民主主義と教育 全二冊　デューイ　松野安男訳
我と汝・対話　マルティン・ブーバー　植田重雄訳
アラン 幸福論　神谷幹夫訳
アラン 定義集　神谷幹夫訳
天才の心理学　E・クレッチュマー　内村祐之訳
英語発達小史　H・ブラッドリ　寺澤芳雄訳
日本の弓術　オイゲン・ヘリゲル述　柴田治三郎訳
似て非なる友について 他三篇　プルタルコス　柳沼重剛訳
ことばのロマンス —英語の語源　ウィークリー　寺澤芳雄・出淵博訳
ヴィーコ 学問の方法　上村忠男・佐々木力訳

岩波文庫の最新刊

サン＝テグジュペリ作／野崎 歓訳

夜間飛行・人間の大地

「愛するとは、ともに同じ方向を見つめること」――長距離飛行の先駆者＝作家が、天空と地上での生の意味を問う代表作二作。原文の硬質な輝きを伝える新訳。
〔赤N五一六‐二〕 **定価一二二一円**

久保田淳校注

百人一首

藤原定家撰とされてきた王朝和歌の詞華集《アンソロジー》。代表的な古典文学として愛誦されてきた。近世までの諸注釈に目配りをして、歌の味わいを楽しむ。
〔黄一二七‐四〕 **定価一七一六円**

ショーペンハウアー著／藤野 寛訳

自殺について 他四篇

名著『余録と補遺』から、生と死をめぐる五篇を収録。人生とは欲望が満たされぬ苦しみの連続であるが、自殺は偽りの解決策として斥ける。新訳。
〔青六三二‐一〕 **定価七七〇円**

ゲルツェン著／金子幸彦・長縄光男訳

過去と思索(七)

一八六三年のポーランド蜂起を支持したゲルツェンは、ロシアの世論から孤立し、新聞《コロコル》も終刊、時代の変化を痛感する。（全七冊完結）
〔青N六一〇‐八〕 **定価一七一六円**

……今月の重版再開……

中勘助作

鳥の物語

定価一〇一二円
〔緑五一‐二〕

中勘助作

提婆達多

定価八五八円
〔緑五一‐五〕

定価は消費税10％込です　2025.5

岩波文庫の最新刊

八月革命と国民主権主義 他五篇

宮沢俊義著／長谷部恭男編

ポツダム宣言の受諾は、天皇主権から国民主権への革命であった。新憲法制定の正当性を主張した「八月革命」説をめぐる論文集。「国民代表の概念」等も収録。〔青N一二一-二〕 定価一〇〇一円

トーニオ・クレーガー

トーマス・マン作／小黒康正訳

芸術への愛と市民的生活との間で葛藤する青年トーニオ。自己探求の旅の途上でかつて憧れた二人の幻影を見た彼は、何を悟るのか。新訳。〔赤四三四-〇〕 定価六二七円

お許しいただければ ―続イギリス・コラム傑作選―

行方昭夫編訳

隣人の騒音問題から当時の世界情勢まで、誰にとっても身近な出来事をユーモアたっぷりに語る、ガードナー、ルーカス、リンド、ミルンの名エッセイ。〔赤N二〇一-二〕 定価九三五円

歌の祭り

ル・クレジオ著／管 啓次郎訳

南北両アメリカ先住民の生活の美しさと秘められた知恵、そして深遠な宇宙観を、みずみずしく硬質な文体で描く、しずかな抒情と宇宙論的ひろがりをたたえた民族誌。〔赤N五〇九-三〕 定価一一五五円

……今月の重版再開……

蝸牛考

柳田国男著

定価九三五円 〔青一三八-七〕

わたしの「女工哀史」

高井としを著

定価一〇七八円 〔青N一一六-一〕